U0035705

思想觀念的帶動者
文化現象的觀察者
本土經驗的整理者
生命故事的關懷者

Psychotherapy

探訪幽微的心靈，如同潛越曲折逶迤的河流
面對無法預期的彎道或風景，時而煙波浩渺，時而萬壑爭流
留下無數廓清、洗滌或抉擇的痕跡
只為尋獲真實自我的洞天福地

閱讀克萊恩
Reading Klein

著───瑪格麗特·羅斯汀（ Margaret Rustin ）
　　　麥克·羅斯汀（ Michael Rustin ）

譯───連芯、魏宏晉
審閱──王浩威、洪素珍
校訂──彭玲嫻

目　錄

致　謝

　　首先，我們最為感謝梅蘭妮‧克萊恩信託（Melanie Klein Trust）的受託人邀請我們籌備本書，不僅全力支持我們的規劃，亦耐心靜候書籍完成。特別感謝麗莎‧米勒（Lisa Miller）慷慨撥冗閱讀全書，以及蘇‧薛文—懷特（Sue Sherwin-Whit）讓我們使用她尚未出版作品中關於克萊恩生平的部分。凱特‧史卓頓（Kate Stratton）在編輯與文獻整理上給我們寶貴的建議，凱特‧寶蘿（Kate Paul）、洪素珍及魏秀年分別在不同章節提供協助。我們一人以臨床工作者的角色，另一人以學者身分，長年投入在精神分析與思索克萊恩的工作上，如今方能完成這部作品。我們也感謝我們的個人分析師以及精神分析社群，五十多年來，我們不斷備受滋養。

　　我們與克萊恩信託皆向英國企鵝藍燈書屋（Penguin Random House）致上誠摯謝意，感謝他們慷慨讓我們大量使用克萊恩的原著文句。兩段取自漢娜‧希格爾（Hanna Segal）1952 年〈美學研究的精神分析途徑〉（A Psycho-analytical Approach to Aesthetics）與 1957 年〈象徵形成之短論〉（Notes on Symbol Formation）之引文，承蒙《國際精神分析期刊》（*The International Journal of Psycho-Analysis*）與 Wiley 資料庫同意翻印。

　　書中引用伊莎貝爾‧孟席斯（Isabel Menzies）〈社會系統作為

對抗焦慮的防衛功能之個案研究〉（A Case-study in the Functioning of Social Systems as a Defense Against Anxiety: a report on a study of the nursing service of a general hospital）的文段，乃出自《人類關係》期刊（*Human Relations*, 1960, vol. 13, no. 2, pp.95-121），亦獲得 Sage 出版的慷慨允許。

中文版序

　　《閱讀克萊恩》的中譯版問世了，我們深感喜悅。我們非常榮幸、也很雀躍有此機會介紹克萊恩的著作，畢竟許多讀者可能迄今為止並不清楚她對精神分析有怎漾的重要貢獻。她的作品前後橫跨四十年，並紮根於其作為第一代精神分析師的真實經驗。時至今日，她的觀點在各大洲、各文化中都被證實具有重大意義，並啟發豐沛靈感，這已是非常顯而易見的事了。

　　籌備本書，我們走了一段漫漫長路。我們先是重新拜讀克萊恩的所有著作，才逐漸拼整出此書的雛形，期待能將她在理論與實務上的創新思維帶給精神分析社群之外的讀者，這也正是「國際精神分析圖書館教學書系」（the Teaching Series of the International Library of Psychoanalysis）的核心宗旨。

　　對於中譯版的問世，我們尤其欣喜。我們與台灣精神分析發展的淵源甚深，早在二十世紀末塔維斯托克診所（Tavistock Clinic）推行國際訓練課程時，這個緣分就開始了。多年來，許多專業人員陸續來到倫敦進修，不論是參加觀察課程與兒童青少年心理治療的完整訓練，或攻讀精神分析研究碩士班，都是我們主責的範疇。因這層情誼，我們有機會在 2008 年首度造訪台灣，除了享受一趟深刻難忘的旅程之外，又進一步開啟更多機緣，之後的許多年來，都運用網路通訊與在地的專業人員持續交流著。

2015 年 8 月，我們也應華人心理保健協會（Chinese Association for Mental Health）之邀前往北京，很榮幸能參與培訓工作，傳授我們所學。2017 年 10 月，我們再次來到北京和台北進行精神分析教學，這一次，我們希望讓克萊恩作品中的思維種子、以及對克萊恩著作的興趣，在兩地發芽生根。

　　其中別具意義的是，這些機會能讓我們探索精神分析對不同文化的適用度，並更加確信精神分析思維能用於理解世界各地的人類發展。我們有幸能透過台灣與中國大陸各式人際互動的詳細資料，研究兩地特殊的文化、家庭與社會結構。而精神分析正是要理解這些文化、家庭與社會結構，才能處理個體與社會的問題。

　　我們誠摯希望這本書能夠為亞洲精神分析思維與實務的成長有所貢獻，並能為當今精神分析思潮中的克萊恩觀點，進行化零為整的工作。

【第一章】

本書與主角——克萊恩

　　梅蘭妮克·萊恩（Melanie Klein）已被視為佛洛伊德最具原創性、最重要的後繼者之一。她最初的貢獻來自於她專業生涯早期與情緒障礙兒童工作的經驗，這些孩子有的年紀非常小，狀況相當棘手，她在著作中記下如何透過遊戲情境讓孩子表達自己，並藉此發展出分析兒童的方法。身為一位兒童分析師，克萊恩能夠直接接觸到兒童心智發展的本質，也有機會修正精神分析理論中某些關鍵概念。她相信嬰兒從生命之初就會主動與母親發展關係，然而在最開始的時候，嬰兒用的是一種片斷碎裂的方式來感知母親，無法覺知母親是個完整的人，這種片斷碎裂的感覺，源自嬰兒早期在身體上接受母親照顧的種種不同層面。這種觀點挑戰了過往精神分析理論的觀點，不再同意嬰兒與外在世界發展關係之前是處於「原初自戀」（primary narcissism）階段。克萊恩在與幼兒工作時，也發現證據支持早年型態的超我已然存在。超我是佛洛伊德提出的心智批判的功能，且被佛洛伊德認為在兒童約莫五歲時成形，與度過伊底帕斯階段密切相關。克萊恩則生動描繪出幼童已經受早年型態的暴虐良知折磨，引發嚴重的焦慮與罪疚感，與此相連的是，她也發現更早期的伊底帕斯情結。對於精神分析理論中的生理基礎，她其實有深切體認，包括同意佛洛伊德的重要發現，認為在幼年時期，

「性」已經存在。

　　克萊恩以開放的態度去探索心智更原始的根源，因此認識到幼兒種種強烈的愛恨情仇。她的論點震驚不少當代同行，也的確，她描繪的嬰幼兒內心之景，至今仍能令讀者震懾不已。

　　在較晚期的作品中，她以史上首位幼兒分析師的身分，修正精神分析對心智發展的見解。在臨床工作中，她特別關注焦慮反應，繼而提出心智中有兩大類焦慮與防衛機轉，根據發展順序，第一類稱作「偏執—類分裂心理位置」（paranoid-schizoid position），第二類是「憂鬱心理位置」（depressive position）。選用「位置」一詞，旨在強調這些結構是涵蓋整個心智生活且持續不斷的。偏執—類分裂心智狀態的核心是為自己感到焦慮，擔憂自身的生存與快樂，至於在憂鬱心智狀態下，個體也開始關切與他情緒連結的對象會有什麼命運，尤其憂心他的家庭成員會被自己的敵意傷害。克萊恩相信，人格是根據個體和其主要客體不斷交互變化形成，而所謂「客體」，在精神分析理論中指的是個體情緒世界裡的重要他人。這種交互變化主要涉及「投射」（projection）——指將自己的部分經驗推給他人，以及「內攝」（introjection）——將他人的情緒經驗攝入自身。克萊恩在與幼兒的實務工作中，詳實地瞭解投射歷程，因此提出「投射性認同」（projective identification），成為當代精神分析的重要概念。

　　其他重大的理論貢獻，則包括她在許多主題上的見解，像是哀悼與憂鬱、狂躁狀態、求知慾扮演的重要角色，以及將嫉羨與感恩視為人類互動關係中的重要特色。

　　從克萊恩在理解人類心智上發展的敘述中可明顯看出，她非僅在實務生涯中不斷做出重大發現，更持續根據新的臨床經驗修正

早年推論。其中最重要的例子是，她晚期強調在嬰兒對母親的關係中，「愛」從最初一開始就是絕對必要的元素。如果閱讀她早年的文章，會因她鉅細靡遺地描繪嬰兒暴烈的潛意識幻想而感到錯愕，但這種充滿憤恨與施虐的圖像，若同時有和對母親的愛和渴望併進，嬰兒整體的情緒生活就會呈現出另一番景緻。在《兒童分析的故事》（Narrative of a Child Analysis）一書中，她逐日記錄二次世界大戰初期一則分析案例，很動人地展露她實務工作的穩健均衡。她修正理論的能力很強，特別在她早期與晚期書寫伊底帕斯情結的著作當中表露無遺。

本書的目的，是藉著大量引用克萊恩的重要著作來呈現她的思路，我們會加以評述，並簡要指出她的觀點是如何啟發其他精神分析思想家。我們希望透過這種方式能引動讀者更完整探觸她精采作品的興趣，書末我們也附上延伸閱讀，包括許多取材自於英國威爾康圖書館（Wellcome Library）克萊恩檔案庫的重要學術著作。克萊恩的文風常被喻為艱澀難懂，讀者必須知道，大部分的英文作品是從德文翻譯過來的，不過，我們在籌備本書的過程中重讀她的作品時，燃起了深刻的景仰之情。

我們將這本書分成兩部，一部以年代順序概覽她在臨床與理論上的發展，另一部則去檢視她的觀點如何影響精神分析對倫理、美學以及社會和政治議題的理解。我們相信克萊恩對心智的見解，遠遠超出治療室中對兒童與成人所進行的精神分析，尚有更深遠的意義。本書的第二部凸顯了我們的這樣的看法。

生平簡歷

梅蘭妮・克萊恩生於 1882 年。她的父親莫里斯・瑞齊茲（Moriz Reizes）來自正統的猶太家庭，因捨棄猶太神學投入醫學而成為一位醫師；母親莉布莎・道區（Libussa Deutsch）則生於自由派的猶太家庭，兩人的年齡有懸殊差距。她父母在 1875 年結婚後定居維也納，育有四子，梅蘭妮排行最小。她與三姊希朵妮（Sidonie）感情特別親，因此希朵妮年幼早逝時她悲痛不已，哥哥艾曼紐（Emanuel）也在她很年輕時便過世。這些痛苦的早年失落，很可能讓她對哀悼本質產生濃厚興趣，並且意識到手足在精神生活中佔有一席之地（Sherwin-White, 2014）。

克萊恩對學習和學校生活充滿熱愛，在學業上頗具企圖心，父母對此都予以支持。不過，她原本計畫要讀維也納大學醫學院，卻因為在 1903 年與亞瑟・克萊恩（Arthur Klein）的婚事而停擺。

這段婚姻並不美滿，但克萊恩和亞瑟很快有了兩個小孩，分別是梅莉塔（Melitta）和漢斯（Hans），幾年後她又生下艾瑞克（Erich），在這些年間，克萊恩幾度陷入嚴重憂鬱症，並覺得與居住的小城鎮總是格格不入。1910 年，他們舉家遷到布達佩斯，活潑的社會風氣讓她大獲紓解，她開始接受費倫奇（Sándor Ferenczi）分析，而費倫奇是匈牙利精神分析學會最重要的分析師。這段治療不僅幫助克萊恩調整個人狀態，她也在費倫奇的鼓勵下，開啟兒童分析的專業生涯。1919 年，她與丈夫離婚，兩年後帶著孩子來到柏林。當年在布達佩斯時，她已是匈牙利精神分析學會的一員，到了柏林，精神分析的社群資源更加豐沛，1925 年她接受亞伯拉罕（Karl Abraham）的分析，只不過由於亞伯拉罕驟

逝，這段分析持續不到一年。旅居柏林期間，她大量與兒童工作（Frank, 2009），並在此階段開始寫下許多精神分析著作。

克萊恩不久後造訪倫敦，為英國精神分析學會講了幾堂課，令會員們刮目相看，接著就應厄尼斯特·瓊斯（Ernest Jones）與其他同業之邀，於 1926 年赴倫敦定居。早期數年她的理論創造力極其澎湃，可是當納粹勢力崛起，許多維也納分析師流亡至倫敦，英國精神分析學會對她的支持也隨之動搖。克萊恩與安娜·佛洛伊德在兒童分析上的分歧，早在 1920 年代就浮上檯面成為公開辯論的議題，此時更是幾乎將英國精神分析學會分裂。維也納陣營認為，克萊恩修正理論是在挑戰正統佛洛伊德學說；這令克萊恩痛苦難當，她認為自己是詳實地延續佛洛伊德的基礎，種種理論延伸也都忠於精神分析的探詢精神。

英國精神分析學會內部分裂的危機，最後是透過幾場科學討論而達成協議，這在《佛洛伊德—克萊恩論戰 1941-1945》（*The Freud-Klein Controversies 1941-45*, King and Steiner, 1991）一書中有詳細記載。在這段期間，克萊恩與她陣營中最親近的幾位分析師有大量精闢創見，刺激了一波理論創新的浪潮。二戰後，克萊恩發表了幾篇重要論文，並持續寫作至生命最終，1960 年。

閱讀克萊恩 Reading Klein

第一部

【第二章】

早期作品：
兒童教養、教育及兒童分析

　　克萊恩的第一篇作品是 1919 年於匈牙利精神分析學會宣讀的文章，題名為〈兒童的發展〉（The Development of a Child）。「發展」既是她興趣的核心，也是她在精神分析中走的取向，在此時已經有所展露。顯然，這與她當時私人和家庭問題息息相關。她當時已開始向費倫奇尋求分析，那時她婚姻正觸礁，職涯亦尚未開展。她投入許多心力在三個孩子身上，孩子各有各的性格與發展，每天和他們一起生活、思索他們的狀況，似乎大大激發她進行詳盡的觀察，並去思考他們每天所掛心的事物、他們的想法，以及他們整體心智世界的走向與形貌。接受分析無疑讓她萌生種種疑惑，想要瞭解自己的童年時期，以及人生何以走到當前境地。而費倫奇想必是發現她擁有不凡能力，可以在與兒童的關係中讓興趣與研究軟硬併進，才會支持她對兒童心智的好奇，並鼓勵她從事幼兒的精神分析。大環境的歷史背景亦可能是推手之一。就如同 1945 年後英國兒童精神分析大受二戰影響，人民希望重建更美好的世界，尤其特別著重改善兒童的教育和健康〔如 1944 年的教育法案，以及 1948 年英國國家健康服務（NHS）實施〕，費倫奇對兒童早年發展的關注，甚至是克萊恩 1921 年搬到柏林之後，因為亞伯拉罕而重拾興趣，可能不僅僅奠基於精神分析的演進，同時也源自於整個知識界

對第一次世界大戰恐怖氛圍的回應。

　　以下是此篇文章的引言，點出了對傳統育兒方式的挑戰，直擊所謂「年少應當無知」的盲點，並提出必須覺知兒童對性的興趣（猶如佛洛伊德對小漢斯做的），藉此紓解童年的焦慮、讓智性發展獲得解放：

　　兒童應該接受性啟蒙的觀點愈來愈受重視。學校多方引介的兒童性啟蒙教學，目的在保護兒童到青春期時不致愈來愈暴露於「無知」的危險當中，也因這樣的想法，使兒童性啟蒙的教學贏得許多共鳴與支持。但是從精神分析所得的知識指出，我們應至少給予這個脆弱階段的孩子適當的教養（乃至於「啟蒙」），如此才能使兒童免於需要任何特殊的啟蒙，因為教養方式中最完整、自然的啟蒙，是與兒童的發展速度一致的。根據精神分析經驗所得到的無可辯駁的結論，兒童應盡可能免於經歷過度強烈的潛抑，以避免病態或不利的人格發展。因此，精神分析除了睿智地試圖以資訊對抗實際和清晰可見的危險之外，也企圖避免同樣實際存在，但或許不清晰可見（因沒有被辨識出來），卻更為普遍、深刻，因此也更迫切需要觀察的危險。幾乎在所有個案裡，精神分析所獲得的結論都指出，成年後的疾病，甚至所有正常心理狀態中或多或少都有的病態元素或抑制，其源頭都是童年性慾的潛抑，也因此清楚顯示了我們應該遵循的道路。為了讓孩子免於不必要的潛抑，我們首先應該從心理去除籠罩在性特質（sexuality）上，神祕、虛假和危險的厚重面紗，這面紗是基於情感與無知的基礎而編織出來的

虛假文明。我們應配合孩子渴望性知識的程度，給予充分的性
資訊，並徹底剷除性特質的神祕感及其危險。這將能確保孩子
不會像我們過去那樣將一部分的願望、想法與感覺潛抑了，而
無法潛抑的部分，則造成羞愧與焦慮。更重要的是，在避免這
樣的潛抑及避免孩子承受不必要的痛苦時，我們也建立了身體
健康、心理平衡與良好人格發展的基礎。而且我們能夠預期，
徹底坦誠地面對性特質不只為個人及人性演化帶來珍貴無價的
結果，它還能帶來另一項同等重要的結果——對於智能發展的
決定性影響。

《愛、罪疚與修復》
第一章〈兒童的發展〉（1921）
p.1-2（英文版 p.1-2）

　　很有意思的是，克萊恩對於兒童智性發展的關注在最早的著
作中就出現了，其後幾篇文章也繼續延伸。這種對思考和理解能
力的特殊興趣，在她幾位後繼者的寫作風格〔如：比昂（Bion）、
孟尼克爾（Money-Kyrle）、歐湘娜希（O'Shaughnessy）和布列頓
（Britton）〕中依舊維持。萊克曼（Likierman, 2001）認為克萊恩
的觀點乃融合了佛洛伊德的幼兒性慾論和兒童性好奇，以及費倫奇
關切的從全能化思考轉變為現實性思考之轉變歷程。

　　在這篇文章中，克萊恩寫到一位叫做「福利斯」的小男孩，
據悉，他其實是她的小兒子艾瑞克。在精神分析發展初期，分析師
會分析自己的孩子幾乎是司空見慣的，最著名的就是佛洛伊德分

析他的女兒安娜‧佛洛伊德。正因如此，克萊恩才能在這篇文章中有這麼多的觀察素材。我們可以讀到福利斯整體的發展都有些「遲緩」，他也很晚才出現那些其他小小孩會不斷纏問父母的問題，像是出生、死亡、時間、上帝等等。在克萊恩的筆下，福利斯宛若躍然紙上，她很注意福利斯變得如大夢初醒，開始對許多事物想要打破砂鍋問到底，包括：為什麼大人要編故事隱瞞事實？爸爸是用來幹嘛的？媽媽的身體裡面發生什麼事？各種東西是怎麼做出來、又是怎麼運作的？男生和女生有什麼不一樣？她描繪福利斯的現實能力不斷成長，全能式願望則開始消退。

克萊恩所要強調的是，潛抑作用箝制了哪些能力，以及虛假權威導致哪些問題。

對教育與心理學的看法

我發現福利斯在新獲得的知識影響下，心智能力大增，而當我將這些觀察拿來跟發展較差的個案比較時，有了嶄新的發現。誠實面對孩子，坦誠回答他們所有問題，以及這些做法帶來的內在自由，會對兒童心智發展有深刻且正面的影響。這會讓兒童免於思考的潛抑，而潛抑傾向是思考最大的威脅。換句話說，這可以避免潛抑昇華所需的本能能量（instinctual energy），以及避免潛抑跟被潛抑情結相關的概念化聯想，以防思想脈絡被摧毀。

《愛、罪疚與修復》

第一章〈兒童的發展〉（1921）

p.23（英文版 p.18-19）

　　她接續提出對分析六歲以下兒童的看法，而這是一個全新領域，因為史上第一位兒童分析師胡賀慕斯（Hug-Hellmuth）曾經表明分析只適合六歲以上兒童，換言之，唯有度過佛洛伊德所稱三至五歲的伊底帕斯階段、進入潛伏期、已經入學且能用語言說出想法的兒童才適用分析。她首先提起的是，根據精神分析知識，她如何看待家長的職責：

　　但是我現在想提出，我們可以將在成人與兒童精神分析中的所學，運用於分析六歲以下兒童的心智，因為我們都很清楚，對於精神官能症的分析經常會追溯到很早的年紀，也就是六歲以前發生的事件、印象或發展所帶來的創傷與傷害。這項資訊對疾病預防學的啟示是什麼？在精神分析看來，這個階段極為重要除了是後續疾病的根源，也對長遠的人格形成與智力發展至關重大，我們在這個階段能做些什麼？

　　我們根據知識所得的最直接且自然的結論是，要設法避免精神分析顯示會嚴重傷害兒童心智的那些因素。因此我們必須設下一些不能妥協的必要原則，例如小孩子從一出生，就不應該跟父母睡在同一間臥室；而且在強迫式的道德規範方面，我們對待這個正在發展的小生命，應該比對身邊的其他人更放鬆

一些。我們應該容許他在較長的時間裡維持自然狀態而不受抑制，不要像過去教養方式那樣加以干擾，要讓他能意識到自己的各種本能衝動並從中獲得的樂趣，而不要立刻激發他順應文化潮流，去抗拒這種純真本性。我們的目標是讓孩子有比較慢的發展，讓他有空間意識到自己的本能，並因此有可能將本能予以昇華。在此同時，我們不應該拒絕他表達正在萌芽的性好奇，應該一步步地給予滿足，我甚至認為，我們應該在這方面毫不保留。我們要知道如何給予他足夠的感情，同時避免有害的溺愛。更重要的是，我們應該拒絕體罰和威脅，並藉著偶爾收束情感來確立教養所需要的服從。

《愛、罪疚與修復》
第一章〈兒童的發展〉（1921）
p.31-32（英文版 p.25-26）

克萊恩接著寫到，家長都對孩子那些無厘頭、無從回答的問題不勝其擾，她認為這些能意識到並說出口的問題，其實隱含著潛意識及未能說出口的疑惑。然後，她把焦點轉向孩子「最年幼無知階段」的「態度」，認為這會讓最能啟蒙的教養方式效力大幅減縮：

例如，儘管我們採取各種教育措施，希望毫無保留地滿足孩子的性好奇，但性好奇的需求經常無法自由地表達出來。這種負面態度可能以多種形態呈現，最極端的包括完全不願意知

這種興趣經常帶有強迫性質；有時候這種態度則是在接受部分啟蒙之後出現，兒童此時不再有像之前那樣活躍的興趣，反而強烈阻抗，拒絕接受進一步啟蒙，甚至完全不願意接受。

《愛、罪疚與修復》
第一章〈兒童的發展〉（1921）
p.33（英文版 p.27）

　　在這之後，繼續回到福利斯身上，克萊恩用了許多細節，勾勒出他和父親爭奪母親的伊底帕斯潛意識幻想，以及分裂的母親形象。克萊恩細數她對他的遊戲做出的詮釋、回答他問題時所講的故事，並用「具分析性質的教養」來統稱她的做法。以下是一段對話範例，克萊恩自認這段對話特別重要：

　　那天他一早就坐在廁所裡，並解釋說便便已經在陽台上，已經跑到樓上，不肯進花園（他經常稱廁所是花園）。我問他：「它們是在胃裡面長大的小孩嗎？」我注意到這引起了他的興趣，便繼續說：「因為便便是食物做的，但是真正的小孩不是食物做的。」他說：「我知道，小孩子是牛奶做的。」「喔，不是，小孩子是用爸爸做的一個東西加上媽媽身體裡面的蛋做出來的。」（他此刻變得非常專注，並要求我解釋）我開始解釋那顆小小的蛋時，他插嘴說：「我知道。」我繼續說：「爸爸會用他的雞雞做出一種東西，看起來很像牛奶，但

是叫做種子。他做這東西的時候很像在尿尿，但是又不太一樣。媽媽的雞雞跟爸爸的不一樣。」他插嘴：「那個我知道！」我又繼續說：「媽媽的雞雞就像一個洞。如果爸爸把他的雞雞放到媽媽的雞雞裡，在裡面做出種子，那種子就會跑到裡面更深的地方。當種子遇到媽媽身體裡面一顆小小的蛋時，這顆小小的蛋就會開始長大，變成一個小孩。」福利斯很興趣地聽著，並說：「我好想看小孩子是怎麼在裡面做出來的。」我解釋說，這是不可能的，他得等到長大後才能看到，而且到時候他也是自己做。「但是到時候我想跟媽媽做。」

「那不可以，媽媽是你爸爸的太太，所以不可以當你太太，不然爸爸就沒有太太了。」「但是我們兩個都可以跟她做。」我說：「不行，那不可以。每個男人都只有一個太太。等你長大，你媽媽就老了。那時候你會娶一個年輕漂亮的女孩子，她就會是你太太。」他眼眶含淚、嘴唇顫抖地說：「但是我們不能跟媽媽住在同一個房子裡嗎？」我說：「當然可以，而且你媽媽會永遠愛你，只是她不能當你太太。」他接著問了一些細節，包括小孩子在媽媽的身體裡怎麼吃東西？臍帶是什麼做的？臍帶怎麼不見？他顯得興趣昂然，而且不再出現阻抗。最後他說：「但是我真的很想看一次小孩子是怎麼進去跟出來的。」

《愛、罪疚與修復》

第一章〈兒童的發展〉（1921）

p.41-42（英文版 p.33-34）

幾天後，福利斯告訴克萊恩下面這個夢，她直接給予詮釋：

「有一輛很大的汽車，看起來就像電車那樣。裡面也有座位，還有一輛小汽車跟著大汽車一起跑。它們的屋頂可以打開，在下雨的時候也可以關起來。然後這兩輛車往前跑，結果撞到一輛電車，把它撞倒。然後大汽車跑到電車上面，把小汽車拉在後面。那輛電車跟那兩輛汽車都靠得很緊。那輛電車還有一根連接桿。你知道我的意思嗎？那輛大汽車有一個很漂亮、很大的、銀色的、鐵的東西。小汽車有兩個像小鉤子的東西。小汽車在電車和大汽車中間。然後它們開上一座很高的山，很快衝下來。這兩輛汽車晚上也待在一起。如果有電車過來，它們就把它撞開。如果有人像這樣（張開一隻手臂），它們就會立刻後退。」（我解釋說大汽車是他的爸爸，電車是他的媽媽，而小汽車則是他自己。他把自己放在爸爸跟媽媽的中間，因為他很希望可以把爸爸趕走，單獨跟媽媽在一起，跟她做只有爸爸才被允許做的事。）

《愛、罪疚與修復》
第一章〈兒童的發展〉（1921）
p.43-44（英文版 p.35）

福利斯緊接著就大幅延展夢的劇情，克萊恩的看法是：

在這次的幻想之後，他對遊戲的興趣變得越來越強烈而鞏固。他這時會單獨玩上好幾個小時，而且從中獲得的樂趣跟描述這些幻想時一樣多。他也會直接說：「我要玩我跟你講的遊戲。」或「我就不講了，直接玩。」雖然潛意識幻想通常會經由遊戲宣洩出來，但在這個例子裡，無疑地就跟其他類似例子一樣，幻想的抑制成了遊戲抑制的原因，而兩者也可以同時被消除。我觀察到，過去他經常從事的遊戲和活動現在都退居幕後了。我尤其指那無止盡的「司機、馬車夫」等遊戲，裡面通常包含了用長椅、椅子或箱子推擠在一塊兒並且坐在上面。他之前一直喜歡在每次聽到車輛經過時就跑到窗邊，而且只要錯過一次就很不高興。他過去可以連續好幾個小時站在窗戶旁、大門前，主要就為了看經過的車輛。他從事這些活動時熱烈而排他的態度，讓我認為這些活動具有強迫性質。

《愛、罪疚與修復》
第一章〈兒童的發展〉（1921）
p.45（英文版 p.36-37）

此處有兩點值得注意。一是她用了「潛意識幻想」一詞，這後來成為克萊恩理論的重要特色；二是她很好奇抑制如何解除，她深信是抑制阻礙了福利斯的發展。

幾個月後，福利斯開始表達焦慮，克萊恩認為這和他熱衷於聽格林童話有關（很可惜她沒寫出是哪些故事），還有，她有一陣子因為重病，沒有辦法像以前那樣每天照顧福利斯。她也提到他難

以入睡、過度投入學習閱讀，而且變得「更調皮，不太開心」。這是個絕佳範例，可以展現內外在的因素如何緊密相連，我們可以說母親罹病讓福利斯極度憂心（或許他們先前的親近更強化了這種憂心），他潛意識裡決定要拼命當個大男孩、要學會閱讀才能自己解決問題，以及要遠離他所害怕的危險、自由玩耍。可是，這全都是極大的緊張壓力，在像父母生病的情況下，孩子確實會因為根本的安全感動搖，潛意識幻想和現實的界線變得不那麼踏實。（此乃克萊恩在《兒童分析的故事》中，理查爸爸生重病那段所討論的。）這在另一個片段中顯現得很清楚：

他的另一個夢則跟恐懼感無關。在夢裡，所有鏡子跟門之類的後面，都有伸出長長舌頭的狼。他把牠們全部射死。他不害怕，因為他比牠們強壯。之後的幻想也跟狼有關。有一次，他在入睡前又變得害怕，他說他很害怕牆上那個有燈光照進來的洞（為了暖氣裝備設置的開口），因為它照在天花板上也像是一個洞，所以可能會有男人用梯子爬到屋頂上，從那個洞進來。他也講到魔鬼是不是坐在爐子上的洞裡。他回憶說，他在一本繪本裡看到這個畫面：一個女士在他的房間裡，突然間她看到魔鬼坐在爐子的洞裡，尾巴突出來。他的聯想顯示他害怕那個爬梯子上來的男人會踩在他身上，踩傷他的肚子，而最後他承認他擔心自己的雞雞。

《愛、罪疚與修復》
第一章〈兒童的發展〉（1921）
p.50（英文版 p.40-41）

克萊恩固定與福利斯工作持續好一段時間，處理了他潛意識幻想中肛門情慾、同性戀與偏執妄想的主題。文章結尾，她以反思分析對教養兒童的重要性作結：

> 我認為，任何兒童教養都需要分析的幫助，從疾病預防的觀點來看，分析可以提供非常有價值而無可限量的協助。

《愛、罪疚與修復》
第一章〈兒童的發展〉（1921）
p.55（英文版 p.45）

她先是建議「精神分析可以做為教育的輔助——輔助其變得更為完整」，不過接下來就大膽宣稱：

> 及早以精神分析介入小孩的教養，在我們能接觸到孩子的意識時，就準備與他的潛意識建立關係，這做法不但有必要，而且會帶來很多好處。這樣一來，也許在抑制或精神官能症特質一開始出現時，就能被輕易消除。正常的三歲孩子，或許甚至是經常顯現出活躍興趣的更小小孩，無疑地都已經有足夠的智力，能夠理解別人給予的解釋。在這類事物上，較大的孩子因為已經有較強烈的、固著的阻抗，而有些情感上的阻礙。相較起來，倘若大人的教育還沒有發揮太大的有害影響，較小的孩子反倒會更接近自然的事物。而比起這個已經五歲的個案，

我們對小小孩更可能做到以精神分析來協助教養。

《愛、罪疚與修復》
第一章〈兒童的發展〉（1921）
p.58-59（英文版 p.47-48）

　　克萊恩提出各式各樣的論點來支持幼兒精神分析，她相信，分析並不會讓孩子變得難搞或無法管教，而是截然相反。不論她對分析的好處充滿信心，或是擁有想為廣大兒童謀福的宏大野心，比方說讓精神分析師介入幼稚園經營，都令人印象深刻。

　　接下來的另一篇著作，誠如其名，克萊恩專門探討〈學校在兒童原慾發展中的角色〉（The Role of the School in the Libidinal Development of the Child, 1923）。同樣的，讀者可以發現，作為母親看管孩子教育的親身經驗以及分析的觀點，都是她所倚重的。她在描寫兒童在學校的經驗時，把學校這種機構、學習歷程的本質，還有學校教的各種科目的個別意義，都與潛意識的性意涵連結起來。

　　她首先提到懼怕考試，這幾乎是放諸四海皆可見的恐懼，也容易頻繁地在日常生活中察覺，從這裡出發，她為接下來一連串令人眼花撩亂的觀察開場，整篇文章呈現校園生活中的各種抑制與焦慮，更指出背後意義。克萊恩認為，兒童的壓力來自於被要求得將「原慾本能的能量」（libidinal instinctual energies）昇華，此外，學齡前兒童的態度原本是比較「女性被動」（passive feminine）式的（對此，她似乎指的是童年早期孩子不受任何要求、可以自由玩

要，因此是享樂原則主導），進入學校後就要變得更主動去解決任務。雖然，日後她發現了嬰幼兒身上也有嚴重焦慮，以及超我出現得更早，還有極其複雜的投射和內攝機制，據此描繪出的學齡前幼童樣貌與此時大不相同，不過一進入學齡，孩子就面臨極大轉變，被期待要開始正式學習，卻是鐵錚錚的事實。幼童的「工作」是玩耍，學齡孩子的工作是要去融入某個群體，並完成老師出的功課。

克萊恩很注重學校機構本身，認為這是個會施加責任罰則、也提供外在架構的地方。她認為在潛意識中，校長和班級導師會被想像成父親，整個校園則像是母親。這種觀點將整個校園的空間和功能與母親身體激發的感受相比擬，後來獲許多作家沿用，如精神分析藝術史學者阿德里安‧史托克斯（Adrian Stokes）在建築相關著作中就曾提及（Stokes, 1951, 1958, 1965）。克萊恩當時的理論主軸多在強調佛洛伊德的幼兒性慾論，尤其是對閹割的恐懼，因此她認為潛意識中女老師會被當成會閹割人的母親。她為許多校園活動的潛意識意涵提出原創性的觀點，像是說話與唱歌可能會與潛意識幻想中的性交有關，因為舌頭在嘴裡滑動，可以聯想成父親陰莖在母親體內移動。克萊恩也用類似的筆法（也就是對於所發生的事，都能敏察其潛意識性意涵）闡述個別字母可以被當成性器或糞便，大寫字母尤其具有特殊力量等等；就連算術的數字也充滿了象徵意涵，比方說數字三會聯想到伊底帕斯三角，數字五是五根手指。數學除法會連結到剁碎母親的潛意識幻想，因此可能引發焦慮；學習文法時必須將語句拆解，這與肢解某物相似，所以可能會令人不安。讀者可以注意一下克萊恩是如何理解前語言階段的思考，這些正是比昂日後在討論思考能力的起源與發展時會提出的。此外，歷史科目隱含的是對個人與家族歷史的疑惑，包括最基本的自己怎麼

懷進娘胎、從哪裡來？地理科目，尤以地圖為最，會令人彷彿回到出生後面對第一個所見世界，也就是母親身體的世界。克萊恩的論點大致如下面這段引文：

　　我努力想要顯示的是，在學校裡進行的基本活動是原慾流動的管道，而且這意味了各種本能在性器主導之下獲得了昇華。不過，這種原慾灌注被從最基本的讀、寫與數學的功課，帶到以這些活動為基礎的更廣泛努力與興趣中，所以日後抑制——工作抑制亦同——的基礎，尤其可見於經常明顯逐漸消退的、與最早期的功課有關的抑制。不過，對於這些最早期的功課抑制是建立在遊戲抑制之上的，所以最終我們可以見到所有日後對生命與發展重要的抑制，都是從最早期的遊戲抑制所衍生而來……

　　我們必須將所有影響學習以及後續發展遭受抑制的建立，歸因於嬰兒期性特質最初綻放的時候，也就是在三到四歲之間的早期階段；此嬰兒期性特質在伊底帕斯情結發生的時候，賦予閹割恐懼最大的動能。正是對活躍之男性成分（masculine components）的抑制，為學習的抑制提供了主要的基礎，不管是在男孩與女孩身上皆然。

　　女性成分（feminine component）對昇華的貢獻，可能總是會被認為是「容受性」（receptivity）與「瞭解」，這些是所有活動的重要部分；不過，推動執行的部分——事實上構成了一切活動的特色——源自於男性性能力的昇華。對待父親的女

性態度，與對父親陰莖及其成就的欣賞與確認有關，此女性態度藉由昇華而成為欣賞藝術與其他一般成就的基礎。在男孩與女孩的分析中，我反覆看到透過閹割情結而對這種女性態度的潛抑是何等的重要；女性態度是每一個活動的基本部分，對它的潛抑必定相當程度上促成了一切活動的抑制。在分析兩種性別的病人時，也有可能觀察到當一部分閹割情結浮上意識層面，而女性態度更自在浮現的時候，往往會開始萌生強烈的藝術興趣與其他興趣……

　　我要將我對於老師在兒童發展上所扮演的角色做個簡短的提示。藉由著同理心的瞭解，老師能夠發揮很好的成效，因人們將老師視為「報復者」所引發的抑制，能因而大幅降低；同時，有智慧而和善的老師，將能為男孩的同性戀成分以及女孩的男性成分提供一個客體，讓他們能夠用一種昇華的形式來運作其性器活動。如我之前提到的，我們可以在各種研習活動上辨識出這些昇華的形式；不過，因為教學法上的錯誤，或甚至於老師嚴酷的處置方式所導致的傷害，都是可以從這些跡象來加以推論的。

《愛、罪疚與修復》

第三章〈學校在兒童原慾發展中的角色〉（1923）

p.90-94（英文版 p.73-76）

　　值得注意的是，克萊恩早期關注學校與教育中的心理層面，啟迪了後代的兒童分析師與兒童心理治療師。在這幾篇早年文獻

中，隱約指出精神分析在瞭解師生關係及學校整體功能上可以做出很大貢獻。日後這確實在多處蓬勃發展，像是協助教師訓練〔由蘇珊・伊薩克斯（Susan Issacs）在倫敦的教育學院（Institution of Education）開啟先例〕，或如塔維斯托克診所（Tavistock Clinic）長年開設相關課程，協助教師探索教學工作與學習中的情緒面向（Salzberger-Wittenberg et al., 1983; Youell, 2006; Rustin, 2012）；也有直接進入校園為學校職員提供諮詢服務（Harris, 1987），以及針對兒童青少年的臨床工作。

　　克萊恩研究兒童個案學習過程中顯現的焦慮與抑制時所運用的極具創意的想像，至今仍是教育相關人士與實務精神分析的寶貴資源。她的下一篇文章〈早期分析〉（Early Analysis, 1923）主要從她對福利斯的分析取材，福利斯當時對鐵路、車站和馬路非常著迷，遊戲裡經常充滿這些主題。此篇文章中有一段美妙的註釋，克萊恩先是探討福利斯對「母親身體的地理」深感興趣——他在四歲時曾經說過母親是「他在攀爬的山」——接著清楚地說明在兒童發展的過程中，深蘊潛意識幻想的自由玩耍有多麼重要：

　　　　他幻想的環狀鐵道也出現在所有的遊戲當中，他讓火車繞著圈圈跑。他對方向與街道名稱的興趣逐漸增加，且發展為對地理的興趣，他假裝在地圖上旅行，所有這些顯示了他的幻想從他家進展到他所居住的城鎮、他的國家以及整個世界（一旦幻想獲得了自由，這個進展就顯現出來了），這個進展也影響了他的興趣，因為它們涉及的領域是愈來愈寬廣了。此處，我要從這個觀點來強調對遊戲的抑制具有極大的重要性，對遊戲

興趣的抑制與限制導致了在學習及整體後續心智發展兩方面的潛能與興趣都被減弱了。

《愛、罪疚與修復》

第四章〈早期分析〉（1923）

p.119 註釋（英文版 p.97）

她將這種自由探索與抑制的對立，連結到方向感和心智的成長：

在對地理的興趣之外，我還發現它也是發展繪畫能力、對自然科學的興趣，以及每一件與探索地球有關的事情的決定因子之一。

在福利斯身上，我也發現這與他在時間與空間方面的缺乏定向感有非常密切的關聯，相對於他對自己在子宮中時所處地點的興趣受到潛抑，他對於身處其中的時間細節也是興趣缺缺的，因此「在出生以前我在那裡呢？」及「什麼時候我在那裡？」等這些問題都被潛抑了。

從他許多話語及幻想中可以明顯得知的是，他潛意識中將睡眠、死亡以及子宮內狀態視為等同，與此相關的是他對於這些狀態的持續時間及接續情形的好奇。由此看來，從子宮內過渡到子宮外的狀態改變，似乎是所有週期性的原型，也是時間概念以及時間定位的基礎之一。

《愛、罪疚與修復》

第四章〈早期分析〉（1923）

p.121（英文版 p.99）

在〈早期分析〉一文中，克萊恩很明顯地要將她的分析，緊緊依附於佛洛伊德的本能理論、固著點、昇華等觀點之上。下面這段引文是圍繞著原初場景：

　　綜合我所說的，我發現藝術與智能的固著，以及那些後來會導致精神官能症的固著，都是以原初場景或是對它的幻想為最有影響力的決定因子，重點在於哪一種感官比較強烈地被激發了：表現出來的興趣是對看到的事物，或者是對聽到的聲音，這也可能決定了——另一方面也有賴於——意念是以視覺還是聽覺的方式來對個體呈現，無疑地，體質因素在此扮演了重要的角色。

　　在福利斯的案例中，他是固著在陰莖的動作上；菲力司（Felix）是固著在他聽到的聲音上；其他案例則固著在色彩效果上。當然，對將要發展的才能和天分來說，那些我詳盡討論過的特殊因素必定是會發生作用的，在固著於原初場景（或幻想）這件事上，**活動的程度**——它對昇華來說是如此重要——無疑也決定了個體發展的是創造或臨摹的才能，因為活動的程度必然影響著認同的模式。

　　但在這段引文中，克萊恩要進一步探詢的方向也很鮮明：她特別著重潛意識幻想、認同作用以及早年的感官經驗。克萊恩此時注意到聽覺和視覺的差別，這可能除了是她日後「部分客體」（part-object）概念的先驅之外，也啟發她去瞭解部分客體（或是客體的不同面向）如何整合成一個完整客體的複雜歷程。另一個值得注意的特點是，她能廣泛應用「抑制」概念，這既是她早期著作的特色，在她日後對兒童分析發展懷有的宏大企圖心及信心中也可看見相同的特色。

　　她下一篇發表的文章〈抽搐的心理起因探討〉（A Contribution to the Psychogenesis of Tics, 1925）是她所發表的第一篇案例研究，與她關心的發展抑制主題直接相關。在她筆下，十三歲的菲力司在「智力興趣與人際關係」都大受抑制，只對競賽遊戲（games）與身體力量感興趣，少有情緒流露。他被轉介給克萊恩時，曾提及有抽搐的狀況，克萊恩對此特別留意，進而成為這篇文章的主軸。她與菲力司進行三年多分析，很驚訝他在進入青春期時性焦慮隨之暴漲。文中詳細記下數個早年重大事件，包括他一直到六歲都仍與父母同臥房、經歷兩次重大醫療、以及他父親在戰時長期不在家，後來又返家；有些細節特別椎心，像是他小時候很喜歡唱歌，後來卻全然捨棄。他整體的形象是極度好動、在學校很難坐得住，也抗拒寫作業，這會讓人想到現今精神醫學診斷中的注意力不足／過動

症（ADHD）。克萊恩知道與他的焦慮狀態和防衛行為密切相關的是，他沉浸於性、有強烈的自慰衝動卻又依父母的要求大力控制。在克萊恩為他的抽搐所做的複雜分析背後，這番潛抑的力量一直存在著。她的敘述是這樣的：

此時值得注意的是他抽搐頻率增加。他的抽搐最早出現在分析之前的幾個月，促發因素是他祕密地目睹了父母之間的性交過程。在目睹之後，一些症狀立刻出現：包括臉部抽搐和頭往後仰，抽搐便是從這些症狀衍生出的。抽搐由三個階段組成。一開始，他的後腦勺下方頸部的凹陷處有一種彷彿被撕裂的感覺。這種感覺迫使他把頭往後仰，然後從右邊旋轉到左邊。第二個動作伴隨著一種感覺，好像有東西大聲地咔啦作響。最後一個階段是第三個動作，他會盡可能把下巴深深向下壓。這讓他有一種鑽進某種東西的感覺。有一段時間，他會將這三個動作連續做三遍。在抽搐當中，「三次」的意義之一（之後我會有更詳細的說明）在於他扮演了三個角色：被動的母親角色、被動的自己以及主動的父親角色。前兩個動作都象徵著被動的角色；然而在咔啦作響的感覺中所包含的施虐元素也象徵著主動的父親角色，這個元素在第三個動作中表達得更完整，就像要鑽到某種東西裡面去。

《愛、罪疚與修復》
第五章〈抽搐的心理起因探討〉（1925）
p.134-135（英文版 p.108-109）

她還寫道，要「把抽搐放在精神分析的視框下」，就需要菲力司進行自由聯想，因此，這也是一篇能反映她細緻臨床技巧的範例。克萊恩在文中呈現菲力司在目睹「原初場景」的刺激後，開始關切父母的性關係，這讓他抑制了自聲音獲得的樂趣，尤其干擾他對音樂的敏感度，也影響到他如何使用眼睛。他並未顯露任何因正常好奇心而想觀看的欲望，反而是要將之潛抑，這潛抑表現在強迫式的揉眼再眨眼上。他對文化興趣嚴重封閉，克萊恩連結到他關閉的眼與耳，而不是去體驗因感官開啟所帶來的焦慮。許多後代分析師感興趣的「共通感」（common sense）分裂歷程（Bion, 1970），以及當知覺能力被自身攻擊時會影響思考力，都能在克萊恩這些觀察中找到精彩的前身。

　　在這篇文章中，克萊恩驚人地一方面進行嚴謹的分析探索，另一方面卻滿懷不安地決定介入菲力司的生活。她開始擔憂菲力司與另一位男孩相互自慰「會對精神分析不利」，並「考量種種複雜情況……我必須制止兩位男孩的關係」。菲力司似乎接受克萊恩的指示——呼應他先前掙扎是否要服從父母的禁令時，也聽從了分析師——確實，接下來克萊恩就能分析他潛意識中對父親的同性戀態度。或許，兒童分析師因面對父母的期待，以及必須獲得父母支持才能順其步調分析，於是變得很難完全忠於兒童案主，這種為難某程度上也影響了本次事件。不過，文中並未說清此事，也或許，克萊恩發現兩位青少年之間的性活動讓她感到不安，雖說她之後是用極其開放的口吻描述兒童間的性表現，認為這是創造潛能的要件，不應嚴加禁止。

　　在她與菲力司分析中，分析自慰的潛意識幻想是工作主軸。對抽搐進行分析，帶她深入瞭解最核心的客體關係，也察覺這些

潛意識客體關係會密切影響整體人格。她留意到菲力司與另一位個案威那（Werner），兩人在行為與好動上都相似，讓她對動作宣洩（motor discharge）的心理意義產生許多想法。威那也是對分析師極具啟發性的兒童個案之一，他們讓分析師重視潛意識幻想，也去注意強迫性行為導致的憂苦。威那會說：「亂動很好玩，但也不是一直這樣子，你不能想停下來就停下來——比方你要寫功課的時候」，他還提到過「亂動的想法」，這些強迫性行為都是源自於複雜的潛意識幻想，克萊恩認為是同時認同了性交過程中男女兩方的身體。威那還用感傷的口吻說，他在其他人在場時沒有辦法「好好地亂動」，這透露了他潛意識幻想中的性元素已經多麼接近意識層面，同時也顯示克萊恩的兒童個案有多麼信任她。

對於這些蘊含潛意識性幻想的行為表現，克萊恩的觀察至今仍令人感到耳目一新，而且也能針對目前兒童精神醫學某些常見的診斷提供一套理解的理論。克萊恩的觀點不僅揭明了被診斷 ADHD 孩子的內在客體關係，她在探討抽搐與其起源時亦觸及了妥瑞氏症（Tourette's syndrome）。克萊恩此刻的做法乃追隨佛洛伊德的性慾理論，不過，當今精神醫學對 ADHD 的看法，其實可以視為在重覆早期年代的態度，既不採納佛洛伊德對幼兒性慾的假說，也拒絕克萊恩看重潛在焦慮的觀點。

在本篇文章中，克萊恩持續與精神分析先輩觀點對話的特色亦甚鮮明，這次她探討的是費倫奇對抽搐的看法。她知道彼此的看法有一大差異，她相信抽搐是「從已經發展的客體關係階段，退回次級自戀階段」，並點出她與費倫奇的歧異就在這裡。她認為抽搐不僅是「抑制和逃避社交的指標」，同時亦如當代分析師所見，是發展出一種病態的防衛結構，將個案困陷於自體與客體混淆所導

致的自戀的內在世界中，而這個自體的特色是在兒童期以對客體侵入性認同（intrusive identification）（Meltzer, 1967）的方式因應伊底帕斯情境。克萊恩指出事態非同小可，單純的症狀可以顛覆整個發展。但相反地，她在另一段美妙的註釋中指出：「當我們聽到音樂的時候會有想要跳舞的衝動——這個正常現象說明了聽覺印象（auditory impressions）會以動作方式重現」（p.155/p.125）。這呈現出兩方的對比，一方是發展出象徵性的活動並進入文化空間，另一方則是菲力司和威那的非象徵化模仿行為。這種對比在此已經留下了伏筆，未來會在希格爾（Segal）與其他分析師的作品中再度延續，明確區分出象徵性的領域與象徵等同（symbolic equation）的一人式世界。我們就此也可以感覺到，克萊恩對兒童一般行為有多麼親近的認識，她的理論構想是多麼深植於詳實觀察。

　　1926 和 1927 年，克萊恩有兩篇文章勾勒出了她的實務技巧。第一篇〈早期分析的心理學原則〉（The Psychological Principles of Early Analysis, 1926）說明了精神分析技巧如何應用於幼兒身上，也示範她的遊戲分析技巧。第二篇是她應當年英國精神分析學會的「兒童精神分析研討會」所寫，文中提出許多她和安娜‧佛洛伊德之間的不同做法。於是這篇文章別具歷史價值，因為它為接下來兒童分析走上兩大門派暖場，亦開啟 1930、1940 年代的重要大事——讓精神分析發展出不同的思潮走向，這些在《佛洛伊德—克萊恩論戰 1941-1945》（King and Steiner, 1991）一書中有詳細記載。

　　第一篇文章呈現克萊恩分析技巧的特色，全文以一則短篇分析開場，主角是三歲三個月大的小孩。整篇文章都是依據下列對童年早期的假設開展的：

- 兒童從與他人（客體）的關係中獲得愉悅感
- 與客體最初發展的關係屬於自戀型
- 與現實的關係乃從這些關係中發展出來

　　在短篇分析中，克萊恩凸顯出孩子有被剝奪的感覺，意即，是挫折開啟了與現實的關係。尤其當兒童要「成功適應現實」，就必須能容忍伊底帕斯情境點燃的被剝奪感。克萊恩在此對佛洛伊德的忠誠昭然若揭，可是她接著將伊底帕斯問題設定在一至二歲，又異於與佛洛伊德的論點。在一段註釋中，她還寫到早年哺乳與斷奶歷程的重要性，顯示她關注更早年「失去乳房」的被剝奪感，而「失去乳房」更是她整體思考的核心。同時她也熱切強調，讓兒童接受早期分析可以幫助他們更能承受父母和教育的期待。這些論點都指出，在克萊恩的思路當中，作為母親的經驗佔有重要位置。她鎮日與嬰幼兒密切互動讓她看見嶄新的風景，這是佛洛伊德難以觸及的。

　　接著她討論在幼兒身上典型的「精神官能症」特質。我們可以理解此處「精神官能症」指的是，對父母日常生活上的要求會明顯地反應不悅並難以遵守。克萊恩指出焦慮具相當重要性，包括夜驚（night terror）、肢體意外傷害與恐懼、極度敏感、玩耍受到抑制、對家庭節慶的矛盾感受，以及行為問題。她認為罪疚感是上述眾多現象的主因，並提出臨床範例說明當幼童擁有攻擊的潛意識幻想與願望，就會讓他們深陷罪疚感。她亦運用臨床素材，呈現出在害怕遭受嚴厲處罰的感覺之中，並不是只有現實人物才會施予處罰，內在嚴厲的人物也會。在此，她主要描述的是早年的殘酷超我，這是她在幼童身上鮮明看見的，此外，她也呈現出孩子們會

堅毅地嘗試控制自己的敵意。她以兩歲三個月大的莉塔（Rita）為例：

> 有一次娃娃床邊還擺了一頭大象，用意在防止娃娃逃走。因為不這麼做的話，娃娃會潛入她父母的房間，傷害他們或拿走一些東西……自她一歲三個月到兩歲之間，她想取代母親的地位、奪走媽媽肚裡的嬰兒、傷害與閹割父母。

> 《愛、罪疚與修復》
> 第六章〈早期分析的心理學原則〉（1926）
> p.164（英文版 p.132）

藉此，克萊恩同時宣示了她早年伊底帕斯衝突的理論，也陳述莉塔早年意知到母親懷孕時心智發生的變化。當年在精神分析社群中，這些說法幾乎是聲名狼藉；童年早期這些充滿敵意、施虐的潛意識幻想，至今仍會令人震驚困惑，因此她的觀點常被拒絕。克萊恩倒是平穩地探討深層的潛意識罪疚感會引發何種抑制，也主張早年型態的超我與佛洛伊德所描繪的較晚期的超我是一脈相連的。她強調伊底帕斯衝突的早期階段與早年殘酷良知的源頭彼此相連，以此沿續佛洛伊德認為伊底帕斯情節的發展與超我的建立相關。她的願望是讓這些小個案擺脫嬰兒期精神官能症，她還表示，由於「在兒童心智的某個層面，意識與潛意識之間的交流遠較成人容易，故當我們欲一步步反溯時亦較為簡單」（p.166／英文版 p.134），幼童其實可以對分析非常開放。幾個世代下來，許多兒童分析師或心

理治療師都支持這項觀察,他們經常對幼兒分析的進展速度大感驚訝,與潛伏期兒童工作的緩慢速度有極大落差,更甭提成人有能耐產生各式各樣的阻抗,有時是很棘手的。

克萊恩認為兒童的遊戲與成人的夢境相似,都是象徵性地將願望、潛意識幻想和經驗表達出來:

> 這一切唯有透過佛洛伊德推演出的解夢分析才能完全理解。象徵只不過是其中的一部分;若我們希望在分析治療中正確地解讀兒童的遊戲與其整體行為的關聯,那麼除了經常顯現於遊戲中的象徵之外,我們還必須考量所有的表現手法,以及那些運作於夢工作的機制,而且對於檢驗現象的整體連鎖關係之必要性,更須銘記在心。

> 《愛、罪疚與修復》
> 第六章〈早期分析的心理學原則〉(1926)
> p.166(英文版 p.134)

在此,克萊恩精短地闡明她如何理解日後稱作「整體情境」(total situation)(Klein, 1952)的現象。

她接著為兒童的聯想及分析師的觀察角色做出適切定位,也大力呼籲兒童分析需有深度:

在玩耍中，兒童僅會象徵性地呈現出幻想、願望與經驗。他們運用同樣出現於夢境中的語言，以及同樣發生自種系（phylogenetically）的古老表達方式……如果運用上述（佛洛伊德的）技術，我們便會馬上發現，兒童對於遊戲中不同元素之間的聯想，其實並不輸成人對於夢中各項要件的處理方式。遊戲中的瑣碎細節，可為細心的觀察者指引出方向，而兒童在遊戲與遊戲之間說出的各種話語，重要性也絲毫不遜於聯想。

除了這種古老的表現模式外，兒童也會使用另一種原始的機制，亦即採用行動（所謂思想的原始前驅）取代言語：對兒童來說，**行動非常重要**。

在〈孩童期精神官能症案例的病史〉一文中，佛洛伊德曾說到：「當然，對精神官能性的兒童本身進行分析顯得較為可信，但在題材上卻不可能很豐富，因為必須提供給孩童太多字詞與思想；儘管如此，最深的底層可能仍無法被意識穿透。」

假如我們採用分析成人的技術研究兒童，我們勢必無法成功地深入兒童心智生活的最底層，然而分析的成敗與價值，正是由這些層面所決定。若我們能將兒童與成人的心理差異加以考慮，同時謹記著：兒童的潛意識與意識、最原始的傾向與最複雜的發展如超我等等，均是並肩運行的話——換言之，我們若能確實理解兒童的表達形式——那麼所有的疑點與不利因素終將煙消雲散。因為我們發現，就分析的深度與廣度而言，我們對兒童的期望可以像對成人一樣。此外，在兒童分析中，過去的經驗與固著行為可被**直接地**表現出來，這與在成人分析中，我們只能將之**重構**的情形大不相同。以露絲（Ruth）為

例，當她還是嬰孩時，偶爾會因為母親奶水不足而餓肚子。到她四歲又三個月大時，有次她正在玩水槽，便直呼水龍頭為奶水頭。她說奶水跑到嘴裡去了（排水管洞），但是只有流一點點。這樣的口腔慾求不滿經常出現在她無數的遊戲與演劇行為中，同時亦展現於她整體的態度上。譬如，她宣稱自己很窮，只有一件外套，並且沒有太多東西可吃──這些說法沒有一項與現實相符。

另一位患有強迫式精神官能症的小病人是六歲的厄娜（Erna），其症狀主要是來自如廁訓練期的感受，她以演劇方式非常鉅細靡遺地向我傾訴這些經過。譬如，有一次她將一個小娃娃放在石頭上，假裝它正在排便，她也在它旁邊圍放了其他娃娃，意思是它們正在欣賞。在這番排演之後，厄娜把同樣的素材納入一個扮演遊戲裡。她希望我佯裝成被包裹在長毯裡、把自己搞得髒兮兮的嬰兒，而她則扮成母親。這個嬰兒是個被寵壞的孩子，同時也是被傾慕的客體。厄娜對此感到生氣，因而扮演不斷擊打嬰兒的嚴格教師角色。藉由這個方式，厄娜在我面前展現出她經歷過的第一個創傷：當她想像那些用來訓練她如廁的規範，正代表著她已失去嬰孩時期所享有的溺愛時，她的自戀意識便遭受沉重的打擊。

一般而言，當我們為兒童進行分析時，不能低估幻想以及因強迫性重覆而轉化為行動的重要性。通常**幼小的**孩童運用行動來表現的程度大得多，但即使是較年長的孩童亦經常依賴這項原始機制，尤其是當分析療程已將他們部分的潛抑驅除之後。讓孩童獲得與此機制緊密結合的快感對分析治療的持續是

不可或缺的，但此快感必須只是一種達到目的的手段。只有在此處，我們看到了享樂原則凌駕於現實原則之上，因為對於小病人，我們並不能像對較年長的兒童那樣，訴諸於他們的現實感（sense of reality）。

正因兒童的表達媒介與成人相異，兒童分析中的分析情境（analytic situation）也顯得截然不同。然而，前述兩種情況在**本質上**是沒有差別的。前後連貫的詮釋、漸進地解決阻抗的問題，以及不斷追溯移情所指向的更早年處境——這對兒童及成人而言，均為正確的分析情境。

《愛、罪疚與修復》
第六章〈早期分析的心理學原則〉（1926）
p.166-169（英文版 p.134-137）

「前後連貫的詮釋、漸進地解決阻抗的問題，以及不斷追溯移情所指向的早年處境——這對兒童及成人而言，均為正確的分析情境」，很難找到比這更強力的論點支持兒童分析的可行性，以及其實務和理論上與成人精神分析的關聯。

〈兒童分析論文集〉（Symposium, 1927）一文中，散發甫完成發表論文的自信筆調，潛藏著必須保護自己免於攻擊的壓力，同時，亦流露一股要將自己推上精神分析核心位置的決心。不難想見，面對安娜・佛洛伊德猛烈抨擊自己的工作方式，克萊恩會產生多麼深痛的情緒；同樣的，聽聞克萊恩宣稱自己是佛洛伊德學說的後繼者，安娜・佛洛伊德又會如何盛怒。兩位女中豪傑爭論

著孰為兒童精神分析的正道，對她們兩人而言，這既關乎根本原則，對個人也至關重要，英國精神分析學會的內部分歧以及論戰（Controversial Discussions）的導火線就此點燃。克萊恩在 1947 年補充的後記當中，記載了安娜・佛洛伊德自多年前的兒童精神分析研討會之後的立場轉變，這些轉變雖拉近了彼此的觀點，但她仍難消曾遭曲解的心頭之恨。這種難以抹滅的互相傷害，加上彼此理論與技術確實有重大分歧，以至於在 1940 年代晚期至 1980 年代間，兩派的人馬難免會視對方為敵對陣營。至於克萊恩的兩位分析師，費倫奇和亞伯拉罕，在克萊恩走上一條獨樹一格的精神分析道路上，必然扮演了重要角色（Likierman, 2001）。或許安娜・佛洛伊德與梅蘭妮・克萊恩之爭，可以視為某種殘酷議題反覆重現，即，第一代分析師是否忠於佛洛伊德。

　　克萊恩以佛洛伊德與小漢斯作為本文開頭，闡明自己的立場，她引述佛洛伊德思索分析伊底帕斯情結對小漢斯父子關係的好處，藉此帶出她深信兒童分析具有價值，並表明不同於胡賀慕斯與安娜・佛洛伊德，她認為將兒童分析應該獨立，不能與教育或其他更侷限的方法混為一談。對於小漢斯以及佛洛伊德使用的手法，她最喜歡的部分是無論小漢斯的潛意識幻想走向何方，都打破砂鍋問到底地去追探。她寫道：

　　　最適當的技術是透過（分析師的）態度和內在的信念而找到的。我必須再度強調，如果我們能以開放的心胸去進行兒童分析，自然就會發現探究其底層的方法與媒介。

《愛、罪疚與修復》

第七章〈兒童分析論文集〉（1927）

p.177（英文版 p.142）

在對於何為真正的分析做了這番宣示之後，她接著討論安娜·
佛洛伊德當時的觀點，包括相信兒童此階段與父母的關係會阻礙對
分析師發展移情，以及分析技術當中應融入教育元素，幫助兒童瞭
解什麼是分析工作並說服孩子配合；除此之外，還包括讓兒童意識
到焦慮和罪疚感是分析重要的基礎，並提倡發展正向移情，認為會
有所助益。不過，克萊恩的看法與此相左，她認為分析是在處理孩
子已經內化的更早年親子關係（即嬰兒期的元素），也有必要對正
向與負向移情皆進行詮釋，因為兩種移情很容易彼此互換；此外，
分析的目的是在**解除**焦慮與罪疚感，她以無可妥協的態度闡述分析
的任務：「分析本身並不是一種溫和的方法：它無法替病人排解掉
任何痛楚，即使對兒童亦然。」（p.179／英文版 p.144）

為了捍衛自己的遊戲技術，反駁安娜·佛洛伊德指控她進行天
馬行空的象徵詮釋，克萊恩做出頗為驚人的說明：

> 只有當孩童於不同的重覆行為中表現出相同的心理素
> 材──在現實中常透過各式的媒介，如玩具、水，或藉由裁
> 切、繪圖等動作展現，以及當我注意到這些特異的作為經常伴
> 隨著罪疚感，以焦慮或暗指過度補償這類代表反向作用的形式
> 表徵，且讓我感受到我已經達到看透某種連結的境界時，我才

會對這種種現象進行詮釋，並且將它們與潛意識及分析情境串聯起來。這番關於詮釋的實務與理論條件，與成人分析是絕無二致的。

　　小玩具只是我提供的器材之一，其他的媒材還包括紙張、鉛筆、剪刀、細繩、球、積木，以及最主要的水等等。這些東西都任由小孩取用，目的僅在於提供途徑，協助其釋放幻想。有些小孩長時間都不碰任何玩具，或者連著好幾週都只顧著裁裁剪剪。針對在遊戲中完全抑制的小孩，玩具只是用來貼近瞭解其抑制之因的一種工具。有些小孩，尤其是非常年幼的孩子，一旦玩具讓他們有機會把宰制他們的幻想或經歷戲劇化後，他們常會把玩具全部丟在一旁，接著玩起任何想像得到的戲局，而所有在房間內的人與物，包括我在內，都必須參與演出。

《愛、罪疚與修復》

第七章〈兒童分析論文集〉（1927）

p.183-184（英文版 p.147-148）

　　這段敘述傳達出克萊恩在與兒童工作上，已經累積極為豐富的經驗，閱讀這段文字時，形形色色孩子的玩耍模樣越過眼前：有抑制的孩子，只顧著玩水的幼童，已經能用紙筆、剪刀與膠水的潛伏期學童，隨意玩著小玩具的孩子，以及玩假扮遊戲、要分析師一起分飾不同角色的小孩。

　　顯然地，克萊恩樂於投入遊戲的自然象徵意義，她說，「就讓

我們循著此路前進，也就是與他們的潛意識進行聯繫，運用我們的
詮釋來使用潛意識的語言。」（p.184/148）她繼續說明語言表達有
其重要性：

　　填補著現實的缺口……基於這個原因，除非我終能成功
　地讓病童用言說的方式表達出聯想，並且有能力將之與現實串
　聯，否則我從不輕易對任何兒童分析作結，即便是對極小的幼
　童亦然。

《愛、罪疚與修復》

第七章〈兒童分析論文集〉（1927）

p.186（英文版 p.150）

　　接續技術探討的段落之後，克萊恩轉向理論來解釋她在幼童身
上體會到的超我結構與發展。她將超我的早期發展與嚴厲的性質，
連結到斷奶時的伊底帕斯元素，即幼兒意識到自己狂烈的憤怒和佔
有慾影響了與母親之間的親密關係。她根據自己在分析幼兒時的發
現，呼籲要修正佛洛伊德的超我形成時間點：

　　安娜・佛洛伊德就此提出的論述，令人感覺到她相信超我
　的發展、反向作用與屏幕記憶，大多是於潛伏期期間發生。然
　而，我的小小幼兒分析經驗，卻迫使我做出與她截然不同的結
　論。經過我的觀察，當伊底帕斯情結升高時，這些機制才會因

情結的引發而啟動。隨著伊底帕斯情結結束，他們已全然完成基礎工作；接下來的發展與反應，其實都只是一定型根基之上的上層架構而已。

《愛、罪疚與修復》

第七章〈兒童分析論文集〉（1927）

p.196-197（英文版 p.163）

在文中這部分，克萊恩對安娜・佛洛伊德的批評延伸至嚴格檢視她的臨床著作，這必然冒犯了對方。

克萊恩與安娜・佛洛伊德在論點上種種複雜的差異，也顯現在克萊恩討論兒童分析師與個案家長的關係當中。克萊恩頗具說服力地主張，分析兒童與父母及手足的關係是核心關鍵：

我們觀點的歧異點在於：我從不用任何方式鼓動孩童去憎厭所有與他們相關的客體。但如果其父母願意將孩子交付給我進行分析，不管是為了治療精神官能症或其他因素，我想我會理直氣壯地採取以下立場，因為這是對小孩最有益的不二法門：我指的是毫不保留地分析孩子與其他客體的關係，特別是父母與兄弟姊妹。

《愛、罪疚與修復》

第七章〈兒童分析論文集〉（1927）

p.202（英文版 p.163）

她鑽研了幾個伊底帕斯主題，包括對弟弟妹妹的嫉妒與憎恨、與母親的競爭關係等，卻似乎完全沒有注意到分離的痛苦與焦慮，「離開的母親」此時被視為伊底帕斯母親（譯按：被父親佔有的母親、背叛的母親）。直到克萊恩後期探討哀悼和憂鬱焦慮的著作中，她才深入研究早年失落經驗的意義。

　　不過，她對於「分析可以解放愛的能力」懷抱信心，因此她也深信分析兒童的矛盾情感可以改善家人關係，並能對兒童和父母都善盡治療職責。她可以接受孩子「仍處於與分析對立的環境中」（即，同住的家人並不支持探索心靈真相），因此「即使當我遇到這類的情況，我發現兒童會因分析治療的鼓勵而自我調適得更好，因此也能承受不快的**環境**，受到的傷害也比未經分析前少得多。」（p.204/165）。在這方面，克萊恩比安娜‧佛洛伊德更有膽識。安娜‧佛洛伊德主張，唯有在父母對精神分析有初步認識與尊重的情況下，才適合進行兒童分析。不過，克萊恩認為家長的意識或潛意識狀態不可能永遠友善。這很顯然是正確的，只可惜她並未看重當今實務工作者認為必要的部分，包括涵容家長的矛盾情感，以及在兒童分析的架構中納入家長心理治療。此乃實務工作技術上最大的轉變，因為現今的兒童心理治療幾乎都會包含與家長工作。

　　早在克萊恩寫下〈嫉羨與感恩〉（Envy and Gratitude, 1957）之前，她就認為分析工作可以開啟兒童愛的能力。所謂愛包括了：嬰兒天生的愛與恨，從被理解的深刻喜悅中引發之愛，以及由於客體能夠思考、感受與理解而給予的慷慨回應，引發出的感恩與愛。

　　全文最末，克萊恩為她的兒童（與成人）精神分析方法做出定義，這預示了日後比昂（1970）呼籲揚棄「記憶與欲望」的經典語錄。她是這麼寫的：

一個兒童分析師若要成功，更應秉持著與成人分析師同等的潛意識態度。這種態度必須使分析師真正願意只從事分析，而不會試圖去影響或引導病患的心智。如果分析師的焦慮無法阻止他進行分析以外的事，他也勢必能靜待真正的問題出現，成果自然水到渠成。

《愛、罪疚與修復》
第七章〈兒童分析論文集〉（1927）
p.207（英文版 p.167）

　　當時她思考的「問題」是心靈層面的發展，以及精神分析在促進發展中扮演的角色。她堅信心智世界有強勁的發展驅力，而這成為堅實基礎，讓她擁有膽識與能力繼續探索。

第三章

求知慾：
熱好理解及其抑制

　　克萊恩的種種貢獻當中，最具原創性的觀點之一，就是發現兒童有強烈的慾望去理解自己、身邊的重要他人以及這個世界。在她作品中，這條軸線常被認為始於「迪克」（Dick）案例。迪克患有自閉症，紀錄在克萊恩 1930 年〈象徵形成在自我發展中的重要性〉（The Importance of Symbol-Formation in the Development of the Ego）一文。不過在早期著作中，克萊恩就對兒童天生的好奇心深感興趣〔正是這種好奇心，讓路易斯・卡洛爾（Lewis Carroll）筆下的愛麗絲在夢遊仙境時，得以度過光怪陸離的際遇（Empson，1935）〕，這幾乎與她研究心智成長一脈相連。她堅信精神分析對於兒童的態度，應要積極納入認知發展這一塊，她個人是對兒童心智中智性、人際、道德和美學這些面向相當熱衷並重視。

　　這令人想起佛洛伊德對小漢斯有多麼著迷，小漢斯既滿腹好奇卻又大受抑制，透露了許多現象。經過分析，佛洛伊德認為小漢斯畏懼症的核心，在於他將想要知道「小孩是怎麼來的」之慾望封閉起來。克萊恩的研究則讓她聚焦在小孩更年幼的時候會好奇媽媽身體裡發生什麼事，但當焦慮阻礙了這種最根本的探詢，心智生活就會出現嚴重抑制。他們兩人都驚奇地發現，幼童在面對我們所謂「人生現實」（the facts of life，通常指性知識）時，不僅會擾動

情緒，在智性層面遭遇的掙扎也是需要正視的。佛洛伊德描寫小漢斯時稱自己「把四、五歲小孩的心智能力看成很強」（1909, p. 135），但克萊恩遇見迪克時，卻是因為他的心智能力大幅萎縮才讓她特別留意。她發展出的理論乃指向心智生活更早期的階段，解釋是什麼讓潛意識幻想、豐富想像力的成長以及兒童和雙親之間親近的關係受阻，而小漢斯在這些面向發展無礙，所以能夠生動表達出內心的狀態。小漢斯的內心景緻是如此富含生命力，與迪克貧乏的心智形成高度對比，想必這會對克萊恩長期在自己孩子及其他兒童個案身上獲得的經驗造成不小衝擊。這是精神分析可以深入的新現象。

克萊恩在智力抑制的理論上主要有三篇文章，寫於 1928 到 1931 年間。她認為智力抑制源於焦慮干擾了正常的求知本能，其中最顯而易見的差異是，這類孩子不會去問各種「為什麼」，可是一般兒童卻死纏著大人回答。

第一篇〈伊底帕斯衝突的早期階段〉（Early Stages of the Oedipus Conflict, 1928）當中，清楚呈現了她對早期超我以及罪疚感的看法，這些都與兒童前性器期的伊底帕斯潛意識幻想衍生出的強烈良知有關。

根據對幼小兒童的分析顯示，超我的架構，乃是結合許多心智發展中不同時期與層次的種種認同而塑造出來的。令人驚訝的是，這些認同在本質上竟然都相互對立，過度的良善與過分的嚴厲並肩而立。由此我們亦對超我的嚴厲性找到了某種解釋，這原因在這些幼兒分析中總是特別顯而易見。以一個四歲

小孩來說，為何他會在腦海裡樹立一個不真實又充滿奇想的父母意象，既吞、又切、又咬人，原因似乎始終難以明朗。但就一個約一歲的孩童而言，為何由伊底帕斯衝突初發期所引起的焦慮，會以害怕被吞食、傷害的形式呈現出來，卻是十分明顯。孩子會渴望藉由吞、咬、切的動作，來損害其原慾客體，而這卻會引來焦慮，因為伊底帕斯傾向被喚醒後，客體的內攝馬上跟著出現，成為可能的懲罰來源。故孩子會害怕因為他的犯錯而招致的懲罰：超我在此變成了一個會切咬吞食的怪物。

超我的塑成與生長期的前性器期之間的關聯非常重要，原因有二，一方面，罪疚感緊緊牢附於口腔及肛門施虐階段，後者迄今仍佔上風；另一方面，當超我進場的時刻，這些階段亦方興未艾，因而更加深了超我施虐的嚴厲性。

《愛、罪疚與修復》
第九章〈伊底帕斯衝突的早期階段〉（1928）
p.232-233（英文版 p.187）

克萊恩把內在心智比喻成「疊疊岩層」，令人聯想到佛洛伊德曾把精神分析師的工作比擬成考古，她的形容對臨床實務是很受用的。不論兒童或成人個案，分析師都要在層層人格中找出溝通之道——要找出幼兒內在的嬰兒、學齡孩童心中的幼兒、青少年內心的孩童……如此這般。

兒童經驗到罪疚感，而且相信挫折是某種形式的懲罰，這兩者交織在一起。克萊恩繼續發展這個關鍵概念，將之與兒童的好奇

心、以及仍有事情無法理解的挫折感連結起來，認為長期下來，就會演變成怨恨。

為何前性器期與罪疚感之間的直接關聯如此重要，另一個原因是身為往後生命中所有挫折原型的口腔與肛門挫折，既含有懲罰的意味，同時也導致了焦慮的發生。這個境況令挫折更加突顯，而這個痛楚也會讓後續的其他挫折愈加艱苦難耐。

我們發現，當伊底帕斯傾向的浮現與性好奇的萌生對自我產生困擾時，自我仍處於低度開發的階段，因此在智力上尚未發展的嬰幼兒，此時便遭遇了一連串問題的衝擊。其中在潛意識方面最令人頭痛的困擾之一，便是這些問題僅有部分浮現於意識之上，何況此時的意識還無法以言詞表達，因此仍未獲得解答。而接著另一項使他們的處境更雪上加霜之處，則是孩童無法瞭解字詞與言說的意義。因此，孩童最初的問題，早在能理解言說之前就已經發生。

在分析當中，這種種困擾的確引發了相當多的遺憾。不管是單一或聯手運作，它們都是引發無數抑制求知衝動（epistemophilic impulse）之要因：例如無法學習外語、甚至敵視說不同語言的人，或是語言障礙等等。出生後第四到第五年的孩童多半會出現的強烈好奇心，並非此階段開始的象徵，而是意味早期發展的顛峰和結尾時刻，這一點與我對伊底帕斯衝突的觀察不謀而合。

對自己不知（not knowing）的早覺，會引發各式各樣的反應。它會與從伊底帕斯情結衍生而來的無能、虛弱感結合為

一。孩童也會因為自己對性的**一無所知**（knowing nothing）而備感受挫，而閹割情結（castration complex）則因為如此的無知感而加重，男女皆然。

《愛、罪疚與修復》

第九章〈伊底帕斯衝突的早期階段〉（1928）

.233-234（英文版 pp.187-188）

　　此處描寫無知的痛苦是與兒童的性未成熟有關的，可是，孩子在生活的其他許多面向上當然也會遭遇無知的折磨，並會表露出來。兒童自覺渺小、無能，以及沒有辦法去理解的痛苦是由渴望瞭解的慾望所引發。克萊恩指出，無知能激起憤怒，意味著知悉慾望本質中帶有攻擊性：

　　　求知衝動與施虐慾的早期連結，對整體的心理發展而言非常重要。這項受伊底帕斯傾向刺激而啟動的本能，最早的施加客體是母親的身體，因為那是所有性慾動作與發展的舞台。兒童此時仍受肛門施虐的原慾狀態宰制，這狀態驅使他渴望去侵占母親身體內的一切，因此兒童會開始對那裡頭有什麼、長什麼樣子等等問題感到好奇。經由這個方式，求知本能與占有慾很快地便一拍即合、如膠似漆。而在同時，因初生的伊底帕斯衝突而燃升的罪疚感也與之結合。

《愛、罪疚與修復》
第九章〈伊底帕斯衝突的早期階段〉（1928）
p.234（英文版 p.188）

　　她接著描述，男孩和女孩因在早年認同母親與想要有自己孩子上的不同而有不同的發展，求知本能亦有不同走向：

　　　　渴望有小孩與求知衝動的結合，促使男孩開始朝知識的發展移動；他的劣勢感隨後被掩藏起來，轉而由他擁有陰莖的優越感而獲得過度補償，此時女孩們也承認這種優勢。這種男性地位的誇耀導致了過度的男性意識伸張。

《愛、罪疚與修復》
第九章〈伊底帕斯衝突的早期階段〉（1928）
p.236-237（英文版 p.190-191）

　　小女孩的求知衝動最早乃由伊底帕斯情結所激發，其結果就是發現她少了一根陰莖。她的這項缺陷令她重新憎恨起母親，但同時罪疚感又讓她覺得那是一種懲罰。她的挫折感不斷加深，進而反過來對整個閹割情結產生深遠的影響。

克萊恩明確注意到，早年性發展時期不同的主要焦慮深深影響了兒童智力的走向。當發展到伊底帕斯階段的頂點，所有兒童都在梳理自己對父母的感覺，男孩會害怕閹割，女孩會擔心自己內腔裡的器官受損。克萊恩指出，這讓男孩更容易將心智能量轉而朝外，以理解外在世界的方式加上自己擁有陰莖的優勢來「征服」之；女孩則傾向沉浸在渴望成為母親的種種不確定感當中，因此她的想像力大多在呈現身體內部發生了什麼事。雖說克萊恩在她的早期伊底帕斯衝突理論中，沒有提及佛洛伊德強調的雙性論（bisexuality），但我們可以從這個角度去想，她所說的每個個體的性格都是在「男性」和「女性」雙軸上發展而成，其實正有此意。

　　早年的性發展和伊底帕斯情結對智力發展有根深柢固的影響，這會讓兒童產生許多深入的問題，像是性別差異、世代差異、生命的起源，以及如孟尼克爾（Money-Kyrle）在〈認知發展〉（Cognitive Development, 1968）一文中所延伸補充，死亡也會引發兒童提問。面對種種疑惑，兒童要不是像小漢斯或克萊恩許多幼兒個案一樣，反覆、甚至是滿懷焦慮地推敲答案，就是乾脆迴避。這就帶我們進入她下一篇重要文章〈象徵形成在自我發展中的重要性〉，文中討論到迪克的案例，他的焦慮幾乎癱瘓了整個發展。

　　在處理象徵形成這個主題上，克萊恩先重申她觀察到兒童早年

的潛意識幻想中，包含著對母親施虐的面向，以及這些幻想對前性器期伊底帕斯發展的影響。她描述在嬰兒潛意識中，世界是這個樣子的：

小孩期待在母親體內找到：（一）父親的陰莖、（二）排泄物、（三）小孩們，而且是這些等同可以吃的物質。根據兒童最早期對於父母交媾的幻想（或「性的理論」），父親的陰莖（或是他的整個身體）在性交動作中與母親結合在一起了，於是小孩的施虐攻擊是以雙親為目標，他們在幻想中被啃咬、撕碎、切割或搗碎成碎片，這攻擊帶來了焦慮，害怕他會受到聯合雙親（united parents）的處罰，而且因為口腔施虐內攝了客體，導致這種焦慮也被內化，於是指向了早期的超我。我已經發現這些心智發展之早期階段的焦慮情境是最為深遠而勢不可擋的。我的經驗告訴我在幻想中對母親身體的攻擊，有相當一部分是藉由尿道與肛門施虐而運作的，並很快地加入了口腔與肌肉的施虐。在幻想中，排泄物被轉變成危險的武器：尿床被視為切割、戳刺、燒灼、淹溺，而糞便則被視同武器與飛彈。在我已經描述過的稍後的階段中，這些暴力的攻擊方法減少了，取而代之的是藉由一些施虐所設計的精緻方法進行隱藏的攻擊，排泄物便等同於有毒的物質。

《愛、罪疚與修復》
第十二章〈象徵形成在自我發展中的重要性〉（1930）
p.273-274（英文版 p.219-210）

這些危險事態，會導致個體由內或由外都對自身安危極度焦慮。克萊恩對於此時發生的認同機制提出兩種看法。她先前提出了「象徵等同」（symbol equations），認為各種事物（活動、興趣等）都可以發展為興趣，而愉悅感就是象徵化的基石，具有昇華潛能。現在她又加入另一種觀點，指出有某些早期形態的焦慮讓認同機制啟動，「他（由於焦慮）被迫不斷去製造新的等同，這便形成了他對新客體產生興趣以及象徵的基礎。」（p. 275 ／英文版 p.220）

於是，象徵不只是所有幻想與昇華的基礎，更甚於此，它也是個體與外在世界以及廣泛現實之關係的基礎。我曾指出施虐在其高峰時所指向的客體，以及與施虐同時發生的知識渴望所指向的客體，是母親的身體及幻想中的內容物。指向她身體內部的施虐幻想，構成了與外在世界以及現實之最初與根本的關係，他接下來能夠獲得外在世界與現實相符的程度，取決於個體度過這個階段的成功程度……足夠分量的焦慮對於豐富的象徵形成與幻想來說是必要的基礎；如果要滿意地解決焦慮、順利地度過這個基本階段，以及自我的發展要成功的話，自我必須要具有忍受焦慮的適當能力。

《愛、罪疚與修復》
第十二章〈象徵形成在自我發展中的重要性〉（1930）
p.275（英文版 p.221）

她接著提出迪克案例，他當時四歲，文中對他的描述是：

　　我將要細述的這個案例是個四歲大的男孩，其語彙及其智能的貧乏大約介於十五到十八個月的程度。他幾乎完全缺乏對現實的適應以及與環境的情緒關係。迪克（Dick）大多數時間都是沒什麼表情的，對於母親或保母是否在場也表現出漠不關心。從一開始，他難得表現出焦慮，即使有也是少得不尋常，除了一項特定的興趣之外——我將很快回到這點——他幾乎沒有任何興趣，他不玩，和環境沒有接觸。大部分時候他只是無意義地將一些聲音串連起來，不斷地重覆某些噪音。當他說話時，多半是錯誤地使用那些貧乏的字彙。不過，他不只是無法讓他人瞭解他：他壓根就不想這樣做。更且，迪克的母親經常可以從他身上清楚感覺到一種強烈的負向態度，表現在他常常做出唱反調的事情上。例如，如果她順利地讓迪克跟著她說了一些不同的字，他通常會完全改變它們，雖然在其他時候他可以正確無誤地發音。此外，有時候他會正確地重覆那些字，但是他會用一種持續不間斷、機械式的方式重覆他們，直到周圍的每個人都對這些重覆感到厭煩……此外，當他受傷時，顯露了對疼痛極度的不敏感，並且感受不到任何需要被安慰與寵愛的渴望——這在幼童是普遍存在的。他在肢體上的笨拙也是很顯著的，無法握住刀子或剪刀。但是值得一提的是，他能夠相當正常地用湯匙吃飯。

　　他初次來訪時給我的印象是：他的行為和我們在精神官能症兒童身上所觀察到的行為非常不一樣。他讓他的保姆離開而

沒有表現出任何情緒，全然無所謂地跟隨我進入房間。在房間裡他漫無目的地來回跑著，有幾次他繞著我跑，就好像我是一個家具，不過他對室內的任何物體都沒有興趣。他來回跑的動作看來是缺乏協調的，他的眼神與表情則是固定不變的、疏遠的、缺乏興趣的。

《愛、罪疚與修復》
第十二章〈象徵形成在自我發展中的重要性〉（1930）
p.276-277（英文版 p.221-222）

　　克萊恩記載迪克在兩歲之前，由於母親陷入嚴重焦慮，他的生活完全缺乏親情，以及在二至三歲間，當有體貼的褓母和慈祥的祖母出現，他的發展就大有進步。不過，餵食仍非常困難，這呼應到他出生頭兩個月曾幾乎餓死的慘痛經驗。克萊恩覺得最憂心的是，儘管褓母和祖母都對迪克溫柔慈愛，他與她們都「無法建立情緒接觸」（p. 278／英文版 p. 223）。

　　克萊恩認為迪克「缺乏客體關係」乃是出於無法忍受焦慮，再加上過早的性興奮讓他對於各種攻擊表現都會觸發焦慮。我們或許可以說這種過早的性器成熟，是由於口慾滿足被徹底剝奪。她繼續寫道：

　　　　自我停止發展潛意識幻想生活以及建立與現實的關係，在脆弱的開始之後，這個孩子的象徵形成已經停滯不前了。早期

的努力已經在一個興趣上留下了它們的印記，而這個興趣與現實是隔離且無關聯的，無法成為進一步昇華的基礎。這個孩子對周遭大部分的事物與玩具都不感興趣，甚至也不知道它們的目的與意義。不過，他對火車與車站感到興趣，還有門把、門以及開關門。

《愛、罪疚與修復》
第十二章〈象徵形成在自我發展中的重要性〉（1930）
p.278-279（英文版 p.224）

克萊恩詮釋這些興趣「與陰莖插入母親身體有關」，其實這也說明了象徵等同不斷重現。迪克的陰莖和父親的陰莖是等同的，對他來說，兩者都充滿了對母親的危險攻擊。

另外，他對其破壞衝動的防衛證實為他在發展上根本的阻礙，他完全無法有任何攻擊行為，而這樣的無能在最早期他拒絕咬食物的事件上就已經清楚顯示了。在四歲時，他無法握住剪刀、刀子或工具，一切的動作都相當笨拙。對於母親身體及其內容物之施虐衝動的防衛——這衝動與性交的幻想有關——導致了幻想的停止以及象徵形成的停滯。迪克接續的發展失敗，是因為他無法將他與母親身體的施虐關係帶入幻想中。

《愛、罪疚與修復》
第十二章〈象徵形成在自我發展中的重要性〉（1930）
p.279（英文版 p.224）

　　克萊恩也描述和迪克建立分析關係有多麼困難，不過，原因不太是因為他口語表達貧乏，而是他在遊戲中有大量抑制。他極少呈現出他的幻想，卻對損壞的物品極其敏感，比方說，他會說削下的鉛筆屑是「可憐的克萊恩太太」。她形容這是「過早的同情心」，這種現象與她日後描述成「憂鬱」的焦慮以及罪疚感有關，只不過在迪克身上出現得更早。這份觀察與現今自閉症的兒童臨床工作圖像重疊，迪克在接受治療時尚未有這個診斷，但在多年後自閉症獲得了廣大注意，迪克是符合診斷的。有些自閉症兒童似乎由於自己和客體的牢固狀態，而陷入極具毀滅性的早年焦慮之中，他們於是關閉與外在世界的連結，這與克萊恩描述迪克的樣貌非常類似。克萊恩還鉅細靡遺地寫下迪克對事物萌生興趣的能力，以及興趣的變幻無常：

　　藉由建立與事物的象徵關係，而使得處理（work-over）這種焦慮的工作可以開始，同時其求知衝動與攻擊衝動也開始運作了。伴隨著每一個進展而來的，是迪克釋放了更多的焦慮，並使他在某個程度上離開了一些他之前已經建立起情感關係並因而成為焦慮對象（客體）的事物。當他離開這些客體時，他轉向了新的客體，於是其攻擊與求知衝動被依序導向這

些有感情的新關係上。因此，舉例來說，有時候迪克會全然避免接近儲藏櫃，但卻鉅細靡遺地檢視了水槽以及電暖爐，再次表現了他對這些客體的攻擊衝動。然後他將興趣從它們那裡轉移到新鮮的事物，或是再轉移到他已經熟悉而稍早曾經放棄的事物上。他再一次地專注在儲藏櫃上，不過這一次他對它的興趣伴隨了遠高於先前活動量與的好奇心，還有各種較強烈的攻擊傾向。他用湯匙敲打它，用刀子去刮它、砍它，用水潑它；他精力充沛地檢視門軸、它開與關的方式以及門鎖等等，他也爬進儲藏櫃裡，問各種部位的名稱。因此，當他的興趣發展起來的同時，他的字彙也增加了，因為他現在開始投入更多興趣，不僅是在事物本身，還有它們的名稱。他現在可以記得並且正確地應用之前他聽過而不理會的字彙了。

《愛、罪疚與修復》
第十二章〈象徵形成在自我發展中的重要性〉（1930）
p.283-284（英文版 p.227-228）

隨著分析進行，他對保母和父母開始產生情感以及正常依賴的感覺。他對其他人感興趣後就開始產生溝通的欲求，也引發其他改變。

迪克先前所缺少的想要讓自己被理解的渴望，現在變得很強烈，藉由他那依舊貧乏而逐漸增加的字彙──他勤奮努力地

擴充著，他試圖讓自己能被瞭解。另外，有許多跡象指出，他正開始建立與現實的關係。

《愛、罪疚與修復》

第十二章〈象徵形成在自我發展中的重要性〉（1930）

p.284（英文版 p.228）

　　與這般極具挑戰的兒童一起工作，克萊恩的反思是：

　　一些事件證明了即使這個發展非常不完整的自我，也適合用來建立與潛意識的連結。從理論的觀點來看，我認為很重要的是：即使在自我發展缺陷如此極端的案例，也能夠在不將教育的影響加諸於自我之上的情況下，單單藉由分析潛意識的衝突，就能發展自我與原慾。很清楚的是，如果一個與現實完全沒有關係的兒童，即使自我未完整發展，也能夠忍受藉由分析的協助來移除潛抑，而不會受到本我的壓迫，我們就不需害怕精神官能症兒童（也就是一般比較不極端的案例）的自我可能會屈服於本我。值得一提的是，鑑於先前來自迪克周圍的那些人對他所加諸的教育影響，並未對迪克造成任何效果，現在由於精神分析的緣故，他的自我開始發展了，他愈來愈能夠順從於這樣的影響，而此影響也能夠與受到分析鬆動的本能衝動同步並行，並且足夠去應付它們。

　　她補充寫道，兒童分析也可以用來研究兒童精神病。這當然是極為大膽的聲明，但也確實啟發了過去五十年來兒童分析研究某塊重要領域（Alvarez, 1992; Rustin et al., 1997）。

　　值得注意的是，克萊恩此處關注的是焦慮對幼兒的影響是極其複雜的。一方面，焦慮有創造的潛能，能激發潛意識幻想與好奇心。兒童有多渴望母親的身體，隨之而生的焦慮就有多麼強烈，這是與心智成長相連的，因此需要找到管道涵容如此激烈的情緒經驗。另一方面，焦慮若是太高，就如同迪克，自我可能遭壓垮而發展停擺。她1928年的文章〈伊底帕斯衝突的早期階段〉談到，當早年對外的好奇心受阻會衍生劇烈痛苦，我們可以以將焦慮可能會壓垮自我的現象視為這個觀點的內在關聯因素。兒童的理解慾若未獲同情支持，就很可能在遭遇此等挫折時被憤恨吞噬，因為無知的痛苦和羞辱實在太難承受，彷彿是被故意且憤恨地施加這些感受。攻擊是兒童本能資源中的必要元素，在上述第一種情況中將變得無法使用，取而代之的是意義佚失、被動，以及缺乏人際關係。在第二種情況下，攻擊則動員起來表達恨意，防禦著被視為充滿敵意的世界，無法用於創造性的互動。

　　從克萊恩試圖與兒童個案們接觸而採取各種技術實驗中，可看出她相當重視幼兒有多麼難以處理這些感覺。誠如她意外發展出遊戲分析法（我們忍不住要說是天才般的意外），與迪克互動也

是，他幾乎不會玩，她於是調整技巧，以非常誇張、大動作的方式說話，把他的感覺展現出來，完全違背了分析師應要冷靜地觀察個案。她所描述的分析躍然紙上，迪克運用客體的能力也在她的深入理解所展現的強大影響力下甦醒過來。有意思的是，當代某些對自閉症類群兒童的分析工作（Tustin, 1972; Alvarez and Reid, 1999）呼應了這個理念，認為這些孩子亟需心智活躍的客體——可以主動發問、願冒風險詮釋、堅信行為有其意義，並且不因孩子反覆的拒絕與迴避而放棄離開。

完成這篇象徵形成的作品後，隔年，克萊恩寫下〈論智力抑制理論〉（A Contribution to the Theory of Intellectual Inhibition, 1931）探討智力抑制。她用了一位男孩的分析素材，她稱他約翰（John），七歲，治療已經進行兩年，他可以很直接地把遇到的困難告訴克萊恩。這讓我們得以一窺在面對比迪克正常些的孩子身上，克萊恩會使用何種技術。運用這種技術時，孩子可以自由玩耍、在房內可以透過圖畫或肢體活動表達，並在她的邀請下進行詞語聯想。以下是其中一段摘錄：

這男孩抱怨他不能夠分別某些法文單字之間的差異。學校裡有一幅圖片，上面畫著各種物品幫助兒童學習單字。這些單問他任何一個這裡的單字，他總是回答另外兩個單字其中之一的字義，例如被問到魚的時候，他回答冰；問雞卻回答魚等等。字有：雞（poulet）；魚（poission）；冰（glace）。無論對此他感到相當無助和喪氣，說出他不要再學了之類的話。我用一般的聯想方式從他那裡獲得素材，但他同時也漫不經心地

在治療室玩著。

我請他先告訴我雞讓他想到些什麼。他的背躺在桌子上，兩腿踢來踢去，用鉛筆在一張紙上畫畫。他想到一間雞舍被一隻狐狸破門而入。我問他這在什麼時候發生，他不回答「晚上」而回答「下午四點鐘」，我知道這是他母親常常出門不在家的時間。「狐狸闖進來，殺死一隻小雞。」當他說這句話的時候，原本畫了一半的畫突然停了下來。我問他畫了什麼，他說：「我不知道。」我們看著這幅畫，畫的是一間房子，沒有屋頂。他說這就是狐狸進入房子的途徑。他瞭解他自己就是那隻狐狸，而雞代表他的弟弟，狐狸闖進房子的時間正好是媽媽不在的時候。

《愛、罪疚與修復》
第十四章〈論智力抑制理論〉（1931）
295-296（英文版 p.236-237）

接著他們講到魚和冰，約翰的焦慮變得更加明顯，然後分析就卡住了。隔天，他說他做了個惡夢：

那條魚是一隻螃蟹。他站在海邊的碼頭上，他常常和他媽媽去那裡。他準備要殺掉一隻從水裡跑到碼頭上的巨大螃蟹。他用小小的槍射牠，然後用他的劍，不太有效率地把牠殺死。當他殺死那隻螃蟹，他就必須殺死愈來愈多從水裡湧現的螃

蟹。

《愛、罪疚與修復》

第十四章〈論智力抑制理論〉（1931）

p.296-297（英文版 p.237）

　　這篇素材的分析以及約翰許多聯想，讓克萊恩向約翰說明他對父母性關係懷抱的看法。她說，他對父母有侵略攻擊的潛意識幻想，繼之而來的是「越來越多螃蟹」讓他備感威脅，這種偏執妄想焦慮之所以升起，是因為他投射了自己的敵意到父親陰莖上，而將之視為危險、致命。約翰對此大鬆了一口氣，因為克萊恩理解他有多麼恐懼媽媽受傷的身體，那讓他備受煎熬。她接著評述：

　　在這之後，同一個小時裡，他開始畫著平行的線，間隔會變窄或變寬。這是最明顯的陰道符號。後來他把自己的小火車頭放在紙上，沿著平行線走到車站，非常放心、非常快樂。現在他覺得他能夠象徵式地與母親性交；在這次的分析之前，他母親的身體一直是很恐怖的地方。這似乎顯示出我們在每個男人的分析中都可以確認的事情：對女人身體的懼怕，認為那是一處毀滅之地，可能是造成他們性能力受損（impaired potency）的主要原因之一。然而，這種焦慮也是求知慾受到抑制的一項基本因素，因為這種衝動最早是將母親的身體內部視為目標客體；在幻想中，母親體內遭到探索、調查，也

070　閱讀克萊恩 Reading Klein

遭到所有的施虐武器（sadistic armoury）攻擊，包括危險的武器——陰莖，而這是另一個後來造成男性性無能的原因：在潛意識裡，穿刺（penetrate）和探索（explore）具有很大程度的同義性。基於這個理由，在針對他心中有關他自己和他父親施虐陰莖的焦慮——尖銳的黃色鉛筆等同於灼熱的太陽——進行分析之後，約翰有了大幅的進步，他能夠用符號象徵他與母親性交，並且調查她的身體。第二天，他能夠聚精會神、興趣盎然地看著學校牆上的圖片，也能夠輕易地分辨每個單字的不同。

史崔齊（J. Strachey, 1930）指出，閱讀的潛意識意義是從母親身體中將知識取出，而害怕盜取母親是抑制閱讀能力的一項重要因素。我還想要補充的是，求知慾望順利發展的必要因素之一是，母親的身體要被認為是安然無恙的。在潛意識裡，母親的身體象徵著一個寶庫，我們所想要擁有的一切都只能從這裡獲得；如果這個寶庫未遭摧毀，也沒有安全之虞，看起來不那麼危險時，就比較容易執行想要從裡頭獲取心靈食物的想法。

《愛、罪疚與修復》

第十四章〈論智力抑制理論〉（1931）

p.301（英文版 p.240-241）

克萊恩也說明潛意識掛念著母親受傷的身體，也會激起兒童對自己身體的焦慮：

如同在母親體內進行摧毀而產生過度的焦慮，會使他抑制獲得對母親身體內部清楚概念的能力，因此，當恐怖與危險的事情正在自己體內發生時，也會令他產生焦慮，並同樣會壓制所有對身體內部的探索；這再次形成智力抑制的一項因素……

　　……除了這個事實以外，我想在此提醒各位的是，在分析中我們可以一次又一次觀察到，在自我減少對超我的焦慮，以及兒童對於熟悉自己內在心理歷程與更有效地使用自我控制它們，這兩者之間存在著一種連結關係。

《愛、罪疚與修復》

第十四章〈論智力抑制理論〉（1931）

p.303-304（英文版 pp.242-243）

　　克萊恩更將性能力（sexual potency）的潛在基礎，與求知本能驅動的自由玩耍連結起來：智力上的發現乃涉及穿透事物，因此在潛意識中同等於性交。她將約翰的分析總結如下，將他性格中的各項變化與自我的發展相連結：

　　我將先前所言做一個總結：當約翰更有能力去想像他母親身體內部的狀況時，他也更有能力去理解並充分欣賞外在世界，同時，當他較少抑制對於自己體內的瞭解時，便也同樣能夠更深入理解並適當地控制自己的心智歷程，之後他便能夠讓自己的心思更清淨、更加井然有序。前者使他能吸收更多的知

識；後者使他能將獲得的知識加以思考、整理、相互連結，同時也更有能力將知識再次傳遞出去，也就是將知識歸還、系統化地闡述、表達——這都是自我發展的進步象徵。這兩種最根本的焦慮內容（與他母親的身體和他自己的身體有關）在每個細節上互相影響並互相反應，同樣地，來自這兩種來源的焦慮降低使得內攝（introjection）與外攝／投射（extrajection / projection）這兩種功能獲得更大程度的自由，因此兩種功能都得到更合適、非強迫式的發揮……

……施虐與焦慮能夠減少到何種程度，以及超我能夠正常運作到何種程度，以致自我能在一個更寬廣的基礎上執行其功能，在在決定了病患能接受外在世界影響的程度，並且逐步減輕他的智力抑制。

《愛、罪疚與修復》

第十四章〈論智力抑制理論〉（1931）

p.305-307（英文版 p.244-245）

這篇個案研究特別著重在偏執妄想性格（畏懼、不信任、神秘等等）和智力抑制的關聯。不過，克萊恩也較精簡地提到另一項重要關聯，就是強迫性焦慮和「無法分辨什麼東西有價值、什麼沒有價值」的關係，這表現在約翰毫不篩選地囤積東西或各種片段的知識。克萊恩認為這種強制性的行為，主要是基於要急切地要尋找到「好」東西來反制內在的「壞」東西，以及藉此保護自己不受外在「壞」東西攻擊。我們在此可以看到她思路的移轉，從比較屬於兒

童精神官能症的特性，像是約翰最初擔心自己把單字混在一起，轉而偏往精神病層次的焦慮。事實上，她研究智力抑制的根源時，大幅涵蓋了各種心智狀態，也包括一般被視為智能障礙的個案，就像迪克那樣。

這三篇文章展現了克萊恩不斷在關切兒童心智的成長，以及她認為精神分析為兒童提供了一條管道，幫助他們從封閉的狀態中解放出來，進而能自由創造思考，並促發她最珍視的心智獨立。在兒童分析中，這種關照著兒童心智成長的片段格外動人，她許多作品都流露出這種特性，包括長篇著作《兒童分析的故事》。

日後克萊恩把目光焦點轉向研究躁鬱狀態後，就有另一種對內在受傷母親的焦慮浮現出來。約翰的求知衝動抑制，乃源於懼怕潛意識幻想中發動的施虐攻擊會招來反擊迫害；但是迪克對於任何有受損跡象的事物所產生的焦慮，讓她敏覺到個體可能會對受傷客體的苦難產生強烈痛楚。在 1935 年的文章中〔〈論躁鬱狀態的心理成因〉（A contribution to the Psychogenesis of Manic-derpressive states），見第五章〕她進一步將這個觀點延伸，認為人類在面對內在世界的受傷客體時，衍生出的絕望感可能會深深阻礙心智，以至於無法活躍地探索世界、學習、思考、發揮想像力。

此種以求知本能為核心的觀點，日後是在比昂闡釋「思考」（thinking）的著作中（Bion, 1962a, 1962b）最獲彰顯。比昂定義思考的基本原型是嘗試理解自己和他人的本性，因此他所闡述的現象，正與這幾篇文章的主題完全相符。不同的是，比昂寫作時運用了「投射性認同」概念，這是克萊恩要到 1946 年的〈對某些分裂機制的評論〉（Notes on some Schizoid Mechanisms）一文才首度提出的。

比昂當時是與嚴重思覺失調的成人病患工作，他一直嘗試理解這些病人智力不足的原因，這或許延續了克萊恩對迪克所做的，認為精神分析應要介入認知發展障礙。比昂詳盡闡述了思考浮現所需的必要條件。究竟是什麼讓嬰兒開始與現實接觸，並延續一生？比昂認為嬰兒將深刻的焦慮用身體的非語言溝通傳達給母親，而投射性認同的理論可以幫助我們理解這種溝通過程，乃是母親對自己寶寶的感受保持開放，因此能從嬰兒的動作中接收到某些意涵，再用她情緒性的回應來為嬰兒的舉止賦予意義。比昂將母親嘗試理解嬰兒的心智活動命名為「沉思」（reverie）；母親對嬰兒的理解，則讓她得以用一種既能貼近嬰兒的經驗、又能給予這該經驗一種型制的方式來回應嬰兒。舉個例子，飢餓的痛苦是藉由餵食解除，但若隨著時間，寶寶逐漸能辨認這個經驗、將之與其他身體狀態區辨。嬰兒思考、區辨的能力，以及最廣義的理性思維能力，正是從這種曾被思及（母親的沉思）、被母親成熟心智「涵容」（contained，這是比昂的用詞）的經驗中生長。於是，寶寶獲得的不僅是食物或各種形式的嬰兒照護，也攝入了事物「富有意義」的想法，而這些意義乃是母親回應賦予的。

　　這個理論讓比昂提出，精神分析領域應賦予求知本能如愛恨衝動般的同等地位。其實已有大量文獻在探討他的理論，以及該理論如何影響我們設想心智、理解心靈發展，還有臨床技巧。世界各地某些被比昂思想燃起的興趣會傾向忽略比昂的思路是承襲自克萊恩早期延伸佛洛伊德的後設心理學，不過仍有許多文獻秉持呈現佛洛伊德、克萊恩與比昂乃一脈相承。這個議題過於龐大，不便在此深入探討，但可以舉個例子來說明克萊恩的文章如何讓這個有關思考條件的主題發酵，以及延續佛洛伊德鑽研人類理解自身的能耐——

簡言之，就是瞭解「洞察」對心理健康的重要。

　　有個記錄了這兩股思潮的例子是孟尼克爾的兩篇文章（1968, 1971）。這兩篇文章探討人類在面對某些現實的根本特性時，內心會陷入不斷交戰，他稱這些現實為「性知識」（facts of life，字面意義為「人生的事實」）。這種說法就如其字面意涵，但也不僅如此。孟尼克爾提出若我們要充分運用心智，就會面臨三大任務。第一項任務是意知到世代差異，以及我們身為嬰兒時需仰賴父母照顧。他遵循克萊恩的觀點，認為我們與第一個客體的關係至關重要，第一個客體就是乳房、提供餵食的母親，她維持我們的生命，保護我們不須懼怕死亡。第二項任務是瞭解性別差異，即父母性交能創造生命仰賴的是兩種性別的互補；現今科技有機會創造出複製人，雖可視為科學對此現實的挑戰。不過精神分析針對人類內在世界的研究顯示，不論兒童真正的家庭成員為何，他們在不同發展階段都一再重複一種概念，即，大自然世界是兩種不同元素（可說成是母性與父性元素）一起創造出來的。第三項任務是接受時間是線性進展的，而且我們終有一死。

　　孟尼克爾感興趣的是，思考會扭曲成什麼樣子，讓我們足以逃避面對這些現實。扭曲的方式包括，比方說，能夠靠單性生殖的嬰兒式潛意識全能幻想，或是堅信時間是循環的，以此去否認改變、老化與失落的現實，還以用各式各樣的方法去混淆內外在、人與我的差別。在此，我們可以清楚看到這些問題呼應了一些克萊恩最關切的主題：對抗早年焦慮的嬰兒期全能防衛、我們對內在客體質性的依賴、兩性之不同發展、以及自斷奶起就開啟的失落與哀悼課題。孟尼克爾的文章探討我們如何能真實地思考自身，此外，一如克萊恩，他也看見了探詢和理解的衝動，以及現實與其限制帶來的

必然痛苦，會令逃避的慾望無比強大。其中最大的限制就是死亡，
這將帶我們走入克萊恩對哀悼的領會。

第四章

兒童分析技術

　　克萊恩特別針對兒童分析技術寫了三篇文章，分別是關於分析幼兒、潛伏期兒童與青少年。三篇文章幾乎匯集她所有作品中的臨床案例，並交代她整體的思維理路。其實在許久之後，她還寫了一系列成人分析技術講稿，但至今仍未發表，近期或許有機會能出版成書。這三篇文章都以章節的形式，收錄在她第一本書《兒童精神分析》（*The Psycho-analysis of Children*）中。此書於 1932 年出版，題獻給亞伯拉罕；此作付梓不僅是重要里程碑，亦代表她從大量的兒童分析工作中，對臨床與理論結出總結。書中多以實用易讀的筆觸，描繪兒童分析進行所需的情境，這點出了克萊恩將此書視為能激勵後代兒童分析師採納此取向的途徑，同時也是詳盡的實務寶典。1932 年，兒童分析雖已引起某些精神分析大老的興趣與支持，包括佛洛伊德本人，卻仍是相當新生的領域。毋庸置疑，她肯定希望此書被當成她兒童分析取向的權威之作，為她一路從柏林萌芽發展（Frank, 2009），又至英國生根的取徑定調，也希望此作能成為這個新興領域的基礎教材。當年，英國對她展現的熱切款待、一遷入境內就有源源不斷的轉介兒童個案上門，勢必讓她有種受恭候多時之感，於是在英文初版的序中流露滿腔熱血。當時，她乃獲得熱情慷慨的知識與專業支持，受最高規格禮遇圍繞。

本章主要回顧這三篇文章，但該書的開場白魄力十足，以之為本章揭幕是恰當不過的：

精神分析使兒童心理有了嶄新的面貌。精神分析導向的觀察法幫助我們瞭解小孩在非常早的時候除了經驗到性衝動（sexual impulses）與焦慮之外，也經驗到極大的失望和挫折。無性（asexuality）的童年與「無憂的童年」（paradise of childhood）這樣的神話早已隨風飄去。此乃來自於成人分析與直接觀察小孩的結果，這些結論藉由我分析小小孩得到了證實與補充。

《兒童精神分析》
第一章〈兒童分析的心理學基礎〉（1932）
p.3（英文版 p.3）

延續克萊恩一向獨特的思路風格，她隨即提出一則臨床素材說明她的觀點，認為兒童最深層的焦慮與強烈的罪疚感有關，而此乃源自伊底帕斯情境衍生的攻擊潛意識幻想；另外非常重要的一點是，這則案例是她從兩歲九個月大開始分析的。於此，她是立即指出伊底帕斯情結發生的時間極早，異於佛洛伊德提出的看法。不過，她很快就說明她技術中有精神分析精髓：

瞭解嬰兒與成人心智的不同，使我學到如何引發小孩的自由聯想，並瞭解他們的潛意識。兒童心理學的一些特殊特質幫助我發展出遊戲分析技巧，孩子藉由遊戲和玩耍，以象徵性的方式表達出他們的幻想、慾望及真實的經驗。就像我們所熟悉的夢的語言，兒童使用了同樣古老及種系發聲中獲得的表達模式；只有透過佛洛伊德所教導的、瞭解夢之語言的方式，我們才可能完全瞭解兒童的語言。然而，象徵只是其中的一部分，如果我們想正確瞭解小孩的遊戲，以及他在診療室中的行為，我們就不能只看遊戲中單一的象徵意義，雖然這些象徵常常是非常醒目的。我們仍必須將所有防衛機制和夢境中使用的所有表達方式列入考慮，絕對不能將個別元素從整體情境中抽離出來。兒童的早期分析一再顯示，一個玩具或遊戲常常會具有許多不同的意義，我們只有在做全面的連結以及考慮整個分析情境之後，才能推論並詮釋它們的意義……

　　……因為遊戲是小孩最重要的表達工具，如果我們使用這遊戲技巧，很快就會發現小孩對於遊戲某些面向的自由聯想，並不亞於成人對於一個夢的某些面向的自由聯想。對於一個受訓過的觀察員而言，這些獨立的遊戲元素或面向都是指標。小孩在玩遊戲的同時也會說話，他們講的所有話都是很有價值、很真誠的自由聯想。

《兒童精神分析》

第一章〈兒童分析的心理學基礎〉（1932）

p.8-9（英文版 p.7-8）

第一章是全書導論，她的結論是：

我將對於本章的描述做一個簡要的結論。由於小孩心智的本質較原始，因此必須找到一種適應這些小孩的分析技巧，我們可以在遊戲分析（play analysis）中找到這些技巧。藉由遊戲分析，我們得以接觸小孩深深潛抑的經驗與固著，因此，對於其發展也會有根本的影響。兒童分析與成人分析在方法上的不同，僅在於其技巧而不在於其原則。移情情境與阻抗的分析、嬰兒期的遺忘和潛抑（repression）的移除，以及原初場景的再現，都會出現在遊戲分析中。因此，我們得知所有精神分析法的準則，都可被運用在遊戲技巧上。遊戲分析和成人技巧可以有相同的效果，唯一的不同在於技巧方法因小孩的心智而應有所適應。

《兒童精神分析》
第一章〈兒童分析的心理學基礎〉（1932）
p.15-16（英文版 p.14-15）

分析要如何運用在幼兒身上？克萊恩生動地描繪出當小小個案來接受她分析時，可能是什麼景象：

在診療室的矮桌上，我會放一些簡單的小玩具，例如小木雕男人和女人、車子、馬車、機器玩具車、火車、動物、積木

和房子，我也會放一些紙、剪刀和鉛筆。即使非常矜持的小孩，也至少會看玩具一眼或碰它們一下，然後，透過他們開始玩玩具、把它們放在一邊，或以各種方式顯示出他們對玩具的態度，我可以對他們心中的情結有初步的印象。

《兒童精神分析》
第二章〈早年分析技巧〉（1932）
p.18（英文版 p.16）

　　隨著這一章開展，我們會讀到兒童分析師需要弄清楚的各種實務事項，像是要在初次父母諮詢中，瞭解孩子會怎麼稱呼身體部位、尿尿與糞便等，以及任何家中與此相關的特殊稱呼；也需知道孩子單獨進入治療室焦慮過高時，應如何處理；還須確定孩子如廁是否需要幫忙。文章接下來呈現數位兒童個案的遊戲，藉此進入分析技術討論。其中尤為突顯的是，她非常堅持詮釋的地點與步調，這經常嚇到她的讀者，因她顯得毫不保留。對於這番膽大行徑，她的說辭是：

　　我藉由上述例子證實我的看法，根據我的實證觀察，分析師不應該迴避深度的詮釋，即使在分析之初亦然，因為最深層心智的素材會因詮釋而再度出現，因得以被處理。我之前提過深度詮釋的功能，是為了打開一條通往潛意識之門，降低被激起的焦慮，為分析工作完善準備。

我一再強調兒童有自動自發的移情能力。

《兒童精神分析》

第二章〈早年分析技巧〉（1932）

p.27（英文版 p.24）

克萊恩於是運用她在分析當下對兒童行為的觀察，將他們對她與整個情境的反應訴諸語言，並連結到兒童生活中的雙親形象。她強調，重點在於瞭解分析情境中孩子所釋放的核心焦慮如何波動，並掌握住它，藉此讓孩子有被理解的感覺，並邀請孩子將分析師視為煩惱時可以提供協助的對象。

克萊恩舉了好幾個例子，說明如何能在孩子身上完成這些。有一段描述特別有意思，是在克萊恩剛與四歲三個月的露絲開始進行分析時。由於露絲極度焦慮，怎麼也不願意單獨進入治療室，克萊恩改採比較彈性的方式，由於她的姊姊也一同被帶來了，她便邀請她的姊姊一起進來。姊姊進場就如克萊恩所期望，露絲可以開始玩耍。但幾週後某一天，姊姊不舒服，克萊恩認為她可以冒險一試讓露絲單獨進入房間。當時的情況是：

經父母同意之後，我決定選擇後者（面對露絲的焦慮發作，而不停止分析）。雖然小女孩大哭大叫，褓姆在我的診療室外將她交給我之後就走掉了。在這個非常痛苦的情況之下，我再次嘗試以非分析的方式安慰這小女孩，就像每個人會做的

一樣，我以母親的方式安撫她；我嘗試安慰她，企圖讓她高興起來，讓她可以跟我玩，但是我的一切嘗試都徒勞無功。當她發現只剩下我和她兩個人時，她只願意跟我進入我的房間，但是到了房間之後，我再也不能對她做什麼。她的臉色變得很蒼白，開始大叫且表現出各種焦慮發作的徵兆。當時我坐在放玩具的桌子旁，並開始自己玩起來，一面玩，一面對這個坐在角落非常驚恐的小孩描述我在做什麼。然後我突然有一個靈感，我開始玩起她前幾個治療時段所玩的遊戲素材，在我玩完這些遊戲的同時，她已經開始在水槽邊玩了起來，餵她的洋娃娃，並給它們大瓶的牛奶喝等等。我也跟著她做一樣的事，我將一個洋娃娃放在床上，告訴露絲說我將要給它一些東西吃，然後問她要給它什麼東西吃，她停止尖叫，回答說：「牛奶。」然後我注意到她將她的兩根手指頭伸進嘴巴（她在睡覺前會習慣性吸吮她的手指頭），但立刻又移走，我問她是否想要吸吮自己的手指頭，她說：「是的，但是要坐好。」我察覺到她想要重新建構她每天晚上家裡所發生的一些情景，所以我讓她躺在沙發上，並根據她的要求為她蓋上一條毛毯。她因此開始吸吮她的手指頭，臉色仍然蒼白，眼睛闔了起來，但是很清楚地，她變得比較平靜且停止哭泣。同時我繼續玩洋娃娃，並重複她前幾個治療時段所玩的遊戲……

……我開始將我的詮釋運用在玩偶身上，讓她看見當我和玩偶玩的時候，玩偶開始害怕和尖叫，並且告訴她為什麼。接著我又把我剛剛對玩偶所做的詮釋以她本人為對象重複一次，藉此我成功地建立了分析情境。當我在做這些事的時候，露絲

很清楚地變得越來越安靜，她睜開眼睛，讓我將我正在玩的桌子拿到她的沙發旁邊，並且在她身邊繼續我的遊戲和詮釋。漸漸地，她開始坐起來，並愈來愈有興趣地看著我的整個遊戲過程，並且開始主動扮演起一些角色。

《兒童精神分析》

第二章〈早年分析技巧〉（1932）

p.31-32（英文版 pp 27-28）

在這個例子中，顯然地，克萊恩先是用「置換」（displacement）技術與露絲對話，將露絲強烈的擔憂轉置於洋娃娃身上，接著再溫和解釋洋娃娃何以如此驚恐。她細心拿捏讓孩子面對自身恐懼的步調，也謹慎選擇恰當用詞，她「盡量以小孩的思考及表達方式，並用他們自己的影像（images）做為我的典範」（p. 36，英文版 p. 32）。她提到一個例子，有個小男孩說他的玩具鞭韆：「妳看它盪來盪去，而且上下蹦撞」，她就用「蹦撞」（bump）這個字和小男孩談論父母性交，發現男孩馬上明瞭。

至於分析小小孩時使用的遊戲室，除了有一些小玩具之外，克萊恩還建議要有其他的設備可供多樣玩耍。她認為應該要有個小水槽和可開關的自來水，還有玩水的器具（盛水杯、海綿、布等），也細述房內的所有擺設器具會不時被拉進遊戲，需要將其用於遊戲。她還提供材料讓兒童動手勞作與畫畫，包括紙、卡片、鉛筆、剪刀、線、小塊木頭，甚至還有刀（！），孩子若帶自己的玩具來也可以。這些目的都在尋找能讓孩子自由表達的方法。整體而言，

克萊恩的個案多是在遊戲中抑制禁錮，並不像現今心理治療中多數兒童個案那般狂野不受控，但文中最活靈活現的，是她能不受拘束地去找出對某個孩子行得通的特定方式，以及她投入實驗的意願。

　　一旦小小孩長大一點，假想遊戲就會變成遊戲主軸，就像厄娜（Erna）的案例一樣。厄娜是六歲小女孩，深陷嚴重憂鬱，夜間入睡困難，也經常強迫性地吸吮拇指及自慰。克萊恩發現經常得在各種故事劇情中扮演厄娜指派給她的角色，這些情節的核心幾乎都是厄娜與她（克萊恩的角色）激烈競爭，象徵著與母親之間的關係。厄娜的潛意識幻想和遊戲內容都異常激烈，克萊恩與這位心智嚴重障礙的孩子工作時，必須要嚴正地限制她的行為，表明她不能對分析師肢體攻擊，但可以自由用其他方式表達她的狂暴憤怒。克萊恩將與這類情緒暴怒孩子的工作技巧歸納為三大要點：一、只在現實必要之處限制孩子的情緒表達（如：不可將整個治療室淹沒、不能傷害分析師）；二、狂亂的攻擊衝動可以在治療室內表現；三、分析師的工作是從早期發展困境的脈絡，來詮釋孩子在治療室中的暴虐行徑，並且容受孩子當下的摧毀破壞。

　　當邁入討論分析潛伏期兒童時，克萊恩首先點出的是，當童年早期的熱情退去，孩子們與自己和他人的關係即起顯著變化。不過，我們應注意，在今日兒童早年生活環境已經大為不同，整體文化較不拘束、對性為更開放，家庭與教育亦有大幅變遷，「潛伏期」的意涵其實已有諸多調整。

　　　分析潛伏期的小孩，有其特殊的困難度，不像幼兒，他們
　生動活潑的想像及清楚的焦慮，幫助我們較容易接觸他們的潛

意識。潛伏期小孩的想像生活非常有限，且有強烈壓抑的傾向，這是此年齡層小孩的特徵。和成人比較起來，潛伏期小孩的自我尚未發展完成，他們對於自己的病沒有洞察力，並且沒有被治癒的慾望，因此缺乏被分析的誘因，也缺乏使分析持續的動力……

……這年齡層的小孩不像幼兒一樣遊戲，也不會像大人一樣給予口語的自由聯想。儘管如此，我發現若能針對這群孩子的特質，找到接近他們潛意識的方法，則可以很快和這群人建立分析情境。就早期分析而言，由於幼兒仍強烈且直接地受本能經驗與幻想的影響，且能立刻將這些幻想呈現在我們面前，因此我認為即使在第一次會面就詮釋幼兒關於性交的象徵表達及其施虐幻想，仍是恰當的；然而潛伏期的小孩已經更完整地將這些經驗及幻想「去性化」（desexualized），並且將這些經驗及幻想改造成了其他的形式。

《兒童精神分析》
第四章〈潛伏期兒童的分析技巧〉（1932）
p.67（英文版 p.58）

孩子進入較晚期童年的階段，玩的方式會更傾向與日常現實結合，且明顯有更多潛抑。克萊恩描寫英格（Inge）的遊戲就是如此：

有好一陣子，她和我玩一個與辦公室有關的遊戲，她是老闆，交代我做事情，指示我寫下她所講的話，這些和她在學習和書寫上的嚴重缺陷是對立的。在這遊戲中，她對於成為一個男人的渴望是很清楚的。有一天，她放棄玩這遊戲，而開始和我玩學校的遊戲。我們知道她不只在課業上有許多困難，而且很不喜歡上學，她現在卻用很長一段時間和我玩學校的遊戲。她扮演學校老師，我扮演學生，她叫我犯一些錯誤，這些錯誤對於我瞭解她在求學上的失敗，是很重要的暗示。英格是家裡的老么，她覺得哥哥姊姊們的優秀使她難以忍受（雖然外表上看起來卻是完全相反的情況），她認為在學校裡這些情境又再重覆了。在遊戲中，她作為一位老師，所教授的細節顯示她在非常幼小的年紀，因為迫不得已，對於知識的渴望未被滿足，且已經被壓抑了。

《兒童精神分析》

第四章〈潛伏期兒童的分析技巧〉（1932）

p.70-71（英文版 p.61-62）

　　雖然英格在現實中是個失敗者，但想像中她卻扮演各種不同的角色。就像在我之前描述的遊戲中，她扮演辦公室的老闆，是個成功的父親；作為一位學校的女老師，她有許多小孩，將自己老么的身份換成了最年長最聰明的人；在扮演販賣玩具及食物的店員時，她藉由角色的雙層置換，倒轉了口腔挫

折的情境。

《童精神分析》
第四章〈潛伏期兒童的分析技巧〉（1932）
p.72-73（英文版 p 63）

在此我們可以注意到，克萊恩著重的是英格閉鎖了探詢事物的欲望所造成的破壞性影響，她毫末顯露任何瞭解世界的渴望及探索現實的能力，反而在潛意識幻想中，展現了已經握有一切知識。

有的時候，這個年紀的孩子會把夢帶到分析裡，但是聯想卻比較可能透過同時發生的肢體活動或遊戲來表達，而不經口語。分析工作對兒童發展邁向成熟大有助益，因此在潛伏期階段，就會不時觀察到兒童從在遊戲中透過行動溝通，逐漸轉為純粹運用口語溝通：

在許多方面，這個男孩（九歲）的症狀很像是成人精神官能症，他也常常眉頭深鎖，且重度焦慮，但他的焦慮主要顯示在他的易怒與盛怒中。分析中的主要部分是藉由玩具及畫畫完成的。我被迫坐在他的旁邊，亦即在遊戲桌旁和他一起玩，這甚至遠超乎我偶爾和幼兒一起做的。有時我甚至必須在他的指示下，單獨做一些事，例如，我必須將積木疊起來，將車子移來移去等等，他則只會坐在那兒督導我。他對自己這麼做的解釋是，他的手有時會嚴重地抖動，因此無法將玩具放到他想放

的地方，或害怕損壞它們。這些顫抖常常表示焦慮就要開始了。我常能藉由以下方式，縮短他的焦慮發作：用他要的方式玩遊戲，同時藉由連結他的焦慮及遊戲意義做詮釋。他對於自己內在的攻擊之害怕，以及對於愛的能力之不信任，使他失去重新整建父母、哥哥和姊姊的希望。在幻想中，他已經攻擊了這些人，因此他害怕會不小心弄倒他剛剛建築起來的積木和東西。這種對於自己的建設能力之不信任，以及對於可以讓事情恢復正常的能力缺乏信心，是導致他在學習和遊戲中嚴重抑制的原因之一。

當他的焦慮被大幅解決之後，威那便可以自己玩遊戲，不再需要我的幫忙。他畫了許多畫，而且也提供了許多豐富的聯想。在分析後段，他表達素材的主要工具是自由聯想，就像肯尼斯一樣，他喜歡躺在躺椅上，用此方式聯想。他會描述連續的冒險幻想，在這些冒險中，機器、儀器或機關常常是很重要的部分。以前畫畫的素材也會重複出現在這些故事中，但以更多細節豐富了故事內容。

《兒童精神分析》
第四章〈潛伏期兒童的分析技巧〉（1932）
p.76-77（英文版 p.66-67）

在這章當中，克萊恩舉出廣泛的案例，不僅印證了她臨床經驗有深厚底子，也展現她的技巧在想像力上具靈活彈性。比如在一個 9 歲半、非常封閉、玩的遊戲又極為單調的男孩身上，她不僅用

面對小小孩的態度和他玩、遵從他那少之又少的、以口語表達的命令，也深知為了要建立信任、和諧的關係以及避免重蹈孩子命令型父親的覆轍，她必須保持不語；詮釋恐怕也不可行，因為她推測那會使男孩更大舉退縮。男孩口語上的抑制維持了好長一段時日，但當時機成熟，他開始用書寫傳遞訊息，接著若她也壓低聲量，他便對她輕聲細語；她發現男孩深信迫害者時時存在，因此彼此的輕聲對話可以保護他們兩人。

　　同在這章之中，克萊恩也說明了兒童分析師與家長的關係，她的說法是：

　　　我指的是分析師與父母相處的問題。為了使分析師的工作得以進行，分析師和兒童父母的關係要夠好。由於小孩仍必須仰賴父母，因此父母必須是分析的一部分；然而由於不是被分析的對象，因此可藉由一般心理方式影響他們。父母與兒童分析師之間的關係有一些特定的難題，因為這關係與父母自己的情結有關。小孩的精神官能症與父母本身的罪疚感非常相關，父母認為讓小孩接受分析，便證實了小孩的病症是他們造成的。此外，要他們告訴分析師其家族生活的細節，常常是非常困窘的。尤其是母親，會對於自己的孩子能夠和女性分析師建立關係感到嫉妒。

《兒童精神分析》
第四章〈潛伏期兒童的分析技巧〉（1932）
p.86（英文版 p.75）

再幾頁之後，她寫到兒童接受分析可能會對家庭關係產生正向影響：

儿童精神官能症的減弱或移除，會對父母有正向影響。當母親管教小孩的困難減弱之後，她的罪疚感也會跟著減弱，這也改善她對小孩的態度。

《兒童精神分析》
第四章〈潛伏期兒童的分析技巧〉（1932）
p.89（英文版 p.78）

不過，她也謹慎思索分析師與父母直接接觸可能會帶來什麼影響：

儘管如此，根據我的經驗，我認為我們不太可能影響小孩的環境，而要仰賴小孩的分析成果，因為分析可以幫助他們更能適應困難的環境，也更能面對環境所施加的壓力。

《兒童精神分析》
第四章〈潛伏期兒童的分析技巧〉（1932）
p.89（英文版 p.78）

這些建議的出現有其特殊的背景脈絡，為了孩子來尋求克萊

恩協助的家長本身對精神分析甚為熟悉，在理智上也確實能夠配合分析。雖說她所呈現的許多案例，從分析的觀點是過早結束的，可是多半不是家長停止了對分析的支持，而是外在因素，譬如搬家，這顯示克萊恩對與他們建立的關係調整得有多精準。當時要在兒童的生活中找出空檔進行一週數次分析，似乎不是太難，許多家庭有保母可以帶孩子前來，也只有少數幾個母親要外出工作。這樣的環境雖然全與現代生活大相逕庭，但重點更在於，克萊恩認為只需與家長碰面寥寥數次便可無礙進行分析，可是當今的兒童分析師與心理治療師卻發現除了回顧會談之外，還需安排定期與家長諮詢。此外，克萊恩的作品中也沒提到專業人脈的複雜，那其實需要大量的密切聯繫才能形成（譯按：英文版的寫法暗示當時她的人脈不複雜，但現今的分析師專業人脈很複雜。不論如何，克萊恩堅守兒童分析應有的隱私仍是做分析的基本態度，在她談到家長（或兒童生活中的其他重要他人）在治療過程中會覺得難以掌握孩子的行為與關係時，就睿智地提醒兒童分析師，其首要任務是：

　　我認為我們應該學習放棄來自父母的認可。我們必須謹記，分析工作的主要目的在於確保小孩的健康，而非來自父親或母親的感激。

《兒童精神分析》
第四章〈潛伏期兒童的分析技巧〉（1932）
p.90（英文版 p.79）

此番箴言與當代觀點分歧，當代促進公眾健康乃著重密切追蹤成效、並讓家長和老師成為成效的主審。不過，克萊恩絕非不顧個案未來，一旦能確認相關細節，她經常在文中納入個案日後發展。她不斷投入幫助個案與現實接觸，每當志願成真便流露其心滿意足，只是若要充分關注兒童內在的問題，就必須在分析中維護兒童的隱私空間，這，正是她首要關切的。

第三篇分析技術文章中，克萊恩處理的是兒童進入青春期的巨變。她呈現的案例年齡範圍是 12 至 15 歲，只不過在過去八十年間，青春期的年紀不斷往前推，因此將她的臨床技術建議對應在更廣義的青春期早期，或許會比較適用。

她在這一章的開場是：

> 青春期小孩的分析，在技巧上與潛伏期的小孩有許多主要差異。青春期小孩的本能衝動（instinctual impulse）比較強烈，幻想活動也比較多，其自我有不同的目標，自我與現實的關係也和潛伏期的小孩有所不同。另一方面，他們與分析幼兒也有許多相似點，這是由於青春期的小孩再一次強烈被本能衝動及潛意識所主導，他們的幻想生活也很豐富。再者，青春期所呈現出來的焦慮和情感，也比潛伏期小孩更劇烈，有如幼兒焦慮的復發。

> 如同幼兒，青春期「自我」的主要功能之一，是修飾或防止焦慮出現，但由於青少年的「自我」發展得比較完整，因此較能成功地完成此課題。因為青少年已經發展出許多不同的興趣與活動（運動等等），這些活動都幫助他們處理焦慮、過度

補償，並使自己和他人無法意識到這焦慮。他們以青春期的特質（反抗與不服從）來完成這課題。以上使分析青春期的小孩在技巧上的難度增高。除非我們能快速碰觸到病人的情感（這時期的情感是非常強烈的，且主要顯示在一種叛逆的移情作用中），否則可能會導致分析突然中斷。

《兒童精神分析》
第五章〈青春期兒童的分析技巧〉（1932）
p.91（英文版 p.80）

　　她接著寫到，初入青春期的青少年在許多方面的表現，其實與小小孩遊戲中顯見的主題幾乎一脈相承：

　　青少年所呈現的素材和幼兒非常相似；青春期和前青春期的男孩，對於人和事的幻想方式，和幼兒玩玩具的方式類似。三歲九個月大的彼得，藉由小馬車、小火車與汽車表達幻想，十四歲的陸維格則用冗長的敘述來表達，持續好幾個月，一再述說各種火車、腳踏車及機車的結構如何不同等等。彼得將馬車推來推去，並比較哪一部小馬車比較好；陸維格則語帶感情地述說哪一部車或哪一位駕駛，將在那些賽車中贏得冠軍。彼得會讚美某個玩具人的駕駛技巧，並讓他表演各式各類的技藝；陸維格則不厭其煩地讚美一些運動界的偶像。

《兒童精神分析》

第五章〈青春期兒童的分析技巧〉（1932）

p.92（英文版 p.81）

正常的青少年會自然地表現出有壁壘分明兩派世界，有令人崇拜的英雄（在克萊恩的案例中是運動明星，或許今日會是流行偶像），以及他們鄙視唾棄的老師、親戚，就是那些所謂「不夠酷」的人；但性格上抑制的青少年，就會維持如潛伏期那般，會逃避種種不舒服的感覺。克萊恩認為當潛伏期過早出現，或是持續得過久，像是多延續了好幾年，就是發展受嚴重干擾的指標。如此以兒童發展正常模式為基礎來進行觀察，是很重要的，她就是以很精確地評估兒童心理障礙程度的方式，將這些兒童案例呈現在我們眼前。在她筆下，有些孩子基本上很正常，分析幫助他們在性格上繼續發展，並解除了人際關係中細微的限制；其他孩子則明顯苦於精神官能症，他們的焦慮啃蝕了日常生活，種種問題與困擾讓家長陷入憂慮深淵。

論及與青少年工作的技術，克萊恩提出的幾個案例一再顯示，對性活動的罪疚感與焦慮是核心特徵，不論是發生在當前或是過去的性活動。這裡是其中一例：

> 在分析十四歲的陸維格時……我發現……他對弟弟感到強烈罪疚的原因。例如，陸維格談到他的蒸汽機需要修理，然後，他立刻聯想到他弟弟的引擎可能永遠無法被修復了。我後

來發現，與這有關的抗拒，以及希望我們的晤談趕快結束等，都與他害怕母親可能會發現他與弟弟之間的性關係有關。他對這件事還有一點點記憶。這關係使他在潛意識中留下強烈的罪疚感，因為他比較年長、比較強壯，因此有時會強迫弟弟與他發生性關係。為此，他常覺得他必須為弟弟的發展障礙負責，他弟弟有嚴重的精神官能症。

《兒童精神分析》

五章〈青春期兒童的分析技巧〉（1932）

p.95（英文版 p.83-84）

　　其他案例圍繞著種種關於自慰、性幻想與性活動的焦慮，讀來實在頗震懾人心，或許，這種主題會與二十世紀早期的兒童教養方式相關，因當年對性知識與自體情慾都更加潛抑。但這意味著克萊恩要幫助這些病患，就必須深入思索男孩和女孩的性發展，這後來帶領她修正了佛洛伊德理論的某些面向。對於青春期少女，她的理解是：

　　我現在要描述對於青春期女孩的分析。月經的來臨，引發女孩強烈的焦慮。除了那些我們所熟悉與月經有關的其他意義之外，它們也是身體的內在及裡面的小孩完全摧毀的可見表面象徵。因此女孩要完全發展出女性化特質，比男孩發展出男性化特質，會遭遇更多的困難，也需要更多時間。女性發展上的

這種特殊困難，增加了青春期女孩之男性特質的發展。有些女孩則只發展某部分，特別是理性上的發展，而她的性生活及人格則持續留在潛伏期，有些甚至持續到青春期之後……

……甚至那些已經發展出女性特質的女孩，在青春期時也會有焦慮，而且在表達上比女性成人更嚴重、激烈。

《兒童精神分析》
第五章〈青春期兒童的分析技巧〉（1932）
p. 97-98（英文版 p.85-86）

接下來的段落中，克萊恩花了很長篇幅說明和艾爾絲（Ilse）的分析，艾爾絲來接受分析時是十二歲。在深刻體會到艾爾絲極度不情願接受分析、幾乎無法交談後，克萊恩建議她畫畫。

在未來幾個月中，艾爾絲的主要聯想來自她的畫畫。這些畫是用圓規以精準的尺度完成的，顯然沒有任何幻想。她的主要活動在於計算及衡量東西部分的尺度。她對於尺寸精準的強迫特質，變得愈來愈清楚。經過耐心與緩慢的工作，我發現原來這些不同部分的形狀和顏色代表的是不同的人。她衡量和計算的強迫行為，證實係來自強迫式思考的衝動，例如，想瞭解媽媽身體裡面到底有哪些東西、有多少小孩在那兒及性別的不同等等。就這案例而言，她在人格上的束縛及智性的有限發展，皆來自早期對於強烈渴望知識之本能（instinct for

knowledge）的壓抑。這樣的壓抑以反抗方式呈現，而造成對
於所有知識的拒絕。藉由畫畫、衡量與計算，我們有了很大的
進展，艾爾絲的焦慮也不再如此強烈。

《兒童精神分析》
第五章〈青春期兒童的分析技巧〉（1932）
p.100（英文版 p.88）

逐漸地，艾爾絲能開口說她對在校的挫敗感到絕望，也能道出
她深受自己總是穿著不當和看起來不對勁的念頭煎熬。克萊恩繼續
說明：

艾爾絲的學習困難漸漸減輕時，她的整體個性也起了很大
的轉變。她開始具有社會適應能力，能和其他女孩建立友誼，
和父母及兄弟姊妹的關係也改善了。她可以說是一個正常的女
孩，興趣也和同年齡的孩子不相上下。她現在的學校表現不
錯，也受到老師的喜愛，變成一個有點太順從的女兒。她的家
人非常滿意分析的成功，且認為沒有理由再繼續分析，但是我
不同意他們的看法。很清楚地，這時她十三歲，身體發育開始
進入青春期，而艾爾絲在心智上，剛剛成功地轉入潛伏期。藉
由解決一些焦慮以及減弱她的罪疚感，分析讓她的社會適應良
好，並在心智上得以進入潛伏期。雖然我們可以滿足於這些改
變，但是我所見到的仍是一個非常依賴的小孩。她仍然過度固

著在母親身上，雖然她的興趣範圍擴大了，卻難得有自己的想法，她在表達之前總是說「媽媽認為」。她會想討好別人，例如她現在很在意自己的外表，之前她完全不在乎，她現在需要被愛及被認可，這些改變主要都來自於希望可以討好母親及老師，也因此她想要比同學更好。她的同性戀傾向仍然主導著她，且幾乎沒有異性戀衝動。

　　她後來持續接受穩定的分析，分析所導致的改變不只如上述，而是艾爾絲整個人格的發展。分析月經所帶來的焦慮，對她有很大的幫助……這時，心理上的青春期才開始。在這之前，她無法批判母親，也無法擁有自己的意見，因為她認為這表示對於母親的暴烈施虐攻擊。對於施虐的分析，使艾爾絲符合自己的年紀，更能依靠自己，這可清楚地由她的思維和行為看出來。

《兒童精神分析》

第五章〈青春期兒童的分析技巧〉（1932）

p.102-103（英文版 p.90-91）

克萊恩為這個案例下的結論是：

　　在這案例中，我們看到女孩無法克服強烈的罪疚感，不只使她無法過渡到潛伏期，而且影響她的整個發展。她那以憤怒呈現出來的情感被置換了，也無法正確地修飾她的焦慮。艾爾

絲看起來是一個不快樂、不滿足的小孩，也未能意識到自己的焦慮和對於自己的不滿。分析最大的進步，在於使她瞭解她非常不快樂、讓她知道她覺得自己很自卑、不被愛，而且對此感到很絕望，並且由於她的無助感，使她缺乏贏得別人的愛之企圖。

《兒童精神分析》
五章〈青春期兒童的分析技巧〉（1932）
p.103-104（英文版 p.91）

　　她接著提出，分析青春期兒童必須熟悉成人分析技術，也就是使用自由聯想和躺椅。的確，克萊恩認為接受成人分析訓練是進入「更加困難的兒童分析」所需的先備基礎，某些精神分析協會仍遵守此道，可是在過去六十年來，也都不斷遭質疑與挑戰。而在這段期間，兒童分析的訓練已走出自己的一條路。以克萊恩在理論上進一步將人類心理困擾根源推進至生命非常早期，絕對足以宣稱對兒童進行精神分析研究是個極佳的出發點；許多兒童也確實對精神分析方法有所反應，甚至比許多成人更準備好要深入問題的情緒核心。兒童分析所嘗試要維護的，是透過最重要的臨床觀察，做出更切合真實發展的精神分析理論，而這種較關注心智成長潛能的角度，其實能與過去著重病理的觀點有效地達成平衡。

　　克萊恩在書中這幾篇技術章節之後，寫下對各種兒童疑難雜症的治療建議，範圍極廣，包括飲食疾患（她稱之如「精神錯亂」般「進食錯亂」）、睡眠障礙、恐懼症和過度膽怯、遊戲及／或肢

體表達抑制受限、自傷及易遭意外、過動（她的用字是「精力過度充沛」和「亂動」）、抽搐、學習抑制、過度依賴物質所有物和贈禮、異常體弱多病。這列清單證實她既具廣泛臨床經驗，且其理論強調的早年焦慮與罪疚感整合起來，確實有足以形塑兒童心智的力量。甚至，就今日兒童青少年心理衛生中心所接觸到病症而言，這些紀錄實在極具獨到先見。

她亦針對兒童的正常、病態或健康樣貌提出深入評論。首先，是提醒兒童分析需特別注意的是：

> 以下我將描繪治療這案例所使用的技巧，前半段我使用的是治療潛伏期小孩的技巧，而後半段使用的是治療青春期小孩的技巧。我一再提及適用於各種不同發展階段的各種不同形式精神分析技巧之間的關聯性。我再次強調，早期分析技巧是各年齡層兒童分析技巧的基礎。在上一章，我說過自己分析潛伏期小孩的方式，來自我分析幼兒遊戲的技巧；如同本章所討論的許多案例顯示，早期分析技巧對於許多青春期的小孩仍是不可或缺的。對於許多非常困難的案例而言，若我們未考慮到青少年需要行動化並表達他們的幻想，且未小心處理所浮現的焦慮，或總而言之，未能有彈性運用分析技巧的話，則我們註定要失敗。

《兒童精神分析》
第五章〈青春期兒童的分析技巧〉（1932）
p.105（英文版 p.92-93）

接著在這一段，提到健康發展的樣貌：

　　成人精神官能症的樣子不能做為兒童精神官能症的指標，因為當兒童看起來與正常成人一樣時，並不表示兒童比較沒有精神官能症。例如當一個小孩可以滿足自己在成長過程中的所有要求，且他的生活也未被其幻想及本能所掌控，他能在各方面完全適應現實，而且未顯示出太多的焦慮，這種小孩其實不只早熟、無趣或不可愛，甚至可以說非常不正常。因為若這情形是來自對於幻想的強烈壓抑（幻想本來是發展的先決條件），則我們絕對有理由認為這小孩的未來令人堪慮。這種小孩所罹患的不是輕微的精神官能症，而是沒有症狀的精神官能症，我們從成人分析得知這種精神官能症常是非常嚴重的。

《兒童精神分析》

第六章〈兒童精神官能症〉（1932）

p.115（英文版 p.101）

她繼續寫道：

　　問題是兒童如何呈現出其內在適應還不錯。若兒童喜愛玩遊戲，並在玩遊戲時任由幻想馳騁，並且由一些明確的跡象看出他對現實適應良好，和客體的關係也很好（但不過分地情感依附），則我們可說是正向的徵兆。除此之外，另一個正向徵

兆是兒童在求知本能上的發展不被干擾，兒童因而可自由發展
出不同領域的興趣，而且不會有強迫式精神官能症那種強烈及
強迫式的特質，兒童若呈現出某種程度的情感和焦慮，我想也
是正向發展的先決條件。這些及其他一些正向預後指標，根據
我的經驗，都只是相對而言有價值，並不絕對確保兒童的未
來，因為它仰賴兒童在未來成長過程中所接觸的外在現實是否
有利，這些未來情境決定兒童是否會在成人時再次發展出精神
官能症。

《兒童精神分析》
第六章〈兒童精神官能症〉（1932）
p.117-118（英文版 p.103）

以及：

　　成人可能會罹患精神官能症、在人格上有缺陷、昇華能
力被干擾，或性生活不正常。我一直努力呈現嬰兒期的精神官
能症，在很小即可藉由各種輕微但很具特徵的徵兆被探測出
來，且治療嬰兒期的精神官能症是對抗成人精神官能症最好的
預防，因此早期介入是預防人格缺陷及適應困難的最好方法。
兒童的遊戲幫助我們得以深入他們的心智，也提供一個清楚的
指標，幫助我們分辨他們未來的昇華能力，做為分析完成的依
據。在我們考慮幼兒的分析是否完成之前，他們在遊戲中的抑

制應該已經大大被降低了。他們對於切合其年齡的遊戲的興趣應該不只變得更深入、穩定，而且遊戲範圍會更廣。

分析的結果應該能夠使兒童的遊戲由單一強迫式的興趣，拓展到更廣泛的興趣，這過程和成人精神分析的目標相似，亦即興趣範圍的拓展及昇華能力的增加。因此瞭解兒童的遊戲可幫助我們評估他們未來的昇華能力，我們也可藉此判斷分析是否足以用來對抗未來在學習及工作能力上的抑制。

最後兒童得以發展出對於遊戲的興趣，以及在遊戲的種類及量上的增加，都是保證兒童未來性發展的有力證據。

《兒童精神分析》

第六章〈兒童精神官能症〉（1932）

p.118-119（英文版 p.104-105）

這就是克萊恩希望在小個案身上達成的。

克萊恩的臨床技術多在展現如何快速接觸兒童深層的焦慮，但這很容易被過分強調。如本章所示，她其實是非常細膩地考量每個孩子獨特防堵焦慮的辦法，也願意多方嘗試，讓兒童願意予以信任。不過，在技術與憑依的理論層面，確實引起過一番激辯，《佛洛伊德—克萊恩論戰 1941-1945》書中記載了英國精神分析學會於1942 年 10 月至 1944 年 2 月間舉行一系列會議，克萊恩與同僚及安娜・佛洛伊德陣營分別於此發表的書面論文，呈現了許多分歧的觀點。

後續年間，精神分析技術有了重大發展，其中最為關鍵的是

比昂對早期心智形成提出的理論，以及，對母嬰心智互動的關係、和與之相對應的分析師及個案的關係，有了一番新的認識。嬰兒的焦慮透過母親接收與沉思（reverie）而受涵容（containment）的觀點，為生命極早期尚未整合的經驗，以及心智結構和現實意識盡付之闕如的精神病崩潰狀態，開啟了理解之門。自此，分析師開始意知到涵容功能在面對碎裂經驗是何其重要，在詮釋可以對個案發生作用之前，那些不堪想像的經驗需先被認出、需先被足以承受的心靈所識，再藉由分析師的思考活動予以轉化。

此番觀點將人類早年溝通形態的認識更加拓展，與兒童分析尤其相關，且在兒童尋求分析協助的人數增長下，關係更是緊密。克萊恩的兒童個案多生長在穩定的家庭，今日卻經常可見家庭環境充滿問題、具嚴重創傷、失落和剝奪的個案。當代世界因全球化趨勢日益複雜，有心理衛生問題的兒童青少年人數激增，其中不乏非常棘手的困擾[1]。

第二個影響技術層面的重大理論發現，是修正對反移情的理解。海曼（Heimann, 1950）提出的反移情觀點影響深遠，她認為分

---

1 英國一直要到近數十年才可取得流行病學的數據資料。資料顯示，兒童與年輕人患有嚴重精神疾病的人數在 1974 年至 1999 年間翻倍。年紀 15-16 歲的男孩，從每 30 人中就有一位感到頻繁的憂鬱或焦慮，升至每 30 人中有兩位；女孩則是從每 20 人有一位攀至每 20 人有兩位。在 2004 年，5-16 歲的兒童青少年中，每十人中就有一人 (10%) 有精神疾患診斷，資料參見 http://www.hscic.gov.uk/catalogue/PUB06116/ment-heal-chil-youn-peop-gb-2004-rep2.pdf 及 Green et al. (2005)。2009 年的資料指出，增長的數據在 1999 年後持平，但由於歐洲整體經濟衰退，尤其因年經人的就業環境，可能又會再度暴漲。此議題可參見 http://www.nuffieldfoundation.org/time-trends-adolescent-well-being 及 Hagell (2012) 的文獻。

析師的反移情有時並不如佛洛伊德與克萊恩所相信的，反映出分析師長久以來的個人議題，而是一種潛意識對個案某個面向的回應。事實上，克萊恩的投射性認同理論（見第六章）對這個新論點的生成有重大影響。

這些新思潮亦影響了兒童青少年的分析技術。將分析情境中引發的焦慮融會收整，仍是分析最初的起點，不過對於兒童究竟要何時詮釋和詮釋什麼，就不那麼明確。有一大改變是開始著手探索先天缺陷及後天障礙的差異（Alvarez, 1992），另一個變化則是將分析師的感受視為理解兒童更深層情緒狀態的重要線索，尤其是在兒童精神痛苦非常高漲時（Hoxter, 1983）。「克萊恩派」的技術在今日範圍廣闊，然而核心仍是關注焦慮，並重視能找到字詞描述情緒與內在世界。

第五章

哀悼、憂鬱心理位置與其對伊底帕斯發展理論的影響

　　克萊恩對精神分析的貢獻當中,對於失落和哀悼歷程的理解,或許是最廣受引用與推崇的。一如佛洛伊德在《哀悼與重鬱》文中,捕捉並整理出一種令人能立即領會的普遍現象,克萊恩在1935-1940年間針對憂鬱症與哀悼寫的數篇論文,亦揭開了人類失落反應中神祕、不為人知的一面。佛洛伊德的憂鬱觀點背後,有他個人的傷慟與一次世界大戰;克萊恩的作品也有其背景,包括她慟失親人,以及30年代因經濟蕭條與法西斯主義崛起,歐洲陷入一片困頓。她在文中並未提及這些,從頭到尾緊扣在精神分析理論與臨床觀察上,或許有什麼引起了強而有力的共鳴,讓讀者仍察覺到她的失落和當年艱困的世道。

　　她剛開始研究憂鬱狀態時,是將它與偏執妄想和狂躁狀態劃分開來,她好奇作為重鬱症基礎的內攝機制有何重要、本質為何,特別著重在自我(ego)已經進入大幅凝聚的狀態以及嬰兒心智內在的客體逐漸整合,於是促進了關鍵發展。

　　在妄想症來說,典型的防衛主要目標是在消滅「迫害者」,然而由自我而來的焦慮是很顯著的。當自我變得更加組

織化的時候，內化的意象會更接近現實，自我將能更充分地認同「好的」客體。最初自我所感受到對迫害者的恐懼，現在也和好的客體發生關聯，從此開始，保存好客體被認為與自我的生存是具有相同意義的。

與此發展同時並進的是一項最為重要的改變，也就是從「部分客體」關係進展到與「完整客體」的關係。經由這一步，自我到達了一個新的位置，這個位置是所謂「失去所愛客體」處境的基礎。只有在客體被**當作整體來愛**的時候，才能**整體地失去它**。

《愛、罪疚與修復》
第十七章〈論躁鬱狀態的心理成因〉（1935）
p.331（英文版 p.264）

克萊恩繼續說明關切客體的安全，除了會如亞伯拉罕所提的，影響到內攝機制之外，也會影響自體對其想像中內攝客體遭遇的感覺。那要怎麼保存並維護內攝客體呢？克萊恩將渴望內在好客體存在連結到「恢復」（restoration）歷程，她後來的用詞是「修復」（reparation）或「補償」（restitution）。透過努力修復，個體會覺得在破壞衝動下，自體和客體都比較安全了，不過有好客體的不斷支持，是最重要的。

很清楚的是，在這個發展階段裡，自我不斷地感覺自己擁有內化好客體的狀況受到威脅，因而充滿焦慮，唯恐這些客體會死亡。在因為憂鬱而受苦的兒童與成人身上，我發現了對於個體內部隱藏了瀕死或死亡之客體（特別是雙親）的恐懼，以及自我對此種狀況的客體的認同。

從精神發展最初的時候開始，在真實客體與那些裝置在自我內部的客體之間總是存在著一種相關性，因為這個緣故，我剛剛描述的焦慮會使兒童呈現出對母親或任何照顧者誇張的固著。母親不在的狀況激起了兒童的焦慮，唯恐自己會被交付給壞的客體——外在的與內化的——不管是因為她的**死亡**，或是因為她以壞母親的樣子回來。

這兩種狀況對兒童來說都是失落了所愛的母親，我特別要強調的是害怕失去內化的「好」客體，成了唯恐真實的母親死亡的焦慮來源；另一方面，每一個暗示著失去真實所愛之客體的經驗，也都會激發害怕失去內化客體的恐懼。

《愛、罪疚與修復》

第十七章〈論躁鬱狀態的心理成因〉（1935）

p.334-335（英文版 p.226-267）

在逐漸意知到內外在都需要好客體存在，同時，也感受到自身對這個所需客體懷有的敵意，會令客體陷入危險：

似乎只有當自我已經內攝了完整的客體，並與外在世界和真實的人們建立了更好的關係時，它才能夠完全瞭解透過其施虐所造成的災禍（特別是透過其食人慾望），並且為此感到痛苦……

　　於是，自我面臨了這樣的精神現實：所愛的客體正處於消解（dissolution）的狀態——碎裂的。因為此確認而產生的絕望、懊悔與焦慮存在於許多焦慮的底層，在此只稍舉其中數例：有一種焦慮是關於如何用對的方式，在對的時間將片片斷斷的客體拼湊回去，以及如何選取好的部分客體、丟棄壞的部分客體，如何在客體被重新組合之後令其復活；還有一種焦慮是關於在做這項工作時，會受到壞客體與自己的恨意干擾等等。

《愛、罪疚與修復》

第十七章〈論躁鬱狀態的心理成因〉（1935）

p.338（英文版 p.269）

　　克萊恩寫到，兒童此時面對的修復任務基本上是難以承受的，但成熟之愛亦是源自於此：

　　「自我」瞭解到它對一個完整的、真實的好客體的愛，同時感受到對它有難以抵擋的罪惡感。基於原慾依附（libidinal attachment）——最初是對乳房，然後是對完整的人——而對

客體產生的完全認同，和對客體的焦慮（對於其去整合）、罪疚與懊悔，想要保存它、讓它完整而免於迫害者與本我的傷害，以及關於預期將要失去它的哀傷是同時發生的。這些情緒，不論是意識的或潛意識的，在我看來都是屬於我們稱為愛的感覺的基本元素。

《愛、罪疚與修復》
第十七章〈論躁鬱狀態的心理成因〉（1935）
p.339（英文版 p.270）

她將這與偏執妄想狀態做出對比。個體會因不堪罪疚和懊悔折磨而「猛然退縮」回偏執妄想的狀態，於是從這裡我們可以開始領略到，克萊恩認為個體會無可避免在憂鬱和偏執妄想位置之間來回擺盪，日後比昂更是承繼這個觀點。「位置」的概念則包含了整套焦慮與防衛間的複雜交互作用，克萊恩認為這能用於思索整個人生，而非僅將這些問題視為兒童發展的「階段」：

我認為妄想症患者的特質在於，雖然由於其被害焦慮與懷疑，他對外界世界與真實客體發展出非常優越而敏銳的觀察力，不過，這種觀察與現實感卻是被扭曲的，因為他的被害焦慮使他以觀察別人是否為迫害者的觀點來看待他人。當自我的被害焦慮增加時，就不可能充分而穩定地認同另一客體，以真實的樣子來看待、瞭解，並具有充分的愛的能力……

於是我們看到了與憂鬱心理位置有關的痛苦將他推回了偏執心理位置，不過，雖然他從憂鬱位置退卻了，這仍是他曾經到達的位置，因此永遠都有發生憂鬱的可能性。我認為這一點說明了一個事實，即我們時常在輕微的妄想症中看到憂鬱症，嚴重的妄想症中亦然。

　　如果我們比較妄想症患者與憂鬱患者對於去整合的感覺，我們將看到，憂鬱患者典型地充滿了對客體的哀傷與焦慮，他努力想要將此客體再統合完整；然而，對妄想症患者來說，去整合的客體主要是一大群迫害者，因為每一個碎片都會再長成一個迫害者。

《愛、罪疚與修復》

第十七章〈論躁鬱狀態的心理成因〉（1935）

p.340-341（英文版 p.271-272）

　　她提出許多生動的臨床範例來闡述這些觀點，也因此對飲食疾患、慮病症及自殺現象有更多瞭解。以下是她描寫一位有身體焦慮的個案，他的身體焦慮可以在夢中找到跡象：

　　例如，X 病患在孩提時曾被告知患了條蟲症（他從未見過這些蟲），他將這些在體內的蟲連結到自己的貪婪。在對他的分析中，他幻想條蟲正在蠶食他全身，強烈的癌症焦慮浮現了。這個受苦於慮病與偏執式焦慮的病患對我非常多疑，而且

特別懷疑我和一些對他有敵意的人是同夥的。有一次他夢見一位偵探逮捕了一個帶有敵意和迫害性的人，把他關入牢裡，但是之後這名偵探被證實是不可靠的，還是敵人的同夥。這名偵探代表了我，整體的焦慮是內化的，而且和條蟲的幻想有關；關敵人的牢房則是他的內在，事實上是他內在監禁迫害者的特殊部分。明顯地，危險的條蟲（他的聯想之一為條蟲是雙性戀）所表徵的是，對他帶有敵意的雙親聯盟（實際上正在性交）。

《愛、罪疚與修復》

第十七章〈論躁鬱狀態的心理成因〉（1935）

p.342（英文版 p.273）

　　她繼續指出，全能的狂躁狀態並非僅是從憂鬱狀態跳脫，也躲開了內在受迫害的偏執妄想焦慮。狂躁狀態對精神現實的否認，會逐步促成一股拒認外在現實的傾向。同時，狂躁狀態也會強迫式地去掌控事物，尤其是內在客體死去的恐怖景象，但被否認了。這些焦慮導致狂躁地搶救復活，克萊恩稱之為「狂躁修復」，與基於意知到破壞衝動和憂慮其後果的「修復」區隔開來。躁症／狂躁（mania）的另一個特徵是通盤地輕蔑客體，使之不具任何價值。若客體可以具有重要性，克萊恩認為要克服憂鬱是仰賴修復。「克服」（overcoming）是「修通」（working through）概念的變形，與佛洛伊德最初提出要反覆在分析或一生當中重新經歷衝突有所不同，帶有某種「一勞永逸」的意味。或許這正是克萊恩在某些較晚

期的文章中，如〈我們成人的世界及其嬰孩期根源〉（1959），偏好使用「修通」一詞的原因。

在這篇 1935 年的文章中，克萊恩清楚地描繪出她心中健康嬰兒期發展的圖像：

> 在生命之最初兩到三個月中，兒童的客體世界可以說是由敵意的、迫害的或是滿足的片斷及部分的真實世界所組成。很快地，兒童愈來愈能夠感受到完整的母親，而且這種比較合乎現實的感受延伸到母親以外的世界中（與母親和外界世界有好的關係，可以幫助兒童克服早期的偏執焦慮，此事實對於兒童最早期經驗的重要性帶來新的瞭解。從一開始，分析向來就是強調兒童早期經驗的重要性。但是，對我來說，似乎只有當我們能更認識到兒童早期焦慮的本質與內涵，以及在其真實經驗與幻想生活之間持續不斷的互動時，我們才能充分瞭解**為什麼**外在因素是如此重要）。不過，當這種狀態發生的時候，兒童的施虐幻想與感覺正處於高峰，特別是食人的那種。同時，現在兒童經驗到對母親的情緒態度有所轉變，原本對乳房的原慾固著發展成將她視為一個人的感覺，於是破壞的感覺與愛的感覺同時被經驗到，指向了同一個完整的客體，這點在兒童的心中引發了深刻而困擾的衝突。

> 在正常的發展下，大致在四到五個月大的這個發展點上，自我面臨了必須承認精神現實與外在現實到某個程度的必要性。於是，自我認知到所愛的客體同時也是它所恨的，此外，真實的客體與想像中的人物，不論是外在或內在的，都是彼此

息息相關的。我曾在他處指出，在幼童身上，與真實客體的關係和與非真實意象的關係同樣存在，只是在不同的層面上，兩者都有過分好與過分壞的形象。而且，這兩種客體關係互相交織、互相影響的程度，在發展過程中不斷增加著。在我看來，這個方向的最初幾個步驟，是發生在當兒童開始認識自己完整的母親，並且將她視為一個完整的、真實的、所愛的人，於是，憂鬱心理位置——我已在本文中描述了這個位置的特徵——浮現了。這個心理位置受到「失去所愛的客體」的刺激與增強，這是嬰兒在母親的乳房被移開時一再經驗到的，而這樣的失落在斷奶時達到了高峰……

嬰兒和成人憂鬱患者在整體情境與防衛方面是相當不同的，嬰兒在母親的愛護下一再獲得了保證。不過，重點在於這些由自我與其內化客體之關係所導致的痛苦、衝突與罪疚和悔恨的感覺，在嬰兒階段就已經開始活躍……

似乎在這階段中，外在與內在的、所愛與所恨的，以及真實的與想像的客體的統合是這樣被完成的：統合的每一步驟再次導致了意象的重新分裂；不過，當對外在世界的適應增加時，這種分裂發生的層面將愈來愈接近現實，持續到對於真實與內化客體的愛及信任被妥善建立為止。那麼，愛恨交織——部分作為應付個體自己的恨，以及所恨的恐怖客體的防護措施——將會在正常的發展中再次以不等的程度減弱。

隨著真實的好客體的愛漸增而來的，是對於個人愛的能力有更多的信任，以及對於壞客體的偏執焦慮減弱了，這些改變導致了施虐的減弱，對攻擊有更好的駕馭及發洩方式。

《愛、罪疚與修復》

第十七章〈論躁鬱狀態的心理成因〉（1935）

p.356-360（英文版 p.285-288）

　　嬰兒若「無法在內在建立起所愛客體」，偏執妄想和狂躁的焦慮便會位居主導地位，不過克萊恩總結：「嬰兒期憂鬱心理位置在兒童發展中占據了最重要的位置」（p.361，英文版 p.289）。這是克萊恩在兒童內在世界演進理論上的重要里程碑，而這一切都源於她認為人類嬰兒乃與客體相連。

　　次年較短篇的作品〈斷奶〉（Weaning）讀來是很有意思的。此文是為瑞克曼（Rickman）編輯的《論兒童養育》（*On Bringing-Up of Children*）一書所寫，可能因此期待有更大的讀者群，尤其是母親，筆調也更接近日常白話。由於目標群眾不同，克萊恩將她的理論成果與在一般家庭情境中觀察到的兒童結合，論述語調亦有調整。她是這麼解釋早期分裂和部分客體，以及他們的演變：

　　　這麼說也許奇怪，為何將一個小孩的興趣焦點侷限在一個人的一部分，而不是在整個人身上？我們必須謹記，畢竟這個階段的孩子對於身體及心理上的知覺能力處於極度未發展的狀態，另一個最重要的事實是，幼兒只在意他立即的滿足或是缺少了滿足，佛洛伊德稱之為「愉悅─痛苦原則」，因此，母親那提供滿足或拒絕的乳房在孩子心中充滿了好與邪惡的特質。現在，我們稱為「好」乳房的，會成為往後一輩子裡所有被認

為是好與有利之事物的原型，而「壞」乳房則代表了所有邪惡與迫害的事物……

……最初兩或三個月大的嬰兒的客體世界，可以說包含了真實世界中滿足他或是帶有敵意與迫害性的某些部分。大約在這個年齡，他開始視母親與周遭的人為「完整的人」，隨著他將母親俯視他的臉龐及愛撫他的手，與滿足他的乳房連結在一起，對她（他們）的現實知覺也逐漸發生，而能知覺「整體」的能力（當對「整體的人」的愉悅受到確認，並且對他們懷有信心的時候），也涵蓋了母親之外的外在世界。

《愛、罪疚與修復》
第十八章〈斷奶〉（1936）
p.363-365（英文版 p.290-291）

接著，她繼續說明內在與外在的交互作用：

在心智發展的最早期階段中，在嬰兒的幻想中，每一個不舒服的刺激顯然都與「敵意的」或拒絕的乳房有關；而另一方面，每一個愉悅的刺激則與「好的」、滿足的乳房有關。因此我們似乎有了兩個範疇，其一為仁慈的，其二則為邪惡的，兩者都是植基於外在或環境因素與內在精神因素之間的互動。因此，痛苦刺激在量或強度上的減弱，或在調適它們的能力上有所增強時，都有助於減弱恐怖幻想的強度，並能夠讓兒童著手

於對現實有更好的適應，這樣一來，又有助於減弱恐怖幻想。

　　對於適當的心智發展來說，很重要的是，兒童必須要受到我剛剛概述的仁慈範疇之影響，當這件事發生的時候，兒童會得到很大的協助去建立母親為一個人的印象；增長了母親為一整體的感受，代表了很重要的改變，不只是在智力方面，也是在情緒發展方面。

《愛、罪疚與修復》

第十八章〈斷奶〉（1936）

p.365-366（英文版 p.292）

　　當她重申早年處理愛恨情感失敗，對日後的憂鬱有深遠影響時，也再度說明若能忍受罪疚感，「對孩子未來的心理健康、愛的能力及社會發展都會有長遠的影響」，更補充「我想要指出攻擊的感覺雖然導致了這麼多兒童心智上的困擾，但同時在其發展上也是最為重要的」（p.376-368，英文版 p.294）。克萊恩各大重要理論中皆展現出平衡的重要性，這種特點在此無遺地表露了：愛與恨是並行的，罪疚與修復亦然；焦慮既是種痛苦的情感，對刺激發展卻不可或缺。

　　內在好客體的最後一個功能，以及失去它對幼兒造成的巨大威脅，皆被描述如下，並且與斷奶這個漸次達成的歷程相關：

如果兒童能夠成功地在心裡建立慈祥而助人的母親，這種內化的母親將會證實是終其一生最有助益的影響，雖然這樣的影響會自然地隨著心智的發展，而在特質上有所改變，它相當於真實母親對於幼兒生存所擁有的絕對重要地位……

　　……（由於）兒童對任何挫折的感覺是非常敏銳的……我們發現當孩子需要乳房而它不在的時候，孩子會感覺好像永遠失去了它；由於對乳房的概念延伸到對母親的概念，失去乳房的感覺導致了完全失去所愛之母親的恐懼感，這意指失去的不僅是真實的母親，也是內在的好母親……

　　……斷奶的真正經驗極度強化這些痛苦的感覺，或是容易實質化這些恐懼。不過，由於嬰兒不可能不間斷地擁有乳房，而是會一再地失去它，可以說在某個程度上，它是處在持續被斷奶的狀態中，或者至少是朝斷奶的方向前去。不過，關鍵點是實際斷奶時，它是完全失去且無法挽回乳房與奶瓶了。

《愛、罪疚與修復》

第十八章〈斷奶〉（1936）

p.369-370（英文版 p.295）

　　在這裡，克萊恩的寫法有些跳脫她一貫的風格，因為她將原本對嬰兒劇烈苦痛的關懷，轉為建議母親如何幫助嬰兒的文句。這就宛如提供「專家」建議的衝動暫時躍升主角，雖然這離克萊恩的分析信念極其遙遠。以下略舉一例，其後還有更多例子，包括鼓勵親餵、餵食的頻率、建議使用奶嘴、如廁訓練的方式，以及對嬰兒性

活動的態度等方面的建議。

　　做母親的通常不瞭解小嬰兒也是一個人，情緒發展是最為重要的。母親與孩子之間良好的接觸，可能在第一次或是最初幾次餵食的時候受到損害，因為事實上母親不知道該如何誘使孩子吸吮乳頭，例如，母親沒有耐心處理所遭遇到的困難，而將乳頭粗魯地擠進嬰兒的嘴，他就有可能無法對乳頭與乳房發展出強烈的依附關係，而變成一個難餵養的嬰兒。另一方面，我們可以觀察到顯示出這種困難的嬰兒，如何在耐心的幫助下發展成為好餵養的嬰兒，就如同那些絲毫沒有最初困難的嬰兒一樣。

《愛、罪疚與修復》

第十八章〈斷奶〉（1936）

p.371-372（英文版 p.297）

　　克萊恩鉅細靡遺地想像母嬰世界的能耐，蘊含著一股想要以她目前擁有的知識幫助嬰孩的色彩，她認為孩子的心智要成長是需滿足大量心理需求的。這篇文章最後結尾是歡欣鼓舞的，有可能是因為克萊恩用比較正向的筆調，寫出她想制止父母做的事，也再度提醒她所一再提及的重要事項，就是在嬰兒照護中所做的改變必須要緩慢、逐步地進行：

Weaning 這個字的古早字意不只有「戒除」（wean from）的意思，也有「戒向」（wean to）的意思。套用這兩個意思，我們可以說當個體對挫折真正適應的時候，他不只是「戒除」了母親的乳房，也是「戒向」替代物——轉向所有帶來喜悅與滿足的來源，這對於建構一個充實、豐富而快樂的生活來說是必須的。

《愛、罪疚與修復》
第十八章〈斷奶〉（1936）
p.379（英文版 p.304）

　　值得一提的是，即便克萊恩在許多文章中大幅講述嬰兒與母親乳房的關係、她也確實相信嬰兒的餵食經驗是客體關係本質的核心，不過，卻亦反覆聲明她眼中的「乳房關係」其實包含母親許多面向。畢竟，母親是整個人在餵食嬰兒，吮乳的嬰兒是由母親手臂環抱、能端詳母親的臉（眼神接觸尤其重要）、嗅聞母親肌膚與乳汁的氣味、感受母親的體溫心跳、並且聆聽母親呼吸的韻律和說話的嗓音。在先前引述的段落中，克萊恩所用的「乳房」其實是指與母親整體身心的關係，這種關係最初始於新生兒尋找母親乳頭，其後是隨著嬰兒的發展而拓展得更多樣複雜。這種更廣義的「人」（嬰兒、母親，也包含父親、手足），是克萊恩認為在分析中要注意「整體移情」（total transference）的其中一部分，分析情境中的所有面向會拼湊出整體圖像，都需要予以關注。

　　克萊恩在 1940 年〈哀悼及其與躁鬱狀態的關係〉（Mourning

and Its Relation to Manic-depressive States）一文中更拓展了哀悼的解釋，她提出哀悼的早年經驗（嬰兒失去母親的餵養關係）會在日後人生中經歷悲慟時又再重新點燃，因此「正常哀悼」需仰賴個體成功度過嬰兒期憂鬱心理位置。她強調這種失落是雙重失落，非僅失去了外在客體，內化、有如居宿在內在世界的客體也一併喪失了。她是這麼描述內在與外在的互動關係：

在與母親的關係中，嬰兒感受到的許多愉悅，充分證明了他所愛的客體——**不論是「內在」或「外在」的**——沒有受傷，也沒有變成試圖復仇的人。快樂經驗增加了愛與信任，減少了恐懼，幫助嬰兒一步步克服他的憂鬱和失落感（哀悼），也讓他能藉由外界現實考驗他的內在現實。藉由被愛，以及他人關係中所獲得的快樂與安慰，他愈來愈信任自己與他人的好。而當他對外在世界可能毀滅的矛盾情緒和極度恐懼減少時，他也會愈來愈認為他心中的「好」客體，能跟自己的自我同時被拯救與保存。

對幼小兒童而言，不愉快的經驗和欠缺愉快的經驗，尤其是欠缺與所愛他人的快樂和密切接觸，會增加矛盾情緒，減少信任和希望，並強化他對內在毀滅和外在迫害的恐懼，進而產生焦慮。除此之外，它們還會減緩甚至永久遏止兒童追求長期內在安全感的良性歷程。

《愛、罪疚與修復》
第二十章〈哀悼及其與躁鬱狀態的關係〉（1940）
p.434（英文版 p.346-347）

克萊恩在總結憂鬱心理位置理論時，提出了一個嶄新、引人聯想的字詞，來代表失落的焦慮：

> 現在我建議，用一個來自日常生活語言的簡單字彙，例如，對所愛客體的「渴慕」（pining），來描述害怕失去所愛客體，以及渴望重新找回對方等這類哀傷擔憂的感覺。簡而言之，「壞的」客體的迫害，和與之對抗的特定防衛機制，加上對所愛的（「好的」）客體的渴慕，就構成了憂鬱心理位置。

> 《愛、罪疚與修復》
> 第二十章〈哀悼及其與躁鬱狀態的關係〉（1940）
> p.436（英文版 p.348）

「渴慕」的痛楚會引發狂躁防衛。對先前理解的狂躁狀態，克萊恩在此再添上一筆：

> 控制客體的慾望、征服或羞辱客體的施虐滿足、打敗客體的**勝利感**，都可能強烈地出現在修復的行動中（以思想、活動或昇華進行的行動），以致於這項行動剛開始時的「善意」循環被打斷。本來要修復的客體再度變成迫害者，而被害恐懼再度復活。這些恐懼會增強偏執防衛機制（毀滅客體）及躁動防衛機制（控制客體，或讓客體暫時休眠等）。進行中的修復行動因此受到干擾，甚至中止，其受影響程度視這些機制活躍的

程度而定。由於修復行動失敗，自我於是必須一再地訴諸強迫和躁動的防衛機制……

……在這方面，我想特別強調跟鄙視和全能感息息相關的**勝利感**，它也是躁動心理位置的一個重要元素。

《愛、罪疚與修復》
第二十章〈哀悼及其與躁鬱狀態的關係〉（1940）
p.439-440（英文版 p.351）

她將勝利感的意義，與狂躁狀態中擺盪在理想化和鄙視兩極間的現象連結起來，接著又繼續說明修復衝動對兒童憂鬱心理位置的演變相當重要：

回頭來談早期發展的路徑，我們可以說，情感、智能與身體成長歷程中的每一步都被自我用來作為克服憂鬱心理位置的工具。兒童不斷成長的技能、天分和藝術能力，都讓他在精神現實上愈來愈相信自己具有建設性的能力，也讓他相信自己有能力控制及掌握他的敵意衝動，和他的「壞」內在客體。來自各種源頭的焦慮因此得以緩解，導致攻擊性降低，進而減少他對「壞的」外在與內在客體的懷疑。個體於是對人有較強的信任，自我得到強化，而能進一步統一它的許多意象——外在、內在、愛的、恨的，並藉由愛來降低憎恨，而邁向整體的整合。

《愛、罪疚與修復》

第二十章〈哀悼及其與躁鬱狀態的關係〉（1940）

p.441（英文版 p.353）

這番論述自然會接續到正常的哀悼歷程：

個體之所以在哀悼的漫長現實檢驗歷程裡，感受到強烈痛
苦，或許有一部分來自於他不但必須恢復與外界的連結，持續
地重新體驗這項失落，同時還必須藉此痛苦地重建他覺得有分
崩離析危險的內在世界。就像經歷憂鬱心理位置的幼兒必須在
潛意識裡掙扎著建立及整合他的內在世界一樣，哀悼者也必須
經歷重建和重新整合內在世界的痛苦。

《愛、罪疚與修復》

第二十章〈哀悼及其與躁鬱狀態的關係〉（1940）

p.442-443（英文版 p.354）

克萊恩提供了一段生動的臨床案例素材，內容是一位驟失幼子
的女士在分析中提到的夢境。她用這段素材來探索要如何修通憂鬱
心理位置的兩種主要感覺，同時也藉其展示內在世界的經驗本質有
多麼具體鮮明。她隨即加上一段有趣的反思，思索哀悼在心智生活
中有更廣泛的價值：

因此當主體徹底感受哀傷，絕望升到最高點時，對客體的愛也是最高漲，哀悼者也會更強烈感覺內在和外在的生命終究都會延續下去，而失去的所愛客體可以保存在心裡。在這個哀悼階段，痛苦能帶來創造力。我們知道各種痛苦經驗都可能激發昇華，甚至引發某些人新的天賦，讓他們在挫折和磨難的壓力下，開始畫畫、寫作或從事其他創造性活動。有些人會在其他方面變得有創造力，例如更能欣賞人事物、與別人相處時更寬容，或是變得更有智慧。我認為，人便是經由類似我們前面所探討的哀悼歷程各階段，才能得到這樣的收穫。也就是說，不快樂經驗引起的任何痛苦，不論是什麼性質，都跟哀悼有共通點。它會重新啟動嬰兒期的憂鬱心理位置。遭遇和克服任何類型的逆境所需的心理工作，都跟哀悼有相似之處。

《愛、罪疚與修復》

第二十章〈哀悼及其與躁鬱狀態的關係〉（1940）

p.451（英文版 p.360）

　　最後，她是透過比較正常與異常的哀悼來做出結論：

　　異常哀悼及躁鬱狀態，與正常哀悼之間的根本差異是：躁鬱症患者與無法完成哀悼工作的人，雖然彼此的防衛機制可能截然不同，但都有一個共同點，就是他們都無法在童年早期，在內在世界建立內在的「好的」客體，並覺得安全。他們都沒

有真正克服嬰兒期的憂鬱心理位置。相反地，在正常哀悼裡，早期的憂鬱心理位置會因為失去所愛的客體而被重新喚起，再度被修正，並藉由自我在童年使用的類似方法加以克服。個人在內心修復他實際上失去的所愛客體時，同時也是在自己內心重建他最初的愛的客體——也就是「好的」父母——因為在失落實際發生時，他會擔憂也會失去這內心的客體。個人藉由在內心恢復「好的」父母及最近失去的人，重建因此分崩離析、遭受威脅的內在世界，而能克服自己的哀傷，重獲安全感，並達到真正的和諧與平靜。

《愛、罪疚與修復》
第二十章〈哀悼及其與躁鬱狀態的關係〉（1940）
p.462-463（英文版 p.369）

　　克萊恩藉此開始將她的觀點闡明，她認為躁鬱症的根源在於早期發展失敗。對於她如何透過和幼兒工作的經驗，進一步形塑成人分析與基礎精神分析理論，這個是尤其經典的範例。

　　在 1945 年完成的文章中，克萊恩開始將憂鬱心理位置與精神分析的核心「伊底帕斯情結」連結起來。此時，她在文章中更清楚表明，在臨床上發現的伊底帕斯現象，需對佛洛伊德觀點某些部分加以修正，就如同她對他的哀悼理論所做的。她將這篇文章定名為「從早期焦慮討論伊底帕斯情結」（The Oedipus complex in the light of early anxieties），清楚點出她認為在憂鬱心理位置的新知識下，理論需要重新思考。其中最重大的變化，乃在於她此刻大力強調愛

的力量推動著性發展。克萊恩提出兩則兒童分析案例為理論修正提供論證基礎。案例一是理查，他是日後《兒童分析的故事》一書的主角；案例二是莉塔，她是在《兒童精神分析》前幾章報告的個案。這兩個案例都為嚴重的焦慮所苦。

在理查的案例中，克萊恩提出一段因她短暫造訪倫敦缺席而引發的素材。這個事件讓理查失去了幾次分析，而當時倫敦正遭空襲，他也極擔憂克萊恩的安危，這兩者交雜在一起。分析重新開始時，理查顯得憂心忡忡，她是這樣描述的：

　　我回來之後，發現理查非常擔憂沮喪。在頭一個小時裡，他幾乎沒有看我，不是僵硬地坐在椅子上，完全不抬起眼睛，就是煩躁地走到隔壁的廚房或花園去。儘管他明顯抗拒，但仍對我提出幾個問題：我有看到倫敦很多「壞掉」的地方嗎？我在那裡的時候有遇到空襲嗎？有遇到暴風雨嗎？

　　他告訴我的頭幾件事之一是，他討厭回到進行精神分析的這個城市，並說這個城市是「豬圈」、「惡夢」。他很快走進花園，似乎在花園裡可以比較自在地四處觀看。結果他發現幾朵毒草，指給我看，顫抖地說它們有毒。回到房間裡後，他從書架上拿了一本書，特別指給我看一張圖畫，畫裡是一個矮小男人在對抗一隻「恐怖的怪獸」。

　　我回來後的第二天，理查帶著很大的抗拒告訴我，在我離開的這段期間，他跟他母親的一段對話。他告訴媽媽，他很擔心以後要有小孩，並問她會不會很痛。她在回答時，跟以前一樣再度解釋男人在生育後代時扮演的角色，但他聽了之後說他

不想把他的性器放到別人的性器裡，這會讓他很害怕，這整件
事都讓他很焦慮。

《愛、罪疚與修復》
第二十一章〈從早期焦慮討論伊底帕斯情結〉（1945）
p.470（英文版 p.374）

克萊恩將理查對父母性關係的攻擊性和潛意識幻想，與他劇烈
的恐懼連結起來，接著指出這個敵意讓理查的內在不斷翻騰掙扎，
乃因他深愛著母親，在移情中也對克萊恩懷抱同樣情感。那他如何
因應？克萊恩認為退化至口腔期、而非性器主導的階段是一條可行
之道，雖說效果實在有限。

　　理查對於自己的攻擊性，尤其是對自己的口腔施虐傾向，
感到十分焦慮，因此導致他與自己的攻擊性尖銳對抗。這種對
抗有時非常顯而易見。值得注意的一點是，他在憤怒時會磨牙
齒，移動下顎，彷彿在咬東西。由於他有強烈的口腔施虐傾
向，他覺得自己很有可能傷害媽媽。即使他只針對他母親或我
說了一些無害的話，他也經常會問：「我傷了你的心嗎？」與
他的毀滅幻想相關的恐懼和罪疚感，影響了他所有的情緒。為
了維持他對母親的愛，他會一再試圖克制自己的嫉妒和委屈，
甚至否認那些看來非常明顯的原因。
　　然而理查並無法成功克制他的怨恨和攻擊性，或成功否認

自己的委屈。儘管他試圖潛抑過去和現在的挫折所引起的憤怒，但在移情的情境下，例如在回應分析中斷對他造成的挫折時，這些憤怒會清楚顯露出來。我們瞭解，去倫敦這件事讓我在他心中成為一個受損的客體。然而，我之所以受傷，不只是因為暴露在炸彈的威脅之下，也是因為我引起他的挫折，激起他的恨意，讓他在潛意識中覺得攻擊了我。跟早先的挫折情境一樣，他因為幻想攻擊我，而變得認同丟炸彈的危險「希特勒─爸爸」，並因此恐懼受到報復。我變成了一個敵對的會報仇的角色。

在生命初期將母親角色分割成好的跟壞的「乳房母親」（breast mother），藉此處理矛盾情緒的歷程，在理查身上非常明顯。這個分割後來進一步發展，又分為「好的乳房母親」，跟「壞的性器母親」（genital mother）。在這個分析階段，他真正的母親代表「好的乳房母親」，而我則變成了「壞的性器母親」，因此在他心裡激發出跟這個角色相關的攻擊性與恐懼。我成為那個在性交中被父親傷害，或跟「壞」的「希特勒─爸爸」結合在一起的母親……

……我在倫敦期間，理查比以前更黏他的母親。就像他自己對我說的，他是「媽媽的小雞」，還有「小雞都會跟在媽媽後面跑」。但投奔乳房母親，並無法成功抵抗對性器母親的焦慮，因為理查補充說：「但是，之後小雞還是要離開媽媽，因為母雞不會再保護他們，不會再照顧他們。」

《愛、罪疚與修復》

第二十一章〈從早期焦慮討論伊底帕斯情結〉（1945）

p.473-474（英文版 p.376-377）

　　理查後來玩起了戰艇艦隊的遊戲，克萊恩從中發現他在流露出修復願望時，形成了一種不同的防衛方式。在代表他和母親的戰艦碰撞之後，他重新排列戰艦，讓母親和父親戰艦排在一起，其餘代表家庭成員的戰艦，則依年齡大小排列。

　　在此，船艦遊戲表達了他希望讓父母在一起，並屈服於爸爸跟哥哥的權威，希望藉此恢復家中的和諧寧靜。這顯示他需要克制自己的嫉妒和怨恨，只有這樣，他才能避免與爸爸爭奪媽媽的所有權。如此一來，他便避免了他的閹割恐懼，並進一步保存了好爸爸和好哥哥的信念。最重要的是，他還救了他母親，讓她免於在他跟父親的對抗中受傷。

　　理查不但強烈需要保護自己，防止自己被敵手，也就是被他父親與哥哥攻擊，也強烈為好客體擔憂。他因此更強烈地表現出愛的感覺，以及渴望修復幻想中造成的傷害——他如果對自己的怨恨和嫉妒讓步，就會造成的傷害。

　　因此，理查唯有潛抑自己的伊底帕斯願望，才能達成家中的和諧平靜，克服自己的嫉妒與怨恨，並保護他愛的客體。但是潛抑自己的伊底帕斯願望，卻會讓他部分退化回嬰兒時期。而這樣的退化跟母嬰關係的理想化息息相關。他會希望將自己

變成一個沒有攻擊性，尤其是沒有口腔施虐衝動的小嬰兒。要有理想化的嬰兒，前提是也要有理想化的母親，尤其是理想化的乳房：從來不會帶來挫折的乳房，對彼此只有純粹愛戀關係的母親和嬰兒。壞乳房和壞母親，在他心裡是跟理想的母親完全分開來的。

《愛、罪疚與修復》

第二十一章〈從早期焦慮討論伊底帕斯情結〉（1945）

p.474-475（英文版 p.378）

　　至於憂鬱焦慮對理查發展的影響，她概述如下：

　　這些恐懼一次又一次導致他投奔向「乳房母親」。他必須回到由前性器階段主宰的狀態，才能獲得相當的穩定。因為焦慮和罪惡感太過巨大，讓自我無法演化出適當的防衛機制，也讓原慾衝動的前進受到阻礙。因此，無法充分地鞏固性器組織，並帶來強烈的退化傾向。他發展歷程中的每個階段都顯現出固著與退化的交互作用。

《愛、罪疚與修復》

第二十一章〈從早期焦慮討論伊底帕斯情結〉（1945）

p.477（英文版 p.380）

修通這個退行傾向後，理查的焦慮便可透過克萊恩的詮釋獲得調整，他藉此變得更懷抱希望，較正常程度的伊底帕斯競爭也浮現了。

> 玩艦隊時，理查指定其中一艘船給我，另一艘船給他自己。我要搭我的船去進行一趟愉快的旅途，他也是。一開始，他把他的船移開，很快又讓他的船繞回來，靠我的船很近。這樣船隻的碰撞，在過去的素材裡，尤其是在他跟他父母的關係裡，一再象徵性交。因此，在這個遊戲裡，理查是在表達他的性器慾望，以及他希望擁有性能力……
>
> ……理查認為他的好客體將得以復原重生，顯示他相信，他能更成功地處理自己的攻擊性，也就能更強烈地感受自己的性器慾望。而且既然他的焦慮減輕了，他也就能轉而把攻擊向外，幻想跟他父親與哥哥對抗，爭奪母親的所有權。

《愛、罪疚與修復》

第二十一章〈從早期焦慮討論伊底帕斯情結〉（1945）

p.478-479（英文版 p.381-382）

理查在他下一幅繪畫中聲明他不是畫中的嬰兒。他現在可以將自己視為未來可以成為具有男性雄風的男孩，其攻擊也具有創造力，而非破壞。在更後續的分析中，理查的畫越來越能展現內在情境，他與內在家人的關係亦同樣受友善的態度主導。

當理查在分析中變得能夠面對自己的心理事實，瞭解他愛的客體也是他憎恨的客體，而淺藍色的母親、戴著皇冠的皇后，在他心裡跟有鳥嘴的恐怖大鳥密切關聯後，他也就能夠比較安全地在心底建立對母親的愛。他的愛的感覺與憎恨的感覺，變得比較能緊密連結，而他與母親的快樂經驗也不再跟挫折經驗遠遠分隔。他因此不再被迫一方面如此強烈地理想化好的母親，另一方面又要建造出這麼恐怖的壞母親形象。當他容許自己將母親的兩面融合在一起時，就表示壞的那一面可以被好的那一面緩和。而這個比較安全的好母親就能保護他，抵抗「怪獸」父親。這同樣暗示，此時母親就不會再因為他的口腔慾望和他壞父親的攻擊，受到致命傷害，也表示他會覺得自己與父親都不再那麼危險了。好母親因此可以復活，而理查的憂鬱也就減輕了。

《愛、罪疚與修復》
第二十一章〈從早期焦慮討論伊底帕斯情結〉（1945）
p.496（英文版 p.396）

　　討論到兩歲半的莉塔時，克萊恩再度強調，莉塔和母親強烈衝突的關係非僅來自迫害恐懼，亦含憂鬱焦慮。莉塔的憂傷狀態和持續詢問她是否被愛，揪心地指出她對自己是否可以被愛、以及能否反過來愛人，都近乎絕望。

她母親一方面代表一個恐怖且會報復的形象，一方面又是莉塔不可或缺的、至愛的、好的客體，因此莉塔會害怕自己的攻擊性威脅她所愛的母親，極度恐懼失去她。這些早期的焦慮和罪疚感如此強烈，致使莉塔難以忍受從對母親的競爭與厭惡等這類伊底帕斯感受產生的過多焦慮和罪疚感。她以潛抑自己的憎恨當成防衛，並以過度的愛來過度補償，因此不得不退化到更早期的原慾發展階段。

《愛、罪疚與修復》
第二十一章〈從早期焦慮討論伊底帕斯情結〉（1945）
p.500（英文版 p.400）

克萊恩提到，小女孩憎恨母親會衍生出一種特定的焦慮：

　　莉塔對於母親死去的憂鬱式焦慮，跟擔憂母親試圖報復而攻擊她身體的嚴重恐懼，兩者息息相關。事實上，對女孩子而言，這樣的攻擊似乎不只會威脅到她的身體，也會威脅到她認為她「裡面」所包含的一切：她可能會有的小孩、好的母親，跟好的父親。

　　無法保護這些心愛的客體免於外來與內在的迫害，是女孩子最根本的焦慮之一……

　　……直到對父母雙方的焦慮和罪疚感都減輕之後，莉塔才能容許自己想要有來自父親的小孩，並容許自己在伊底帕斯情

境裡認同母親。

《愛、罪疚與修復》
第二十一章〈從早期焦慮討論伊底帕斯情結〉（1945）
p.506-508（英文版 p.405-406）

這兩個案例各探索了愛恨衝突在男孩和女孩性發展上的不同影響。克萊恩對此給予清楚簡要的說明。

她再度闡述，嬰兒不分男女和母親的餵養關係都有共同的滿足與挫折經驗，且在發現母親並不理想時，同樣都因失望而將興趣轉向父親，在闡述上述理念之後，她指出：

在焦慮和罪疚感的主宰下，幼兒會過度強烈地固著於原慾組織的早期階段，而這兩者的交互作用則會導致孩子過度傾向於退化到這些早期階段。結果伊底帕斯情結的發展便會受到阻礙，而性器組織也無法安穩建立。在本文討論的這兩個個案，以及其他個案裡，當這些早期的焦慮減輕之後，伊底帕斯情結就開始順著正常的脈絡發展……

……我的經驗讓我相信，從人出生開始，原慾就與攻擊性緊密相連，每一個階段的原慾發展都深受攻擊性衍生的焦慮所影響。焦慮、罪疚感跟憂鬱情緒有時會促使原慾前進，找到新的滿足來源，有時候則會加強對早期客體和目標的固著，而阻礙原慾發展。

《愛、罪疚與修復》

第二十一章〈從早期焦慮討論伊底帕斯情結〉（1945）

p.508-509（英文版 p.407）

在這之後她更詳盡說明兩性的不同發展，且連結至攻擊、罪疚
感的問題以及憂鬱心理位置：

幼兒會在主要意象的不同層面來回移動，顯示其正向與反
向伊底帕斯情結的各個早期發展階段，會不斷互動……

……早期的性器慾望及口腔慾望，其對象都是母親和父
親。這也符合我的假設，即兩性都有天生的潛意識知識，知
道陰莖與陰道的存在。對男性嬰兒而言，性器感官（genital
sensation）讓他預期父親擁有陰莖。小男孩會希望擁有陰莖，
因為他的潛意識裡有「乳房＝陰莖」的等式。在此同時，他的
性器知覺和衝動也會暗示他搜尋一個開口，插入他的陰莖。也
就是說，這些慾望的對象會是他的母親。小女嬰的性器知覺相
對地讓她希望接受父親的陰莖進入她的陰道……

……因此，原慾發展歷程的每個階段，都會受到修復驅力
和背後的罪疚感所激發及強化。但反過來說，激發修復驅力的
罪疚感，也會抑制原慾慾望。因為當兒童覺得他的攻擊性居於
優勢時，就會覺得原慾慾望可能威脅他愛的客體，而必須被潛
抑。

《愛、罪疚與修復》
第二十一章〈從早期焦慮討論伊底帕斯情結〉（1945）
p.511-513（英文版 p.409-410）

　　她認為，男孩最深的焦慮乃是懼怕閹割，女孩則關切自己未來的生育力、內部生殖器官的健全、以及想像嬰孩的命運。在提及雙性特質（bisexuality）時，克萊恩把讀者的注意力吸引到兩性缺乏的元素上：

　　　　女孩希望擁有陰莖，成為男孩，是雙性戀特質的表現，也
　　　　是女孩與生俱來的一項特徵，就像男孩子有成為女人的慾望一
　　　　樣。

《愛、罪疚與修復》
第二十一章〈從早期焦慮討論伊底帕斯情結〉（1945）
p.517（英文版 p.414）

　　文章最末，克萊恩大膽積極地將她對古典理論的修正匯集起來，特別是她對伊底帕斯情結早期階段的觀點、超我的早期發展，以及愛和修復衝動的重要性。

現在我將摘要說明我自己對這些重要議題的觀點。我認為，男孩和女孩的性發展和情緒發展，**從極早的嬰兒期開始**，就已經包括性器知覺和傾向，而這些知覺和傾向構成了反向與正向伊底帕斯情結的最初階段，其中以口腔原慾為主要經驗，混雜了尿道與肛門的慾望和幻想。從生命最初的幾個月開始，這些原慾階段會一直互相重疊。正向與反向伊底帕斯傾向從一開始就密切交互作用。而正向伊底帕斯情境則在以性器為首位的階段達到巔峰。

我認為，嬰兒都會感受到對母親與父親的性器慾望，而且對於陰道和陰蒂都有潛意識知識。基於這些理由，我認為佛洛伊德之前使用的「性器期」名稱，比他後來的「性蕾期」概念，更為恰當。

兩性的超我都是在口腔期出現。在幻想生活與愛恨交織的情緒強力影響下，兒童在每一個原慾組織階段都會內攝他的客體——主要是他的父母——並以這些元素建立起他的超我。

因此，雖然超我在很多方面都會對應到幼兒世界裡的真實人物，但仍有許多不同的組成元素和特徵，反映出他心裡幻想的形象。從建立超我的一開始，所有這些會影響他客體關係的元素，都扮演了一定的角色。

最先是內攝的客體，也就是母親的乳房，構成了超我的基礎。就像嬰兒與母親乳房的關係是最先發生，並強烈影響嬰兒和父親陰莖的關係，嬰兒與內攝母親的關係，也會在很多方面影響到整體的超我發展。超我的許多重要特徵，不論是關愛保護，或是毀滅吞噬，都是衍生自超我的早期母性元素。

兩性最早的罪疚感都來自於想要吞噬母親的口腔施虐慾望，主要是想吞噬母親的乳房（亞伯拉罕）。因此這種罪疚感是在嬰兒期就出現。罪疚感不是在伊底帕斯情結結束時才出現，而是從一開始就存在的元素之一，會塑造伊底帕斯情結的演變歷程，並影響它的結果……

　　……如我們所知，佛洛伊德得到的理論性結論是，父親及母親，是兒子原慾的客體（請參照他對反向伊底帕斯情結的概念）。此外，在一些著作裡〔尤其是〈畏懼症案例的分析〉（1909）〕，佛洛伊德談到了男孩對父親的愛，在他的正向伊底帕斯衝突中所扮演的角色。但是他並沒有同樣重視這些愛的感覺在伊底帕斯衝突的發展和結束中，所扮演的關鍵角色。根據我的經驗，伊底帕斯情境之所以會漸漸減弱，不僅是因為男孩子害怕復仇的父親會毀滅他的性器，也是因為他被愛和罪疚感驅使，而想要保有內在與外在的父親形象……

　　……陰莖嫉羨和閹割情結在女孩的發展中扮演重要角色。但是這兩者都會因為她的正向伊底帕斯慾望受挫，而被大幅增強。雖然小女孩會在一個階段認定母親擁有男性特徵的陽具，但是這個概念在她發展中扮演的角色，並不如佛洛伊德所認為的那麼重要。根據我的經驗，佛洛伊德所描述的小女孩與陽具母親關係中的許多現象，都來自於認為小女孩在潛意識中認定母親擁有她所愛慕及慾望的父親的陰莖。

　　女孩子對父親陰莖的口腔慾望，與她最初接受陰莖的性器慾望混合在一起。這些性器慾望暗示她希望從父親身上得到小孩，而「陰莖＝小孩」的等式也證實這點。想內化陰莖及想

從父親身上獲得小孩的女性慾望，必然先於想擁有自己陰莖的
慾望。

雖然我贊同佛洛伊德所說，失去愛與母親死亡的恐懼，是
女孩子很重要的焦慮，但我認為自己身體受到攻擊，以及所愛
的內在客體被摧毀的恐懼，才是造成她主要焦慮情境的主因。

《愛、罪疚與修復》
第二十一章〈從早期焦慮討論伊底帕斯情結〉（1945）
p.520-523（英文版 p.416-419）

一如 1975 年出版的《克萊恩全集》後記指出，她的發展理論
與佛洛伊德的分歧處，在此文中是更直接地表明了。這些分歧的核
心其實幾乎與 1928 年〈伊底帕斯衝突的早期階段〉一文相同，較
大的差別在於寫作方式，此文開頭即引援大量臨床案例。這種風格
或許源自她在英國精神分析學會的經驗（佛洛伊德─克萊恩經典論
戰），讓她明白能夠提出臨床證據對辯論的結果乃深具影響力。當
年會議中，克萊恩和同陣營同僚提出的觀點皆深植於臨床經驗，令
許多較中立的學會會員印象深刻。在論戰過程中，克萊恩痛心地意
識到自己被敵對陣營視為「非佛洛伊德派」，可能也助長她能更公
開地表達此時與佛洛伊德觀點的主要歧見，雖說她始終自認是忠於
精神分析的。

此時，克萊恩也已相當明顯地大舉脫離了生理驅力的心理發展
理論。就克萊恩而言，嬰兒從出生起，與他人關係中經驗到的愛恨
情緒是驅動一切的關鍵，最初是全然依賴著母親一人，之後則由此

核心關係向外開展。她發現了一種焦慮類群，將之匯集成憂鬱心理位置的概念，透過這個概念，可以清楚描繪出最關鍵的愛恨衝突以及因此衍生的罪疚感。她描繪，這才是決定兒童內在世界的本質、兒童人格的發展演變、以及他們與其他人關係的關鍵。

克萊恩在其臨床思維中，甚常將伊底帕斯情結（佛洛伊德所描繪的版本以及她修正的兼有）與憂鬱心理位置連結，但對後繼者而言，這兩個架構不易整合。佛洛伊德在《性學三論》（*Three essays*, 1905）或其他案例報告中提到的伊底帕斯情結，與克萊恩筆下的憂鬱心理位置及其引發的防衛，兩者調性其實截然不同。臨床工作人員在實際運用時是備感混淆，比較接近在兩種不同理論間來去，難以掌握兩者融合的訣竅。

由當代克萊恩學派分析師出版的文集《伊底帕斯情結新解》（*The Oedipus Complex Today*）（Steiner, 1989），闡釋了當代理解的伊底帕斯情結，引用臨床案例並呈現克萊恩理論的持續發展，全書當中也可以明顯讀到比昂觀點的影響。其中布列頓（Britton）所撰的〈消失的鏈結：伊底帕斯情結中的雙親性特質〉（The Missing Link: parental sexuality in the Oedipus complex, 1989）出色地融合兩種派典，他認為，能夠與現實接觸乃根植於意知雙親之間的關係。伊底帕斯幻覺能使自體抵禦這種意知，卻也不幸地阻礙了修通與兩位雙親的競爭關係，同時阻礙了布列頓所稱的「伊底帕斯三角」的關閉。這個三角暗喻著觀察與被觀察的能耐，若能夠成為父母親連結的目擊者，也就能從被他人觀察的位置獲得客觀視角。這亦是擁有心智空間的前提，心智空間是思想發展的必要條件。若雙親的性交被視為毀滅性的，那麼心智成長便會大幅受阻。布列頓認為，早年母親的涵容是個體能順利度過早年伊底帕斯情結的先決條

件，可是過早（相對於孩子的心智能力）意知到父母性交可能會是場災難，會威脅到孩子對母親仍脆弱的連結，於是激起生存的恐懼以及精神病層次的焦慮。伊底帕斯幻覺則是略為晚期的發展，是當嬰兒能夠哀悼失去獨佔母親的連結時才會發生，雖仍相當然痛苦。漢娜・希格爾（Hanna Segal）在該書的序言中指出，三角空間也意指能在家庭裡容納一名想像新生兒的空間（Steiner, 1989）。

費德曼（Feldman）的〈伊底帕斯情結：於內在世界及治療情境之展現〉（The Oedipus Complex: manifestations in the inner world and the therapeutic situation, 1989）一文，探討了伊底帕斯衝突對思考發展的影響。能夠想像一對具生產力的結合雙親能促進思考成長，若雙親性交是破壞性的形象，則會損害或抑制思考。他於是提出潛意識幻想中伊底帕斯伴侶的性質，不僅會影響思考潛能，也會左右思想品質。而克萊恩理論中甚為艱澀的「結合客體」概念，在此文中亦透過臨床案例闡述，並區分出個體在面對兩種性質的結合雙親可能會引發的問題。具生產力雙親的結合是能夠相連、也能夠分開；另一種截然不同的狀況是滴水不漏地緊密交合，這意味著徹底拒絕去覺察被排除的他人。費德曼還提到一種現象，即投射內在雙親形象是雙向的；兒童會投射內在雙親至父母身上，但父母內在的雙親意象也可能會投射給孩子。

歐湘娜希（1989）的文章在探討「隱形」的伊底帕斯情結，也就是在治療情境中，三角結構似乎完全不存在的狀況。她認為這種三角結構隱形是將某種完全無法承受的情境遮蔽了；當個體被排除和排擠的感覺壟罩，這種無法掌控的經驗就會造成三角結構隱形。肇因於她稱作是「客體碎裂」（fracturing of objects，是一種特殊的分裂形式）的狀態，以及缺乏內在好客體，以致於在面對一對

伴侶時，沒有內在好客體可求助，導致落單、分離變得極難忍受。

在此引述這幾篇文章，並不只是因為這些文章能說明克萊恩1945 年文章後的理論與臨床實務的持續發展，也是由於這些文章在幫助理解概念的整合上，帶來了極大貢獻。

【第六章】

分裂、偏執─類分裂心理位置及投射性認同

　　1946 年，克萊恩回頭去思索人類心智發展的最初階段，她曾在早期文章提及的那些幼兒個案身上研究過這個主題。在她順利地將某種類群的焦慮和防衛命名為「憂鬱心理位置」，並理解到這是發生在出生後 6 到 12 個月、情緒上較為整合的階段之後，更刺激她去重新描述此階段前的早年心智歷程。於是，她將生命最初更加偏執妄想、類分裂的焦慮，匯統稱之為「偏執─類分裂心理位置」的概念。這個概念將人類心靈現象描繪得更加完整，且如憂鬱心理位置能照見躁鬱或強迫狀態一般，亦能有力地解釋成人的嚴重精神疾病。克萊恩認為，精神疾病的根源可見於早年嬰兒期的正常焦慮與防衛之中，但若發展停滯，便可能形成嚴重疾患。

　　克萊恩的早年自我發展之說有幾個特點，包括她認為嬰兒經驗的特色是缺乏凝聚，因而具有「整合傾向」（tendency towards integration，與去整合傾向輪番交替）。她同意溫尼考特認為此時乃是未整合的狀態，也與同僚畢克（Esther Bick）所見略同，畢克（1964, 1968）日後提出了嬰兒很重要的恐懼是會墜落得粉身碎骨，也提出了因應這種極早期焦慮的防衛方式。克萊恩的主要論點則放在自我因應焦慮的功能，她把分裂、投射和內攝歷程描繪如下：

我想，我們有正當理由來假定：某些我們從後期自我所得知的「自我功能」，從生命剛開始的時候就已經存在了，而其中較顯著的是處理焦慮的功能。我相信焦慮來自於有機體內在「死之本能」的運作，感覺如同滅絕（死亡）的恐懼，以迫害的恐懼為表現形式。對破壞衝動的恐懼似乎隨時可以依附在客體上——或者被經驗為對無法駕馭、過於強大之客體的恐懼。其他重要的原發焦慮（primary anxiety）來源，是誕生的創傷（分離焦慮）以及身體的需求受到挫折，這些焦慮的經驗在生命初期被感覺為客體所造成的；即使這些客體被感覺為外在的，透過內攝的機制，他們成為內在的迫害者，於是再加強了對於內在破壞衝動的恐懼感。

　　由於個體迫切需要處理這些焦慮，促使早期的自我必須發展一套基本的機制與防衛方式：部分的破壞衝動被投射到外界〔死之本能的轉向（deflection）〕，而且，我認為它附著在第一個外在的客體（也就是母親的乳房）上……

　　……在挫折與焦慮的狀態下，口腔施虐與食人的慾望被增強，於是嬰兒感到他已經將乳頭與乳房咬碎吃掉，因此在嬰兒的潛意識幻想中，除了將好乳房與壞乳房加以區別之外，還有挫折他的乳房（在口腔施虐的潛意識幻想中受到攻擊）也被感覺為碎片；那個滿足他的乳房〔在吸吮原慾（sucking libido）之主導下被嬰兒攝入〕被感覺為完整的，它成為第一個內在的好客體，並且在自我中表現為一個據點（focal point），它可以反制分裂與消散的過程，營造凝聚力與整合，而且有助於建立自我。即使如此，嬰兒對於內在有一個完整好乳房的感覺，

可能因挫折與焦慮而動搖，結果是好乳房與壞乳房的分離狀態可能不容易維持，於是嬰兒可能感覺到好的乳房也被破壞為碎片……

　　……嬰兒是在潛意識幻想中分裂了客體與自我，但是這種幻想的效果是非常真實的，因為它導致了感覺與關係（以及後來的思考過程）真的被切斷……

　　……從生命一開始的時候，內攝與投射也被用來因應同樣的目標。如佛洛伊德所描述的，投射是源於「死之本能」被轉向外界；而我認為藉由將危險和壞東西從自我身上排除掉，這個機制幫助了自我去克服焦慮，自我也用內攝好客體這種防衛機制來對抗焦慮。

《嫉羨與感恩》

第一章〈對某些類分裂機制的評論〉（1946）

p.6-9（英文版 p.4-6）

　　在這番說明中，克萊恩將嬰兒最早期的焦慮，也就是害怕失去支持性的好客體而死亡，這也就是連結到與生之本能併行的死亡本能。關於死亡本能概念的各種意涵和臨床價值，精神分析界一直熱烈討論至今，可是對克萊恩而言，將佛洛伊德的本能論和她所強調的早年客體關係結合，是極為重要的。她渴望聲明她所理解的早期投射歷程，乃是繼續延伸與補充佛洛伊德的本能論。不過，她把嬰兒最初意知的客體──母親乳房──喻為可被死亡本能衍生的恐怖力量所投射，這種觀點是既嶄新且獨樹一格的。與個體會這般將

可能危及自體生存的危險驅出並行的是，個體也會納入母親照護中所有美好、滋養的面向，因這些部分能令嬰兒感到安全平靜。在如此全然依賴外在客體之下，分離焦慮也極為重要。克萊恩此處提到的分離焦慮，乃指出生時與母體分離，從「棲居於內」轉為「置身於外」。本章稍後會討論的投射性認同概念，亦密切與「內外」差異、以及意知到主體和客體分離相關，因投射性認同主要描繪的是一種潛意識幻想，這種幻想會徹底抹除了分離狀態，把自我的某些面向投射進入母親體內。

關注分離所引發的焦慮，當然了，也同是依附理論（Bowlby, 1969, 1973, 1980）和當代延伸發現更廣泛依附型態（e.g. Main, 1995; Fonagy, 2001）中相當重要的一環。他們其實是以正式研究方法在探討精神分析對早期母嬰關係的某些細緻理解（Fonagy and Target, 2003; Mayes et al., 2007）。

嬰兒在急切投射出威脅生存的事物後，緊接著就必須將所仰賴的好客體與此時懷有恐怖性質的壞客體切割。克萊恩在此就解釋她所理解的早年「分裂」防衛，即是將「好」、「壞」徹底分開。她認為，嬰兒為了讓客體維持在分裂的狀態，於是訴諸理想化好客體（乳房），藉此保護它不受壞客體（乳房）迫害。克萊恩接著呈現分裂了第一個客體也會涉及分裂自我，並指出分裂的歷程蘊含了全能性質，她認為此乃早年防衛機轉的核心，可類比為日後發展階段中「潛抑」的角色。提到心智運作中有全能的一塊，其實強調我們已經在討論潛意識幻想了，潛意識幻想是因自我尚未成熟到能面對現實的要求而生，所謂面對現實是包括要意知自己是需要依賴他人，以及要面對當意知到這個事實時所衍生的焦慮。而在全能式的思維當中，心智對於現實狀態可以發明一套自己的版本。

挫折及迫害的客體與理想化的客體被遠遠地分開來。無論
如何，壞客體不只是與好客體分離，它的存在也被否認了，就
如同整個挫折與隨著挫折而來的「壞」感覺（痛苦）都被全盤
否認一樣。這樣的過程與否認精神現實（psychic reality）有密
切的關係。對精神現實的否定，只有透過強烈的自大全能感才
有可能發生，這種自大全能的感覺也是生命早期心智狀態的基
本特質之一。自大地否認壞客體的存在以及痛苦的處境，在潛
意識層次上等同於被破壞性衝動所毀滅，不過，被否認與毀滅
的不只是一個情境與一個客體，而是**一個客體關係在受害**，於
是自我的一部分（散發出對客體感覺的部分）也被否認與毀滅
了。

在幻覺的滿足中，有兩個互相關聯的過程在發生：自大全
能地創造理想客體與情境，以及同樣自大全能地毀滅迫害的壞
客體與痛苦的情境，這些過程的基礎，在於分裂客體也分裂自
我。

我想順帶一提的是：在這個早年的發展期中，分裂、否認
與自大全能所扮演的角色，類似於潛抑在日後的自我發展階段
所扮演的角色。

《嫉羨與感恩》
第一章〈對某些類分裂機制的評論〉（1946）
p.9-10（英文版 p.7）

克萊恩再度敘述起她先前提過的觀點，認為嬰兒在潛意識幻
想中口腔、尿道和肛門攻擊，乃是嬰兒努力佔有母親好的面向，也

是將自身壞的面向排放到母親體內，接著，她開始定義「投射性認同」這個新概念。一開始，她將之與嬰兒敵意的投射連結，隨後又補充在投射愛的感覺時也會有類似歷程。她的論點是，這些早年、實在的投射歷程是正常嬰兒階段相當必要且自然的一部分，這讓我們能瞭解嬰兒的第一份客體關係，其此後人生的所有發展都是源自於此。唯有當投射「過度」時，才會危及心智健康。由於克萊恩認為投射是投射進母親的體內，凸顯出潛意識幻想具有身體性質。在這樣的思維背景下，克萊恩詳細說明嬰兒是如何根據自身的生理經驗及與身體運作相關的潛意識幻想，去幻想母親身體內部的狀況。在描述完嬰兒貪婪的口腔攻擊後，她繼續寫道：

> 第二種攻擊源自肛門與尿道衝動，這種攻擊意味了排除體內危險的物質（排泄物），將它們放進母親的體內；和這些有害的排泄物一起在怨恨中被排除的，是自我裂解的碎片，這些碎片也被投射到母親身上，或者，我會說是投射到母親的**身體裡面**。這些排泄物以及自我的「壞」碎片不只是被用來傷害客體，而且也被用來控制與佔有客體。只要母親能涵容（contain）這些壞的自我碎片，她將不被感知為分離的客體，而是被感知為那個壞的自我。
>
> 對自己某些部分的恨意現在大多被導向母親的身上，因而發生了一種特別的認同形式，這種形式會發展成「攻擊性客體關係」的原型（prototype），我主張將這種過程稱為「投射性認同」。當投射主要是來自嬰兒想要傷害或控制母親的衝動時，他感覺到母親是個加害者。在精神病人身上可以發現，這

種將客體當作「被自我怨恨的部分」來認同，導致了病人對他人的強烈恨意。和自我有關的是，當自我過度地裂解，並且將碎片排除到外界，將會相當程度地弱化自我的功能，因為，感覺與人格中的攻擊成分，在心智功能中，是和力量（power）、功力（potency）、強度（strength）、知識以及許多其他想要的（好）品質密切相關的。

不過，不是只有自我壞的部分才被排除與投射，好的部分亦然。此時，排泄物具有禮物的意義，而自我的某些部分和排泄物一起，被排除並投射進入另外一個人體內，這些自我的部分是代表好的，也就是自我「具有愛」的部分。以這種投射為基礎的認同方式，同樣地對客體關係有重大的影響。將好的感覺與自我好的部分投射到母親身體內，對於嬰兒是否能夠發展好的客體關係並且整合其自我，具有根本的重要性。但是如果這種投射過程被過度地操作，個體將會感到自我人格中好的部分都流失了，母親因而變成了嬰兒的「自我理想」（ego-ideal）；這樣的過程也會導致自我弱化與貧乏。很快地，這個過程延伸到其他的人身上，結果可能會變成過度強烈地依賴這些人，而他們事實上是他自己原本擁有的「好」部分的外在表徵。另一個結果是害怕失去愛的能力，因為他所愛的客體，感覺上主要是被當作「自體的表徵」來愛的。

因此，自我的某些部分分裂與投射進入客體的過程，對於正常的發展與異常的客體關係都是非常重要的。

《嫉羨與感恩》

第一章〈對某些類分裂的評論〉（1946）

p.10-12（英文版 p.8-9）

　　克萊恩也對內攝歷程做了幾乎對照的解說，強調了相同的部分，也就是內攝好客體會為成長中的自我提供核心，可是過於仰賴攝入外界的好，又會危及自我的生命力。這個理論讓人瞭解到自體和客體間可能會出現複雜不已的混淆狀況，一旦思及投射性認同概念，主客混淆的狀態就變得比較容易理解。

　　值得留意的是，克萊恩也提出各式各樣與過度使用分裂和投射性認同相關的困擾（失自我感障礙、類分裂式整合裂解、過度退縮、妄想、幽閉恐懼、某些形式的發展障礙），與正常型態形成對比。有趣的是，當今特別將「韌力」和「情緒調節」視為兒童發展上的成就，其實早已呈現在克萊恩的正常心智演變的圖像之中。

　　在正常的發展過程裡，這些嬰兒會經驗到的分裂狀態是短暫的；在其他相關的因素中，來自於外在**好客體**的滿足一再地幫助孩子度過類分裂狀態。孩子克服暫時類分裂狀態的能力與其心智功能之彈性與耐受性有關，如果自我無法克服分裂與隨而去整合的狀態，而這種狀態發生太過頻繁，而且持續太久，那麼我認為這種狀態應該被視為嬰兒的一種精神分裂徵象，我們在嬰兒出生的最早幾個月中就可以見到一些這種病症的指標了。成人病患的人格解組（depersonalization）與精神分裂的解

離（dissociation）狀態，似乎是一種退行到上述這些嬰兒期的
去整合狀態。

《嫉羨與感恩》
第一章〈對某些類分裂的評論〉（1946）
p.13（英文版 p.10）

　　在認識到投射性認同的歷程乃涉及了自我的分裂，也涉及了失
去部分的自我，而失去的部分感覺像是寄存於客體內部或是客體的
一部分之後，進一步帶出了客體關係基本上都是自戀型的。這個概
念不好掌握，因為這關乎到去認識到某些人際關係，其實並非基於
理解兩人間的差異和獨立，反而是出於投射，而這是會侵損他者概
念（otherness）的。克萊恩呈現出這種自戀的客體關係，會如何將
客體知覺成危險的，而嘗試以掌控的行為對付之，同時，亦會將客
體視為其所涵容的攻擊性背負罪惡。你或許可以回想學步幼兒在撞
痛自己時會憤怒地責怪傢俱、認為是桌子的錯。成人身上也可以看
到類似情況，會把氣出在電腦或其他工具上，認為它們故障了。
　　同樣值得一提的是，近代重視在母嬰關係失調時應及早介入，
而克萊恩對於早期嬰兒發展的看法其實有先見之明。據她所述，風
險在於嬰兒若出現去整合（disintegrstion）狀態，乃顯示其缺乏情
緒調節能力，因此這種狀態有可能會成為導致心智失能的主要特
色。若未經協助，這類的嬰兒會獨自面對超乎他心智能承受的巨大
焦慮。這種情況可能源於嬰兒本身的焦慮特別高漲（克萊恩認為這
有時是先天體質因素），或是母親這端無法給予適度回應，又或者

混合兩者。若我們思及母嬰在懷孕期和出生階段的各種經驗，以及在出生最初幾個月母嬰獲得的支持會產生關鍵影響，其實這些論點不難解釋。不過，克萊恩此處主要關切的是嬰兒和母親的焦慮如何交會，以及當嬰兒自身的焦慮和敵意特別強烈時，會引發什麼樣的問題。

投射性認同可對關係產生廣泛影響，克萊恩在進一步討論分離焦慮時，提到了這點：

> 自體裂解的部分投射進入另外一個人，基本上影響了客體關係、情緒生活與整體的人格。為了說明這個主張，我選擇了兩個普遍的現象做為例子，這兩個現象是互相關聯的：孤單的感覺與分離的害怕。我們知道，伴隨著與人分離而生的憂鬱感覺，其來源之一可以在個體對於客體遭受攻擊衝動破壞的恐懼中找到，不過更確切地說，是分裂與投射的過程形成了這類恐懼的基礎。如果在客體關係中，攻擊元素居多，並且被分離挫折強烈地誘發，個體感覺到自體的裂解部分（被投射進入客體）用一種攻擊與破壞的方式控制了這個客體；在此同時，內在客體與外在客體一樣被感覺到處於同樣的破壞危險當中（自體的一部分被感覺到留在該外在客體中），結果造成自我過度的弱化，感覺沒有東西可以支撐自我，以及相應的孤單感。這個描述適合精神官能症的患者，我認為在某個程度上，它也是一個普遍的現象。

《嫉羨與感恩》
第一章〈對某些類分裂的評論〉（1946）
p.17-18（英文版 p.13-14）

　　我們在此看到一個例子，呈現出克萊恩所相信的個體與他人外顯的互動關係，與其內在世界結構是緊密相連的。這也是克萊恩堅信精神分析可能令人改變的基礎，若分析能影響個人內在客體關係的樣貌，那麼個體與他人接觸的能力就能調整與成長。

　　在此文的後段，克萊恩開始思索「偏執─類分裂心理位置」與「憂鬱心理位置」兩者的交互關係，如此總括她的看法：

　　　　在滿週歲前的下半年裡，嬰兒的發展在朝向修通憂鬱心理位置的目標上，出現了重要的進展。即使如此，雖然類分裂機制作用的形式有所調整，其程度也較輕微，但仍然持續作用著，在這調整的過程中，生命早期的焦慮情境被一再經驗著。迫害心理位置與憂鬱心理位置的修通過程，持續延伸在孩童期的頭幾年，並且在嬰兒期的精神官能症當中扮演了重要的角色。在這個發展的過程中，焦慮減弱了，客體變得不那麼理想化、也比較不那麼嚇人，自我變得更加統整了。這些都和現實感與現實調適增加有相互的關係。

　　　　如果偏執─類分裂心理位置的發展未能如常發生，而且嬰兒（因為內、外在的某些原因）無法應付憂鬱焦慮的衝擊，那麼將會發生惡性循環。因為，如果迫害恐懼和相關聯的類分裂

機制太過於強烈，自我將無法修通憂鬱心理位置，迫使自我退行到偏執—類分裂心理位置，而且再增強了較早期的迫害恐懼與類分裂現象，於是埋下了日後各種形式精神分裂症的基礎，因為當這種退行發生的時候，不只是在類分裂心理位置（schizoid position）上的固著點被強化了，還有可能發生更嚴重崩解的危險。另一種結果可能是增強了憂鬱的特徵……

　　……個體總是會在偏執—類分裂心理位置與憂鬱心理位置之間來回擺盪，這是正常發展的一部分。在這兩個發展階段之間沒有截然區隔的分界線存在，甚且，調整是在循序漸進的過程裡發生的，有一段時間裡，兩個心理位置的現象保持在互相交織的互動的狀態。

《嫉羨與感恩》

第一章〈對某些類分裂的評論〉（1946）

p.19-21（英文版 p.15-16）

　　這兩種基礎心智結構的概念，在之後克萊恩學派思想家的眼中，對理解個體不斷掙扎完成整合與心智如何面對新經驗的挑戰，都極具解釋力。比昂將此視為連續性概念，認為一般人與外在世界接觸時，多少是傾向偏執—類分裂或憂鬱的，並在兩者間不斷擺盪。事實上，克萊恩則指早年嬰兒期時，偏執—類分裂的焦慮會被憂鬱焦慮所取代，暗示其有一定先後順序；不過，她在此文及其他地方提出的臨床案例其實都清楚顯示，她實際在分析工作中經驗到的是來來回回的擺盪循環。在某個案例中，當她詮釋個案對她表達

出的強烈敵意，個案就開始用一種微弱的聲音表達他的冷漠無感。她很驚訝當他的焦慮源頭被釐清後，情緒上出現劇烈轉變。在感覺暫時完全消滅過後，他說感到難過且飢餓。克萊恩將這個過程做了以下解說：

　　飢餓感意指在原慾的主導下，內攝的過程已經再次被啟動了。雖然他對於我初次詮釋他的恐懼（怕會把我毀滅）的反應，是立即暴烈地裂解並毀滅他人格的某些部分，現在，除了得以稍稍緩解這些憂鬱焦慮，他更能充分去經驗哀悼、罪惡與害怕失落等情緒。焦慮的紓解導致了分析師再次代表了一個他可以信賴的好客體，於是想要將我內攝為好客體的慾望能夠表現出來，如果他可以重建內在的好乳房，他將能強化並整合他的自我，而且較不害怕自己的破壞衝動，事實上他能夠因此而保存自己與分析師。

《嫉羨與感恩》
第一章〈對某些類分裂的評論〉（1946）
p.26，註解 1（英文版 p.20）

　　我已經一再發現，詮釋導致分裂的確切原因，會帶來在合成方面的進展，這類詮釋必須仔細地處理當下的移情情境，當然包括與過去的關聯，並且與促使自我退行至類分裂機制的焦慮情境之細節作連結。依循這些方向的詮釋而促成的合成，會

伴隨各種憂鬱與焦慮的發生，這種陣發性的憂鬱狀態（隨後有更大的整合）逐漸導致了類分裂現象的減弱，以及客體關係的根本改變。

《嫉羨與感恩》
第一章〈對某些類分裂的評論〉（1946）
p.27（英文版 p.21）

這讓她去思索思覺失調（舊譯「精神分裂」）病人明顯缺乏焦慮和情緒的特徵，她認為在這種心智狀態的底層，其實是極為強烈的焦慮：

這種缺乏焦慮的情形在類分裂的病人身上是非常明顯的，因為類分裂機制意指情緒的分散，其中包括了焦慮的情緒，但是這些被分散的元素仍然存在於病人身上；這類病人具有一種特定形式的潛伏焦慮（以特別的分散方式將焦慮保持在潛伏的狀態），感覺到去整合、無法經驗情緒、失去客體，事實上就相當於焦慮。在得到合成的進展時，這一點變得更清楚了；病患當時經驗到的極大紓解是來自於這樣的感覺：他的內、外在世界不只更為結合了，而且再次恢復了生機。回溯性地看，在這些時刻裡，當缺乏情緒、客體關係曖昧不定，並且感到失去了人格某些部分的時候，一切都像是死亡了。

《嫉羨與感恩》

第一章〈對某些類分裂的評論〉（1946）

p.27-28（英文版 p.21）

　　克萊恩總是將焦慮定位成她心智發展理論的中心，是生存焦慮，促使嬰兒進入人生第一段重要的關係。而此時，主要焦慮以及嬰兒為了保護自己所驅動的防衛，其本質和形式形成了偏執—類分裂和憂鬱兩種心理位置的核心，這些概念也已發展得相當明確了。與自體及與他人關係的情緒和形式的類群是如此清晰可辨，確實讓這些概念在臨床分析上極具成效，也讓精神分析思維得以跳脫出診療室，有更寬廣的應用空間。

　　在〈論認同〉（On Identification, 1955）文中，克萊恩又進一步補充投射性認同，並將之與個體在生死本能間的掙扎連結起來，令這概念在臨床上更具重要性。文中先回顧她之前闡述的投射歷程，乃是在潛意識幻想中不僅將自己毀滅、壞的部分裂解出去，也包括好的、關愛的部分，並重申這些投射出去的部分，會在發展的過程中重新整合回來。而她現在主要思索的是，一旦內化了與原初客體的良好關係，個體與世界的關係會產生什麼變化？克萊恩認為整合「意味著存活、愛與被愛」，是在內在好客體保護下漸長的，反之，因分裂而起的混亂及去整合，都是因為內在好客體的缺席。她寫道：

我認為一個穩固建立的好客體（意味著與該客體有穩固建立的愛），給予自我豐饒的感覺，允許原慾往外流出，並且將自體好的部分投射到外界，不會發生枯竭的感覺。自我也能夠感覺到它不僅能夠從其他資源攝入好的品質，也能夠再內攝它之前給出去的愛，於是自我因為這整個過程而更豐富了；換句話說，在這些狀態下，給出與攝入、投射與內攝之間是平衡的。

而且……保有未受傷乳頭和乳房的感覺（雖然並存著乳房被吞噬為碎片的潛意識幻想），造成這樣的影響：分裂與投射**主要**並未涉及人格的碎裂部分，而是自體更凝聚的部分。這意味著自我沒有暴露在因為碎裂而發生的致命弱化下，並且因此更能反覆地抵銷分裂的效果，並且在與客體的關係上達到整合與合成。

相反地，摻雜著恨而被攝入的乳房，因而被感覺到是具破壞性的，成為所有壞內在客體的原型，驅使自我更嚴重地分裂，而成為內在之死亡本能的表徵。

《嫉羨與感恩》

第九章〈論認同〉（1955）

p.186-187（英文版 p.144-145）

克萊恩在探討朱利安・格林（Julian Green）1950 年的小說《如果我是你》（*If I Were You*）的段落中，呈現出小說中的主角在大量且真實地將部分的自己投射出去後，是如何損耗自身的生命

力與對自己的認識，且嚴重影響與他人相處的能力。她指出小說結尾時英雄終於安詳死去，乃是將「重新整合」的歷程描繪出來，在這之前，主角一生都無法原諒父母客體的過錯，且不斷尋覓重新與好客體接觸卻痛苦未果。要有這樣重新整合的結果，乃需面對根本的早期焦慮，而非逃避之。

投射性認同的概念，確實極具在臨床與理論方面繼續發展的潛力。舉例來說，比昂的思考理論（1962a）就更清楚闡明克萊恩的投射性認同中所隱含的兩種意涵之不同，這兩種意涵包括它的正向用途（母嬰前語言期溝通的功能，同時也是嬰兒必須得仰賴的機制），以及在某些狀態下它是用於擺脫自身不想要的情緒與用敵意手段掌控客體。其中投射性認同的溝通潛能，讓注意力焦點更完整拓展至投射接收方所受到的影響。嬰兒的母親，或是病人的分析師，是否會在心裡創造出空間，接收這些投射、思考，再給予意義呢？若人們需要投射出焦慮，卻沒有任何會回應的心智可供投射，那麼，要將無形的巨大焦慮〔比昂稱之「無以名狀的恐懼」（nameless dread）〕轉化為有意義的事物或訴諸言語，就無從發生。

這般最初客體關係的擴張圖像也修正了反移情概念。大抵來說，克萊恩很懷疑分析師的反移情反應，將之視為分析師自身的議題，無關理解個案。海曼重新思索反移情現象（1950），則也包括個案透過投射性認同進行溝通、而分析師對此予以潛意識回應，此外，這些感覺（透過認同）變成了分析師心智中的一部分，這種看法也是投射性認同成為臨床實務中可被辨識的現象所促成的另一種發展。前述克萊恩的引文中，有些她認為極為重要的「此時此刻」技巧，從比昂、海曼和許多其他作者所描繪的更多層次的理解中，

獲得更完整的研究。

投射性認同最初是個令人費解的概念，後來卻激發龐大的文獻討論，也證實它超越了精神分析許多激烈的理論衝突。克萊恩有許多觀點遭到拒絕，這個概念卻例外地暢行無阻，成為許多當代精神分析的理論核心。近幾年編撰的《投射性認同：一個概念的命運》（*Projective Identification: The Fate of a Concept*, Spillius and O'Shaughnessy, 2012）一書，呈現在不同的精神分析脈絡下，此概念在理論與臨床實務上的豐富發展。史碧莉爾斯（Spillius）在編者導讀中，運用威爾康信託基金會（Wellcome Trust）克萊恩檔案庫中的未出版資料，詳盡闡釋克萊恩對投射性認同的觀點，資料顯示，克萊恩其實一直不斷根據分析工作思索這個概念。這份檔案資料凸顯了克萊恩的理論有非常深厚的臨床基礎，而史碧莉爾斯執筆的章節引用的臨床案例，可以更豐厚我們在此提到的論點，並讓我們得以接觸克萊恩的理路思維。

這本書在探索投射性認同概念的「命運」，旨在瞭解它七十多年來運用於精神分析的思維當中，經歷了些什麼。不論初見投射性認同這概念會顯得有多麼混淆複雜，它的繁衍力都十足驚人，光去看這個概念激發了多少分析師極具創意的獨立思想，就是一大樂事。我們幾乎可以說，當越來越瞭解到「認同」可能有所侷限（傾向附和權威而不提出新的想法），便開啟了朝新方向探究的自由。於是，克萊恩不只是許多精神分析思維和實務的創始者，也帶給後代傑出思想家重要啟發。當好點子能遇上開放的態度，其命運確實就是為其他好點子開創出更多空間。在能思考的社群裡，求知本能遂能開展發聲。

第七章

《兒童分析的故事》的獨到價值

　　《兒童分析的故事》（1961）一書中，可讀到克萊恩與兒童工作的諸多面向，亦充分表現了理解她臨床觀察與理論發展的關聯性，是多麼複雜的任務，同時也凸顯何以各界對克萊恩分析技巧基本原理的解讀會如此多元。外界對克萊恩眾多的看法與誤解，包括認為她不重視兒童的外在生活環境、過於關注毀滅攻擊、詮釋上偏直接面質，以及僅著重在移情關係，其實都在這本書中不辯自明了。不過，她在文中對困擾不安兒童內在動力的描述，以及她如何嚴謹地分析焦慮之源，其實不難理解讀者為何難以消受。特別是對於不常接觸兒童早年激烈情緒的讀者，這些內容可是特別擾人的，雖說我們都曾是小孩，但能輕鬆接觸自己早年情緒生活的人卻寥寥無幾。若已為人父母，必定重新與這些情緒纏鬥，或者在我們自己身上，也可能在某些階段被如嬰兒期般強烈的情緒襲捲；可是，即便二十一世紀的兒童教養方式和對於兒童心智能力的理解，都已與克萊恩寫作時代的風氣大為不同了，拒絕承認兒童有劇烈焦慮的趨勢依舊相當頑固。

　　這本書在精神分析社群中閱讀率並不高。但在當代要求實證的背景下能有這樣一本書，幾乎記下了每個分析晤談的細節，且在呈現分析素材後，用晤談註記的方式寫下克萊恩再次反思後的新觀

點，實在是非常難能可貴。全書共收錄 93 次晤談，包括複製許多個案的畫作，幾乎所有紀錄都詳盡記下晤談中的細節，即便有些克萊恩認為只是簡短摘述或不太完整的，都仍具備該次晤談的核心骨幹。克萊恩在序言中討論了她記錄的正確性問題，說明雖然記下的事件順序可能多少有誤、或不盡然精確記得當時用詞，但她反對在治療中做筆記或使用錄音設備，因為這些舉動都會破壞分析架構。對此，她說：

> 由於以上種種原因，我確信在每次晤談過後立即做筆記的方式，最能夠完整地呈現逐日變化及分析的歷程。因此，我相信……我在書中呈現的分析技術和素材都是非常真實的。

p.xxi（英文版 pp.11-12[1]）

這個為期四個月的分析是在很特別的情境下開展。1941 年，二戰方起，克萊恩搬到蘇格蘭皮特洛赫里（Pitlochry）。她的個案是一位十歲男孩，名叫理查，有嚴重的精神官能症，因害怕其他小孩，最後變得無法上學。戰爭爆發讓理查更加焦慮，他很擔憂自己的身體健康，也擔憂媽媽的身體，除此之外，他總顯得鬱鬱寡歡；

1　近幾年，由塔維斯托克診所主持的青少年憂鬱症研究（Trowell, 2007, 2011），以及 IMPACT 研究中（Goodyer et al., 2011）中，臨床精神分析學者為了符合研究經費的要求，遂決定在心理治療的傳統歷程紀錄之外再加上錄音。結果發現，與原本預期不同，錄音對治療並不會造成那麼嚴重的干擾與破壞。

他在家裡排行老二，哥哥就與他完全相反，可以生活得輕鬆自在。理查一直是敏感脆弱的孩子，克萊恩認識他時，他處在明顯焦慮和嚴重抑制的狀態，甚至有點偏執妄想，不過口語表達和美術技巧都頗為熟練。他最喜歡和成年女性相處，這也讓他一開始就對克萊恩的協助懷抱希望。理查和他母親搬到克萊恩附近的旅館裡，每到週末就回到家族戰時的居處，遠離了倫敦。克萊恩則租了一個適合作為遊戲室的房間，不過須與當地的女童軍共用，因此房裡有不少女童軍活動的用品（書、圖片、地圖等）。這個地方也沒有等候室可用，於是理查有時會和 K 太太（書中克萊恩的稱呼）在前往治療的路上碰面，並看著她開鎖進房，或是在治療結束後和她一起走回村裡。這些都與分析情境不同，應讓克萊恩適應了好一段時間，不過這也證明了她的心智彈性和因應情境調整技術的能耐。克萊恩在這段期間完全從倫敦的分析工作中抽身，肯定也讓她多了不少時間來詳細記錄理查的分析。

分析師或個案都掛心戰況，理查對英國的戰況和倫敦空襲的狀況瞭若指掌，也憂心忡忡；他們兩人都不知道會在皮特洛赫里待上多久，或是倫敦最後會變成什麼模樣。對克萊恩來說，暫時失去在倫敦的家和所建立的一切，必會激起她過去多次遷徙的複雜回憶；至於理查，外界的戰事正好具體呈現了他在分析中顯現的內在衝突。這段分析的深刻經驗、理查精彩不凡的溝通能力，還有他熱切投入分析的程度，必定都是克萊恩在生命最末幾個月不惜花費大把時間，決定將此書付梓的重要原因。這部最終之作包含了 1941 年的分析素材，以及克萊恩在 1958 到 1960 年的重新反思，其中有許多呼應她晚期理論發展的觀點，因此在克萊恩畢生作品中具有非常特殊的地位。

不論是涉及的歷史背景或是作品本身，此作至今仍是獨特且前所未見的。這般鉅細靡遺的臨床素材，總是會在某種程度上具體指向特定的時、地、分析師與個案，這意味著不論該分析啟發的理論或實務貢獻有多大，讀者也會接觸到實際分析對話的品質，彷彿聽見個案和分析師的聲音，並激起對兩方的強烈認同。成人讀者在閱讀《兒童分析的故事》後，常被激得渴望自己孩提時也能接受分析，這有一部分是於激賞克萊恩全神投入和充滿想像力的理解影響了理查，以及在她的主導之下，理查的心智和整個人都有了成長。同樣令人驚嘆的是，理查已經能夠接觸分析所需的心理素材，這與成人進行分析會面臨到層層複雜且導致失能的防衛，並因意知到已度過的人生中已然造成的損害而陷入痛苦，兩者形成強烈對比。

　　克萊恩在多年後寫下的反思，是在分析素材之後以註記形式呈現，乃採另一種筆調向讀者說明她的思維。這種筆調就像是另一位完全不相干的理論家，可以觀察她自己一路的理論發展路徑；也如一位具評斷能力的分析師，能夠指出她當年的識見與理解，有哪些優勢與侷限。

　　這本書的獨到之處，不只是提供了完整詳盡的臨床紀錄，更在於它從其他角度來看也是絕無僅有的。這就有如無人能想像佛洛伊德對小漢斯的間接分析可以再進行一次，要重複這般在戰時、僅進行數月一週五次的兒童分析，幾乎絕對不可能。不過，此書某些獨特點對當代某些相近情境的治療頗具啟發性的，我們可以從中讀到一個孩子不時與家人分離、身處在全人類存亡之際，以及因戰事緊張而感受到死亡逼近；在分析期間，理查甚至還需面對父親的重病。克萊恩將這些國家與家庭事件的意義，與這些在內心中造成的震盪——也就是這些事件對他個人的影響——連接起來。這個歷程

精彩展現了克萊恩如何理解內在世界的本質，其乃是心智不斷藉投射與內攝而持續發展，因此總是與自身之外的世界維持著動態的關係。

《兒童分析的故事》一書兼具了在短時間內貼近理查的分析，也有為了出版而拉遠了時間與距離重讀素材的觀點，此乃提供了一個機會可以回顧克萊恩的技巧以及理論思維的演變。

內文選段介紹

為了後續討論，在此先摘述整個分析歷程，也提供幾段克萊恩的分析素材和她晚年寫下的反思。

克萊恩的首要目標是建立分析情境，為此，她關切理查的焦慮，不過目的是去探索和理解，而非消滅它，她帶理查去認識他那充滿潛意識幻想的內在世界。她當時正醞釀著研究她新發展出的心理位置理論，也就是焦慮和防衛的群集型態會決定個體對待客體的態度。在《兒童分析的故事》中，她寫下的「克服憂鬱心理位置」所指的是忍受憂鬱焦慮，她也特別強調「渴慕」的經驗，這出現在與客體分離時，因潛意識中攻擊了客體，而為客體的狀態產生了痛苦的焦慮。渴慕包括了罪疚、悔恨和孤獨的感受。克萊恩對孤獨的興趣很深也持續甚久。

遊戲室的擺設被視為代表母親身體，克萊恩認為理查的好奇心既具侵入性（目的在於掌控客體），也與他渴望瞭解真理相關（求知本能）。理查極難承受劇烈的憂鬱焦慮，在分析中，首先是因他母親的病痛，後來再因父親病情危急，而凸顯出這個弱點，也讓他開始尋求幫助。他改以繪畫向克萊恩展示他內心的狀態，戰爭的意

象讓他得以呈現一再令他驚擾、動彈不得的內在衝突。克萊恩還給他一些小玩具好讓他能進行更多溝通，理查接受了，甚至不時加入他自己的戰艦。

克萊恩一開始就處理伊底帕斯議題，也直接指出理查對父母、哥哥以及克萊恩本人的好奇心、忌妒和嫉羨。逐漸地，他深層的驚擾、慮病和偏執妄想的感覺浮現進入分析，也因為分析工作，他從內在的迫害感中解脫，並有更多真誠的修復願望浮現出來，與憂鬱焦慮併行。

或許是這個案例本身的時間限制，在分析後期的許多晤談步調似乎都快如旋風，克萊恩對許多複雜的素材做出大量詮釋。我們有時會讀到，理查很明顯地對於自己的本性和現實有了更多洞察和耐受能力，他真的理解到，比方說，他對客體充滿敵意的投射以及他的貪婪會造成什麼破壞性後果。儘管這個分析短暫且步調緊湊，仍很明顯地完成了某些修通工作，理查也從克萊恩身上，吸收內化了探尋和理解的能耐。

內文選段

兒童分析中口語化的重要性

理查在其他的情況下，也會經由移除部分潛意識幻想的潛抑而使焦慮減輕，在這之後，他以象徵的方式表達幻想的能力也加強了。在平常的遊戲中，兒童多半不會意識到自己的

亂倫、攻擊幻想及衝動，但是藉由將這些幻想及衝動以象徵性遊戲表達出來，仍會讓孩子有解脫的感受，這就是遊戲對兒童發展很重要的原因之一。分析的時候，我們應該致力於探索被壓抑的更深層潛意識幻想及慾望，並幫助兒童意識到這些幻想及慾望。重要的是，不論是被壓抑在深層或是較為接近意識層的幻想，分析師都應該要能夠向兒童解釋這些幻想的意義，並且用口語表達出來。我過去的經驗顯示，這麼做就能夠更符合兒童的潛意識需求。有人覺得將兒童潛意識內的亂倫、攻擊慾望，以及對父母的批判轉化成具體的言語，可能會傷害兒童或是他與父母之間的關係，我認為這樣的想法是錯誤的。

〈第八次晤談〉

p.42-42（英文版 p.47）

理查象徵性表達與即刻移情的能耐

理查比預定的時間早幾分鐘到，就在門前的台階上等待 K 太太。他似乎迫不急待想開始晤談。他說他想到還有一件事常常讓他煩惱，不過這件事跟昨天講的很不一樣，兩者差了十萬八千里。他害怕有一天太陽和地球會相撞，太陽很可能會燒了地球，而木星和其他星球也會被摧毀。地球是唯一有人類居住的星球，多麼地重要，多麼地寶貴……。他又望著牆上的地

圖，開始評論起希特勒對這個世界做的事有多殘酷，造成如此不幸。他覺得希特勒可能正在看著別人遭受苦難而暗自高興，還喜歡看人被鞭打……理查指著地圖上的瑞士說，瑞士是一個中立的小國，被龐大的德國「包圍」，還有小小的葡萄牙，是我們的朋友。（理查提過他每天都看三份報紙，並且收聽所有廣播的新聞。）瑞士這個小國很勇敢，只要是經過領土上方的飛機，不論是德國或是英國的，一律予以擊落。

K太太詮釋說，「寶貴的地球」就是媽媽，地球上住的人是她的小孩，理查希望他們會成為他的盟友，因此他才會提到葡萄牙這個小國和其他星球。太陽和地球相撞代表父母之間發生的事；「差了十萬八千里」指的其實是近在咫尺，就在父母的臥房裡；被摧毀的星球，代表他自己（也就是木星）還有媽媽的其他小孩，如果他們妨礙到父母，就會遭到毀滅的下場。

〈第二次晤談〉

p.12-13（英文版 p.23-24）

理查的第一幅畫：分析對話的本質

K太太帶了鉛筆、蠟筆和一本簿子，然後把這些東西擺在桌上，理查迫不及待地詢問這些東西是做什麼用的，他可不可以拿來寫字或畫畫，K太太回答說，他想怎麼用都可以。

理查連第一幅畫都還沒開始畫，就不斷地問 K 太太會不會介意他畫畫。K 太太詮釋說，理查似乎擔心畫畫會傷害她。理查畫完第一張圖之後，又問了同樣的問題，然後突然發現第二張紙上有畫畫的印子。

　　K 太太詮釋說，理查擔心鉛筆留下的印子，是因為覺得畫畫就好像在破壞東西，而且他畫的東西跟戰爭有關，才會這樣聯想。理查畫好兩張圖，就停了下來。K 太太問他這兩張圖是什麼。理查回答說，這是一場攻擊行動，但他不知道是索門（Salmon）還是 U 型船會先發動攻擊。他指著 U102 說 10 是他的年紀，而 U16 應該是約翰・威爾森[2]的年紀。他發現這些數字的潛意識意義之後很驚訝，也發現畫畫可以表達潛意識的想法，這讓他相當感興趣。

　　K 太太指出，這些數字也說明他和約翰是以德國的 U 型船為代表，他們與英國敵對，對英國造成威脅。

　　這個詮釋讓理查大吃一驚，而且感到很不安。不過，沉默片刻之後，他同意這個詮釋是對的，但他不可能會想攻擊英國，因為他非常「愛國」。

　　K 太太詮釋說，英國代表他的家庭，他應該已經知道自己不僅愛家人、想保護家人，同時也想攻擊他們（自我分裂）。這一點從畫中就可以看出，他和約翰聯盟，而約翰有一部分代表的是哥哥。不過，由於約翰也接受 K 太太的分析，每當理

2　約翰・威爾森（John Wilson）是個當地孩子，年紀比理查大，同樣是克萊恩的個案，理查有時會提到他。

對 K 太太有敵意，就像想攻擊家人一樣，約翰就會變成他的盟友，跟他一起對抗 K 太太。

〈第十二次晤談〉

p.53-54（英文版 p.56-57）

交替以玩具和繪畫溝通

理查把小型玩偶分成很多組：兩個男人放在一起、一隻牛和一隻馬在第一節拖車，然後是一隻羊在第二節拖車。接著，他用小房子排成了「村莊和車站」，然後讓火車繞著村莊跑一圈之後開進車站，但預留的空間不夠，所以火車直接把房子都撞倒了。他把房子扶起來，然後開始推另一輛火車（他稱為「電車」）進車站，結果還是相撞了。理查相當不高興，就讓電車輾過所有的東西，玩具都被撞成一堆，他說這是一場「混亂」和「災難」。最後，只剩「電車」還屹立不搖。

K 太太對某些稍早出現的素材進行詮釋，連結到兒童與父母的性競爭後，又繼續寫道：

最後，這一切都以「災難」收場。K 太太詮釋說，理查害怕這個分析工作到最後也會以災難收場，如果真是如此，他就會覺得一切都是他造成的，就跟他覺得已經傷害了媽媽一樣。K 太太也提起那隻被安樂死的狗，還有他奶奶的死……

……K 太太的詮釋讓理查震驚不已，他相當驚訝自己的想法和感覺都可以在遊戲中顯現出來。

K 太太詮釋說，理查認知到遊戲可以表達他的感覺，也是表示 K 太太讓他清楚地瞭解自己內在的想法。這證明了分析還有 K 太太對他而言是好的，是有助益的。K 太太現在就代表好母親，即使在這場他認為是自己造成的災難過後，她仍舊會幫助他。

理查問 K 太太說，最後倖存那輛「電車」是不是代表他自己，是不是表示他是最強壯的人。K 太太提醒說，第二張圖中代表他自己的大 U 型船，就表達了他是家中最大、最強壯的人。

停頓一會兒後，理查把玩具都推到一旁，說他「玩膩了」。他開始仔細、興致勃勃地作畫。他說，這裡面有很多小孩和海星，他們「怒火中燒」，而且非常飢餓。他們想要接近那株海草（海草還沒畫），所以就把在旁邊的章魚給拉走。接著，理查決定要在尼爾森（Nelson）上面畫一些舷窗。

〈第十四次晤談〉

p.64-65（英文版 p.65-66）

內化好客體

　　理查在前往遊戲室的途中遇到 K 太太。他很高興看到 K 太太手上拿了遊戲室的鑰匙。昨天的事件（前一天遊戲室無法使用）讓他覺得他們好像再也不能使用遊戲室了。他激動地說：「親愛的老房間，我好喜歡它，很高興再次見到它。」理查問 K 太太說他們這樣見面多久了。

　　K 太太回答說三個半星期。理查很驚訝。他說感覺上更久，好像已經見了很久一段時間。他心滿意足地坐下來，準備要開始玩艦隊，並且說他很開心。

　　K 太太詮釋說，害怕失去「老房間」是代表害怕 K 太太會死，因而失去她。她提到之前他們一起去拿鑰匙的那次晤談（第九次晤談），理查說他夢到被遺棄的黑色車子，而且敘述的時候一邊開關暖爐。當時 K 太太就解釋說，開關暖爐是表達他對 K 太太與媽媽死亡的恐懼。現在他說害怕失去老房間，也是在表達對奶奶死去的哀傷。對他而言，回到這間遊戲室就代表 K 太太還活著，也代表奶奶重生。

　　理查放下手邊的艦隊，抬頭直視著 K 太太，並且堅定、平靜地說：「我只知道，妳會是我一輩子的朋友。」他還說 K 太太人很好，他很喜歡她，雖然有時候這個過程讓他很不愉快，但他知道 K 太太這麼做是為他好。他說不出原因，但他就是這麼覺得。

　　K 太太詮釋說，他剛剛解釋他對她的死感到恐懼，也為奶

奶的死感到悲傷，讓他覺得奶奶還活在他的心裡，而且是他一
輩子的朋友，而 K 太太也會永遠活下去，因為她就在他的心
裡。

〈第二十一次晤談〉
p.99-100（英文版 p.93-94）

克萊恩連結早年嬰兒期焦慮的技術

　　K 太太詮釋的時候，理查把燈打開，並且表示很高興見到
房間變得明亮。他說現在整個房間看起來好多了，之前好可
怕。接著他又把燈關掉，說他以前一到晚上就會非常恐懼，還
要褓姆坐在床邊陪他，直到他入睡。他常常半夜驚醒，而且會
大聲喊叫直到有人來為止。他說這是四、五年前的情況，現在
不會這樣了。不過，這句話聽起來一點說服力也沒有。

　　K 太太詮釋，為什麼他把房間的燈打開之後，焦慮可以有
所紓解；他再度經歷的恐懼之所以減輕了，是因為 K 太太在
旁邊陪他，他也能夠隨時把燈打開，並且向 K 太太訴說心中
的恐懼。因此，K 太太代表最完美的褓姆或媽媽，他希望夜晚
獨處時，她們能夠來陪伴他。但是，他不只有在過去才感覺到
恐懼，現在這些恐懼依然存在，從他的遊戲與描述中都看得出
來。

理查提到媽媽今天的狀況比昨天好。K太太詮釋說，由於昨天大部分的素材都是在表達他害怕被下毒或者自己是有毒的，所以他會覺得媽媽喉嚨痛就代表她也被下毒了。理查同意他確實覺得媽媽可能被下毒了，但馬上補了一句說：「不過是貝西[3]下的毒。」K太太提醒理查，他提到他在照顧媽媽，但是沒有談到怎麼照顧她。理查支支吾吾地說，他從藥房買了一個東西給媽媽，是一種可以從鼻子吸的東西。他還說那可能是有毒的東西。K太太問他買的東西是不是裝在瓶子裡。理查說是。K太太詮釋說，他感到憤怒與嫉妒時，會認為自己是有毒的，縱使他想幫助媽媽，也不覺得自己辦得到。在他的幻想中，從藥劑師那邊買來的瓶子已經變成了毒藥。

〈第二十八次晤談〉

p.150-151（英文版 p.133）

克萊恩的晤談註記 II

　　分析促使理查早期的夜晚焦慮重現……他記得小時候都要祿姆坐在床邊一直陪到他睡著為止，這件事他一直沒有忘記，但是直到焦慮重現之後才說出來。值得注意的是，理查的早期焦慮、慾望與衝動在此次分析中再現，而他對夜驚的記憶正好

3　貝西是廚娘，在理查和母親住的旅館工作。

進入這個情境裡；這讓人想到在分析中出現新記憶的問題。我認為這些記憶的價值，就在於能夠讓分析師去深入探究最初建構這項記憶的經驗和情緒，如果沒有做到這一點，分析中出現的記憶就沒有任何價值。探索心智深層就會導致早期內在與外在情境歷歷再現，我將此稱為感覺記憶重現。

〈第二十八次晤談〉

p.153-154（英文版 p. 135-136）

理查的成長

理查看起來心事重重，不過態度仍然友善。他讓 K 太太看他的新棒球帽，還問她喜不喜歡。他曾說過以前那頂棒球帽太小，帽舌也破了。他還問 K 太太他今天的「混搭」造型好不好看：西裝外套、灰色短褲配一條領帶。他媽媽並不覺得這樣好看。

K 太太詮釋說，破掉的帽舌代表他那受傷的性器官，他希望能夠讓它變好、變大，可是他不知道長大的陰莖跟他整個人怎麼配在一起，所以才會問「混搭」好不好看。他希望代表好媽媽的 K 太太能夠給他成長的信心，也意指允許他長大成人並且有性慾，而他覺得母親並不信任他。

理查回答說，他剛剛告訴她的時候，就想到她會這麼解

釋。K太太問他認為這樣的解釋正不正確。他堅定地說：「當然正確。」接著，他顯露出難為情的樣子，但又決意要把這件事說出來：昨晚他的性器官變得紅通通的，讓他非常困擾。

K太太問他是不是做了什麼事才讓它變紅。理查回答說，他有抓抓它，可是它平常有時候就是紅的。K太太詮釋說，在他早期的一張圖畫中，他畫的帝國圖畫裡，紅色就一直代表著他自己。她解釋說，紅色也意指他的性器官受損或被折斷，而且是因為自慰才受傷。這件事不僅困擾他，還讓他非常擔憂。K太太問他在摸或抓性器官的時候都在想什麼。理查沒有回答，但也沒有否認自慰的事。

〈第三十六次晤談〉

p.199-200（英文版 p.171-172）

理查運用繪畫

之後，理查畫了第三十五張圖，他先畫了一艘船，原本應該是潛水艇，但是他把船上面的英國國旗劃掉之後，就把它變成一艘U型船。他在船下面塗鴉，並解釋說他正在轟炸那艘U型船，還說船後面有一個小人是希特勒，而他在轟炸希特勒，圖的下方還有一個「隱形的」希特勒被他轟炸，而且就藏在那些塗鴉的後面。理查用手指出希特勒的臉、肚子和腳。他

說他畫的時候根本沒有發覺這是希特勒，但現在很清楚地看到他就在裡面……K太太詮釋說，理查再度表現出他覺得自己的塗鴉就是炸彈。他現在似乎比較能夠坦然地用他的糞便發動攻擊，而且這些攻擊顯然是直接針對壞希特勒父親；這樣一來，他就可以避免傷害好爸爸與好媽媽。不過，「隱形的」希特勒也代表他內在的壞希特勒。

理查相當認同這些詮釋，並回答說：「沒錯。」

〈第四十七次晤談〉

p.267（英文版 p.224）

理查決定要畫一個小鎮，接著就畫了圖三十七。他說他想好好「建造」這個小鎮，可是他很不會畫畫。他強調鐵路一定要有兩條才能避免發生意外。這兩條鐵路在圖的左方交會，就跟X地的火車站一樣。隨後，他畫了幾間房子和一條馬路，並且將它命名為艾爾伯特路（Albert Road），他說，艾爾伯特是他很喜歡的一個名字，會讓他想到艾爾佛德（Alfred），他是保羅（理查的哥哥）在軍中的一個年紀較大的好朋友，人很好，而且是他和保羅共同的朋友。理查在圖的左上角寫上「止衝擋」（Buffer），他說鐵路一定要有止衝擋。另外，他還畫了一個平交道口和一個相當危險的彎道，而右側另有一條鐵路支線（siding）。

K太太指出，這張圖所代表的意義與圖三十六相同，表示

他、爸爸和保羅之間和平共處，而且平分、共享媽媽的愛。車站是媽媽；自車站延伸出的兩條鐵軌代表他們共享媽媽的愛，而止衝擋的作用就是要避免衝突。貨場（goods yard）跟之前的護航艦一樣，是要餵養他們所有人。艾爾佛德則是代表比保羅更好的哥哥，而且不會跟他競爭。儘管如此，圖中還是有一條危險的彎道，代表媽媽內在可能發生的危險；危險的主要起因就在於理查、保羅與爸爸可能會發生衝突。理查說，他想要好好「建造」這個小鎮，但可惜他不太會畫畫，代表他渴望重建受傷的媽媽並且給她小孩，也想修復自己的內在，讓它變得更安全。

理查剛剛在畫這張圖的時候全神貫注，而且露出滿足的神情，也再度表示他很開心。他感冒已經完全好了，但他不時會吸吸鼻子，並且說現在他沒有什麼鼻涕了。

K太太詮釋說，他仍然擔心自己體內的毒。鼻涕代表有毒以及被下毒的東西，而吸鼻子的目的就是想檢查看看毒還在不在。

〈第四十七次晤談〉

p.270-271（英文版 p.226-227）

趨向整合

　　理查遲到了幾分鐘，但似乎不是太在意。他說今天他要搭公車回家，而這次晤談的話題有絕大部分與搭公車有關。他的心情與昨日大不相同，有一部分是因為他要回家了，這個星期以來，他一直都很想家。此外，他也告訴 K 太太，他有寫信請母親另作安排，他覺得她應該會這麼做。接著，他一直在說公車可能會太擠的事情。他說他問過了，今天那位漂亮的車掌小姐會在車上；每當公車很擁擠的時候，她就會說：「買半票的請讓座。」他喜歡的另一位車掌小姐沒那麼漂亮，「不過也不醜。」而且她不會說「買半票的請讓座」，不過她會在比較晚的那班公車上。儘管他很擔心自己可能得一路站回家，但他還是很高興能跟漂亮的車掌小姐同行，因為他一直說車掌小姐很漂亮，他很喜歡看著她。

　　K 太太的詮釋是，雖然車掌小姐不像「好」媽媽那樣完全是「淺藍色的」，但他還是喜歡她。

　　理查再次表示她非常漂亮，也開玩笑地補充說，不，她不是「淺藍色的」，而是「深藍色的」。她的制服其實是深藍色的。可是，這麼漂亮的女生卻要戴著帽子、還要扣上衣領、打領帶，還真是可惜。他看過她穿一般的女性服裝，漂亮極了。接著，他說他知道 K 太太為什麼說她不完全是「淺藍色的」，這表示她不是那麼好，但也不是那麼壞。他跑去水龍頭那裡喝了口水，然後回到桌前坐下。

K 太太詮釋說，他害怕擁擠的公車，但又喜歡漂亮的車掌小姐，也是意指他喜愛 K 太太，但同時又懷疑她。最近，他甚至覺得路上那些來來往往的人都要來找她，她就像「過度擁擠」的公車一樣。

〈第七十七次晤談〉
p.482-483（英文版 p.393-395）

克萊恩的晤談註記 I

漂亮的車掌小姐穿著制服讓他感到遺憾，表示他希望母親（現在以分析師為表徵）應該保有女性特質，也就是體內不應含有她的丈夫（爸爸）；而男性制服則代表內在的男性客體。他心中認為只有乳房—媽媽是單獨存在的，而沒有跟父親混在一起。他對女性性器官產生恐懼感與厭惡感，是因為他認為裡面含有男性性器官。這種感覺是造成性無能與性功能障礙的關鍵因素。

〈第七十七次晤談〉
p.488-489（英文版 p.398-399）

分析結束帶來的威脅

　　理查開始畫第六十六張圖……K 太太詮釋了理查對她陷入愛恨交織的掙扎。他試圖要把 K 太太想成是好人，他在上面那個代表她的小人旁邊寫了「可愛的 K 太太」。然而，他並不是真心覺得 K 太太人很可愛，所以沒有畫她的手和頭髮，也根本不想把她畫得好看一點。他痛恨 K 太太，因為她就要丟下他去跟其他病人還有她的兒孫見面。

　　理查堅持他畫的 K 太太很可愛，因為她的身體是一顆心，中間那支小箭代表了愛。（理查臉紅了，同時頻頻將手指放入嘴巴；從他的臉部表情就可以看出他極力想克制自己的恨意，也可以看到被害焦慮夾雜著憂鬱焦慮。）理查問 K 太太會不會因為要離開而難過？她是不是會住在兒子家？她不會住在倫敦市中心吧？理查突然領悟到他剛剛講了「心」這個字，一臉驚訝地指著圖說：「可是心在這裡。」

　　K 太太詮釋說，她身體的那顆心代表被轟炸的倫敦，而且被愛（小箭）和炸彈傷害了。理查希望自己愛 K 太太，但是擔心自己會因為她即將離去而變成希特勒，然後轟炸她。這使他更恐懼她會死亡、自己會孤獨，對於她的離去也更感到悲傷。

〈第八十次晤談〉

p.506-507（英文版 p.412-413）

這些素材有很多有意思的主題可供思考。首先，有這麼多詳盡的臨床素材可供我們研究許多人宣稱「分析技術不科學」是否為真，因為他們認為詮釋無法進行反證。在第三次晤談中，克萊恩詮釋理查對父親的貪婪、敵意和攻擊，因此他就開始害怕動物園裡搗蛋的猴子爸爸之後，在這個緊張的時刻，理查開始關心克萊恩的時鐘（第一次晤談帶來的，因克萊恩的錶停了）。他開始問那個鐘在哪裡，強調那是個好時鐘，他想看看鐘。

> K 太太從袋子裡拿出時鐘，並指出理查現在感到憂慮，他想看時鐘是因為想要離開。理查說不是，他不想走，不過因為之後跟媽媽約好要散步，所以想確定他可以準時離開。還有，他喜歡那時鐘的造型。K 太太詮釋說，他急著想確認媽媽沒事，沒有被貪心的他攻擊而受傷，並且還愛他。

p.20（英文版 p.30）

克萊恩接著也將這個連結到與她的移情關係。在之後的註記中，她提到理查藉由分裂掉自己的敵意來保護他和母親以及分析師的好關係，更表明甚為欣賞理查去糾正她最初的回應。

兩次晤談後時鐘的主題又回來了，這回是在治療快結束時。克萊恩提到理查與父親間的伊底帕斯競爭，以及他想要取代爸爸的位置去跟媽媽在一起，還有取代 K 先生的位置去和 K 太太一起，還有，他想要當照片裡那隻「可愛的小知更鳥」，這樣他就可以當媽媽和 K 太太喜歡的小寵物。理查回應說他以前有一隻知更鳥，還

餵過牠，但牠飛走後就一去不回。接著他就抬頭看看時鐘，想知道時間到了沒。克萊恩說他想離開，而且一去不復返，因他不喜歡她說他想要與她有性關係。理查拒絕這個說法，但隨即又同意他確實希望時間到了，可是他沒有要在晤談結束前離開。克萊恩在附註中提到，理查和她的關係參雜了阻抗與希望維持友善。

　　此處很明顯的是，克萊恩判斷當時有種微妙的平衡，理查對她的態度揉合了害怕與配合，她也因此點出理查對父母的愛與敵意。若去思考理查關切時鐘的意義和與「時間老人」（Father Time）的關聯，這段分析還可以繼續拓展。第三次晤談時，時鐘肯定代表他和好父親的連結，這可以支持和保護他和母親之間的好關係，也不像那隻可怕又搗蛋的猴子。K 太太把時鐘帶到晤談裡面來，也讓理查在分析情境中焦慮暴露出來時，仍與外在現實保有連結，他不會身處於沒有時間的潛意識幻想世界，而是被不同時間與空間所限制著。到了第五次晤談，時鐘再度明顯象徵了好父親。他提到知更鳥飛走，除了可被解釋為想要逃離的願望，也可以說是他意知到自己嬰兒式的伊底帕斯慾望並不真實，以及他是依附在這世界的可靠結構上。時間和世代差異雖是令人挫敗不已的現實，是我們可以全能地渴望忽略之，但它們也是安全感之源，是對抗混亂的保障（Money-Kyrle, 1968, 1971）。

　　這一小段引文，提供實例說明克萊恩如何細心紀錄理查對詮釋的反應，同時也展現她採取的方法創造出了更多空間去進一步探索兩人互動的意義。在許多分析式的作品當中，讀者會感受到所有分析層面都被囊括了，也會隱隱覺得分析師可以全能地洞悉一切；不過此書乃留下了理查對克萊恩多種反應的細節以及克萊恩日後的反思，都在鼓勵讀者可以另行解讀。由此觀之，這本書不僅向讀者展

現克萊恩是以科學的態度面對分析工作，也提出素材供他人研究評估。日後貝蒂・喬瑟芙（Betty Joseph）對分析技術的專文中，同樣關注個案對詮釋的反應，便是擷取並延伸發展了克萊恩思想的這個特色（Joseph, 1989）。

第二個值得注意的重點，是克萊恩在許多不尋常的狀況下，如何悉心且有彈性地維持分析情境。

她用的遊戲室可以通到一間小廚房和戶外空間。理查在不同的時間去到這些空間，克萊恩也都跟著他，包括和他一起看窗外經過的人，他經常會提到這些人。她也在某些對他而言困難的活動不吝伸出援手（如扭開廚房裡很緊的水龍頭），還讓他帶自己的玩具來；如果她忘了帶某些東西，會向他表示抱歉，除此之外，還回答了他不少問題，包括她在治療期間曾造訪倫敦的情況。在外界眼中，經常認為中克萊恩學派技術帶有刻板僵化的特色，這在此明顯地並不存在，不過，克萊恩其實是時時在思考這些帶來的影響，有時會覺得做了錯誤決定。

特別有一段是她答應將某次晤談改到星期天，晤談紀錄（第三十三次）非常精彩，讀得到理查越來越能接受自己的攻擊性，比方說，他活靈活現地描述和其他男孩打架，有真實的，也有想像的；此外，他也表示很享受接受分析，以及這次特別的星期天晤談。克萊恩詮釋，他想獨佔母親，但不確定父親是否會同意。她寫道「理查覺得獨佔媽媽的想法很有趣」（p. 186／英文版 p. 161），有意思的是，他要克萊恩在他的畫上寫下日期，這或許點出在龐大時間中定位的重要性，也關係到內在世界中的父親角色。

在此之後不久，克萊恩和理查的母親碰面，理查母親告訴她，在這次晤談後理查有很大改變，他在家裡很有攻擊性，但是比較友

善、比較好相處了。至於理查自己在第三十三次晤談中對這個的說法是：

> 他說，雖然星期天沒回家，但是今天早上起床的時候覺得非常開心。他認為這個工作對他還是有幫助的，也覺得自己現在比較勇敢。

p.181（英文版 p.157）

　　克萊恩還寫了「他說這番話的時候態度相當誠懇」。克萊恩並不具體去猜測這個星期天晤談對理查有什麼特殊意義，不過，她對他的善意肯定是原因之一。他先前生病取消了幾次晤談，現在又週末沒能回家，她其實陪著他面對這些失落。她為他做的種種考量，顯然都是慷慨仁慈的，或許理查此時變得越來越善待自己，可以看做與內化了克萊恩的良善形象有關。克萊恩在第十五次晤談後的註記中，寫下小小孩在進行創造性的遊戲時，會因自己技巧不足大受阻礙而對自己感到憎恨、絕望。她能體察孩童在遊戲陷入混亂、「災難」或僵局時，因恐懼自身破壞衝動所陷入的痛苦，也瞭解他們對於克制這樣的衝動和把事物修復感到無助，因此讓她對發展所需的支持非常敏銳。她發現理查經常在這樣的時刻被「孤獨、焦慮和罪疚感」吞噬，於是會更一股腦兒地把眼前這團混亂摧毀掉，因那團混亂也代表了他內在的慘況。她在專業生涯最初與小小個案們工作時發現了早年的超我，她治療的目標就是去減輕早年超我的暴虐。

第三個值得注意的主軸是克萊恩處理了理查的手足關係，這對當代精神分析作者是一大挑戰，他們認為去關注手足關係，也是在補足理論世界中最被忽略的一塊。克萊恩是早在第二次晤談後的註記中，就提到兒童與延伸家庭成員關係的重要性，諸如與祖父母或手足。她認為這些重要他人會強化內在好客體的成長，尤其是他們不如父母那般會引發強烈的伊底帕斯衝突，換言之，即去凸顯兄弟姊妹關係中愛的面向。這是在第十次晤談中發展出來的，當時，理查籠罩在父母形象人士衝突所引發的焦慮之中（現實生活中，理查的褓姆和家中的廚娘爭吵，最後褓姆離開他家），克萊恩說他需要一個弟弟或妹妹，好在他被大人衝突嚇壞時幫助他，也就是幫他分擔焦慮。她也補充，當他想攻擊兄弟姊妹或忌妒他們時，也會擔心他們轉而對付他。在此我們可以讀到，克萊恩除了關注佛洛伊德強調的手足競爭和敵意之外，也注意到手足關係中的正向潛能，她還能體會身為家中最年幼者，沒有更小的小孩來給他安慰的感覺。

　　第十二次晤談時，克萊恩和理查討論他對哥哥保羅的感覺。這是因理查從畫作中發現他希望贏過爸爸和哥哥、可以比他們更佔有母親時引起的話題。克萊恩說，當他想要從保羅身邊搶走媽媽時，他會覺得要補償保羅（不過她在某篇註記中澄清，這可能是兄弟間同性愛戀的基礎）。他們也談到理查身為老么和弟弟的感覺，一方面他會覺得保羅較年長、聰明，因而獲得媽媽偏愛；但另一方面理查也能安於當媽媽的小寶貝。而理查才剛在晤談中確認K先生是不是過世了，不過他明明早就知道這一點，此時又問他是否是克萊恩最年幼的個案，克萊恩指出理查想當她特別的小寶貝。克萊恩會在理查真實或想像的手足關係上工作，其實有急切的理由，因為他的症狀就是極度憎恨和恐懼其他小孩，無法忍受與他們實際接觸，導

致他陷入孤立和孤獨的境地。

　　克萊恩對理查展現的態度，可以從她的語調中分辨出來。從第一次晤談起，她就以直接開門見山、認真的態度相待，認為「他知道自己為什麼來見她：他有一些問題，而且需要幫助」（p.6／英文版p.19）。克萊恩如此看重他的智力和困擾，理查立刻就以進入狀況回應，說起他害怕街上的男孩、不敢外出，也對學校痛恨不已，並非常憂慮戰況。他提起希特勒對波蘭發動攻擊，看著牆上的地圖說K太太和希特勒一樣是奧地利人。她進一步詢問他的擔憂，明顯是為了開啟與釋放理查對母親健康安危的焦慮，理查提起有一個壞流浪漢可能會來，並在晚上綁架媽媽，克萊恩隨即說起父母的性交，以及理查擔心這可能會傷害媽媽。理查對此的反應是驚嚇，但同時也懷有高度興趣，他在晤談結束時特別說他喜歡「說話和思考」。

　　克萊恩在分析中使用的技術，主要是源於假定理查有能耐投入深度精神分析。在分析的幾個月中，他們有許多成人式的對談，話題包括理查腦中的想法、他們之間的關係，以及外在事件。比方說，當理查知道克萊恩要去倫敦一趟（第三十八次晤談），他要她一聽到警報就去避難所。克萊恩答應了他，他說想要寫信給她時，她也留給他地址。他還補充說，若她死了，他會去參加葬禮，並希望K太太告訴媽媽有誰可以繼續分析工作，克萊恩也答應他會給他母親其他分析師的名字。

　　幾週過後，我們也從分析片段中瞥見理查對分析歷程的瞭解。他說K太太的洋裝讓他想到探照燈，他補上一句：「妳會搜尋東西，對吧？」在他們後續的對話中，清晰呈現出理查心中交雜著想要被理解的慾望，卻又害怕在分析的探照下會被看見什麼。第

六十九次晤談中，他們對理查的害怕上學有一番冗長的討論，理查問K太太會不會叫媽媽送他去大間學校？他說「他會受不了，他還是很害怕那些年紀比較大的男孩子。如果他一直很害怕，就一定會生病」（p.428／英文版p.349）。他們討論到理查比較想請家教，或者是去小間的學校，不過理查最後哀傷地補充說他其實連家教都不想要，他根本不想學東西，這番徹底的坦白很令人動容。克萊恩的回應既重視理查的焦慮程度（她說他這麼害怕，她就不會傾向選大間學校），也強調理查有機會繼續發展、心智狀態會有所轉變。她說「他可以看看明年的狀況怎麼樣；搞不好他會開始喜歡和其他小孩相處」（p.429／英文版p.350）。

這些對話顯示了克萊恩在兒童分析工作中對某些部分很確定，也就是發展過程是自然而然、紮紮實實但心智也是複雜不已的。她的工作旨在促進發展，讓她的兒童個案們能在投入生活的歷程中，更能面對處理種種干擾。在開始投入《兒童分析的故事》之前不久她才完成〈嫉羨與感恩〉，文中她特別提到破壞性的嫉羨，可以透過理解而改善並獲得控制，而這番洞察更堅定她懷抱希望的分析態度。理查說他現在更勇敢了，這尤其呼應了克萊恩勇敢的分析姿態。

第八章

嫉羨和感恩

　　克萊恩在 1957 年出版了《嫉羨和感恩》這本小書，這是克萊恩對精神分析貢獻當中的極為重要一環。她獨到洞悉了早年客體關係中嫉羨和感恩的重要，也主張這些情緒從嬰兒期就普遍存在，並持續一生。本章會從原作中引文呈現出她的主要觀點，並進行延伸討論。

　　此作所引起的分歧回應其實遠大於其他作品。克萊恩對嬰兒期嫉羨的破壞潛能並認為這乃源於先天體質因素的說法，讓讀者出現兩派反應。一派接受嫉羨對生命第一段客體關係的影響，認為這在臨床與理論上皆有重大貢獻；另一派則抨擊這種說法，不相信嬰幼兒會有嫉羨的感覺。

　　不過，關注與輿論多是流向嫉羨，這其實打破了克萊恩在書名上呈現的情緒平衡。近年一本由當代重要精神分析師評論此作的文集（Roth and Lemma, 2008）同樣明顯失衡，特別垂青嫉羨、著重在克萊恩理論中的負極，較少論及感恩。這在讀到克萊恩對書名的附註以及內文第一段時，感覺會甚為衝擊，因克萊恩在文中流露出的是感恩之情。她在那段附註中感性地寫下親友同僚對此文的貢獻〔包括蘿拉・布魯克（Lola Brook）、艾略特・賈克（Elliot Jacques）和茱迪絲・費（Judith Fay）〕，以下節錄的緒論段落中，

她也概略描述了亞伯拉罕（她的第二任分析師）和佛洛伊德的啟發。

理論起點

多年以來，我一直對人們所熟知的兩種態度——嫉羨和感恩的最早來源感興趣。我得到一個結論：從根逐漸侵蝕愛和感恩的感覺，最強而有力的因素便是嫉羨，因為它影響所有關係中最早期的一種，也就是和母親的關係。此種關係對個人整體情緒生活的根本重要性，已經在一些精神分析的作品中具體闡述。而我認為，藉著進一步探索一個可能在此早期階段形成很大干擾的特定因素，我為我關於嬰兒期發展和人格形成的發現，增添了某些具有重要意義的東西。

我認為嫉羨是破壞衝動的一種口腔施虐和肛門施虐的表達，從生命一開始就作用著，而且它有著一種體質上的基礎。這些結論之中有著某種重要的要素，和卡爾‧亞伯拉罕作品中的要素一樣，然而也蘊含著某些差異。亞伯拉罕發現嫉羨是一種口腔的特性，但是根據他的假說，他認定嫉羨和敵意在稍後的時期才開始運作，形成口腔期的第二階段，也就是口腔施虐階段，這點與我的觀點不同。亞伯拉罕並未提到感恩，但是他形容慷慨（generosity）是一種口腔的特徵；他也認為在嫉羨中，肛門要素是一種重要的成分，並且強調它們是由口腔施虐衝動而來的衍生物。

亞伯拉罕認為在口腔衝動的強度之中，有一種體質上的要

素，我贊成這個進一步的根本觀點。而他也將躁鬱疾患（manic-depressive illness）的病因學與口腔衝動的強度相連接。

最重要的，亞伯拉罕和我自己的作品，都更全面而深入地帶出破壞衝動的重要意義。在他寫於 1924 年的〈原慾發展簡論──心理病理觀點〉一文中，雖然《享樂原則之外》已於四年前出版，亞伯拉罕並未提及佛洛伊德關於生、死本能的假說；然而，在他的書中，亞伯拉罕探索破壞衝動的根源，並且比之前所提的，更明確地將這樣的理解運用於心智障礙的病因學上。雖然他並未使用佛洛伊德生、死本能的觀念，但這對我而言，其作品的根基還是在該方向上的洞識，特別是在第一批躁鬱患者的分析中。我認為亞伯拉罕的早逝，使他無法領悟他自身發現的全面複雜蘊涵，和這些現象與佛洛伊德所發現的兩種本能之間的重要關聯。

當我正要出版《嫉羨和感恩》時，正是亞伯拉罕逝世後三十年，亞伯拉罕之發現的極度重要性，因我的作品而愈益受到肯定，對我而言，這是一個極大滿足來源。

《嫉羨和感恩》

第十章〈嫉羨和感恩〉（1957）

p.227-228（英文版 p.176-177）

此段清楚呈現了克萊恩的理論起點。嬰兒的嫉羨會損及他對母親愛的關係，克萊恩認為這種感覺有體質基礎，乃屬天生或先於

經驗，是以在潛意識幻想中對母親身體進行口腔及肛門攻擊來表達。她認為嫉羨與感恩乃依生死本能而生，也說明恨和嫉羨在生命最初幾個月就已存在，接著她提到分析幼童的經驗給她許多新素材。她引述了一長段佛洛伊德的〈分析中的建構〉（Construction in Analysis），闡述佛洛伊德認為精神分析可類比為考古的觀點，她接著說：

最初的客體關係

　　經驗教導我，已經完全成長的人格之複雜，只能藉由我們從嬰兒心智所獲得的洞識，並追蹤其進入後期生命的發展來瞭解。也就是說，分析的進行是從成人期回溯到嬰兒期，再經由一些中繼階段返回成人期，這種反覆來來回回的運作，是依據遍在的移情情境。

　　在我全部的作品中，我賦予嬰孩的第一個客體關係（對母親的乳房和對母親的關係）根本的重要性，並且得到結論：如果這個被內攝的原初客體帶著相當程度的安全感而植根於自我，就奠立了一種令人滿意的發展基礎，這種連結牽涉到天生的因素。在口腔衝動的主導下，乳房被本能地感覺為滋養的來源，更深層的意義則是生命的來源。如果事情進行順利，在心智和身體親近這種令人滿意的乳房，在某種程度上復原了那種出生前與母親的一體感（unity）和伴隨其中的安全感。這大部分取決於嬰孩充分地灌注於乳房或其象徵之表徵（奶瓶）的能力；以這樣的方式，母親被轉為一個所愛的客體。很有可能是

在出生前，嬰孩作為母親的一部分，影響了他們天生的感覺：在他之外有某個東西，將會提供他一切所需要和欲求的。好乳房被納入，成為自我的一部分，而一開始在母親裡面的嬰孩，現在他自己的內在有了母親。

出生前的狀態無疑地意味著一體感和安全的感覺，這種狀態有多麼不受干擾，取決於母親心理和身體的狀況，可能還取決於未出生嬰孩身上的某些未經探討的因素。因此，我們可以視對出生前狀態的普同渴求，是理想化驅策力的一種表達。如果我們以理想化的角度研究這樣的渴求，會發現其來源之一，是因出生所引起的強烈迫害焦慮。我們可以審視，這第一個焦慮形式也許可以擴展到未出生嬰孩的不愉快經驗，同時伴隨著在子宮中安全的感覺，預示了對母親的雙重關係：好的和壞的乳房。

在對乳房的初始關係中，外在的周遭環境扮演一個不可或缺的部分。如果出生的過程遭遇困難，特別是若導致了併發症，例如缺氧，就會造成一種適應外在世界的困擾，而對乳房的關係就會在很不利的狀況下開始。在這種情形中，嬰兒自新來源經驗滿足的能力有所缺損，結果無法充分地內化一個真正好的原初客體。更進一步，不論這個小孩是否被足夠地餵食和撫養，不論母親是否全然地享受對小孩的照顧，或是感到焦慮、在餵食上有心理的困難——這些因素都影響了嬰孩享受乳汁和內化好乳房的能力。

乳房所造成的挫折要素，注定會進入嬰孩和它最早的關係之中，因為即使是快樂的餵食情境，也無法完全取代和母

親在產前的一體感。同樣地，嬰孩渴求一種無窮盡和永遠陪伴在旁的乳房，絕對不只是根源自對食物的熱望和原慾慾望（libidinal desires）。因為，即使是在最早的階段，想得到母愛之持續證明的驅策力，根本地植基在焦慮之上。生、死本能之間的掙扎，自體和客體受破壞衝動滅絕的持續威脅，是嬰孩與母親初始關係的根本因素，因為他的慾望意味著乳房（很快變成是母親）應該處理掉這些攻擊衝動，以及受害焦慮的痛苦。

　　無可避免的委屈伴隨著快樂的經驗，增強愛恨之間與生俱來的衝突，事實上，基本是在生、死本能之間的衝突，並且導致好乳房和壞乳房同時存在的感覺。結果早期的情緒生活以失去和重新獲得好客體的感覺為特徵。說到愛恨之間天生的衝突，我意指在某些程度上，愛和破壞衝動兩者的能力是體質性的，雖然其強度在不同個體間有所差異，且從一開始便與外在情境互動。

第十章〈嫉羨和感恩〉（1957）
p.230-232（英文版 p.178-180）

　　克萊恩根據自己對「嬰兒的心智」的鑽研，寫下嬰兒自身特質（先天因素）與母親的身心狀態會產生交互作用。她優美動人地描述嬰兒出生後能在外在找到一個心愛的母親，可能是因出生前與母親合而為一的狀態促發的；她也指出分娩和母親與新生兒連結時的種種阻礙與困難，都可能會引發嬰兒災難性的焦慮。嬰兒會認為母

親應該會消除所有痛苦的經驗，但當這個神奇的理想母親幻想破滅之時，又會陷入「無可避免的怨懟」。

在這幾段中可以注意到克萊恩鏗鏘有力地開展她的論點，而且《嫉羨和感恩》比她其他早期紮實的文章要來得更容易閱讀吸收。書中還有些會繚繞人心的優美文句，像是「好乳房被納入，成為自我的一部分，而一開始在母親體內的嬰孩，此刻他的內在有了母親」。某段附註中她還提到相當好記且廣受引用的「感覺式記憶」（memories in feelings）一詞，將潛意識語言與分析過程當中會發生的現象連結：

> 這些都被嬰孩以比語言所能表達的更原始方式感覺。當這些前語言的情緒和潛意識幻想在移情的情境中被喚醒，它們以「感覺式記憶」出現，這是我給這種記憶的名稱，在分析師的幫助下，它們被重構而化為詞語（words）。相同地，當我們重構和描述其他屬於發展早期階段的現象時，必須使用詞語。事實上，要將潛意識的語言翻譯成意識的語言，一定要運用從我們意識疆域而來的詞語。

> 第十章〈嫉羨和感恩〉（1957）
> p.232（英文版 p.180）

雖然這段只放在附註當中，但卻很重要地闡明了克萊恩認為早年嬰兒期的經驗如何會在分析關係中呈現出來。我們可以讀到她對分析師職責所抱持的態度是，必須去「傾聽」這些溝通，並尋找適

合的詞語以描繪出嬰兒在知道語言之前的現象。

　　克萊恩熱切要為嬰兒期經驗找到語言，乃是她臨床技術中最驚人的一項。「感覺式記憶」在分析領域的討論中成為極重要的參照點，乃因它精彩地將臨床可見的現象濃縮在短短一詞當中。

嫉羨、嫉妒與貪婪

　　接下來，克萊恩討論到嫉羨（envy）、嫉妒（jealousy）與貪婪（greed）之間的差別，它們都是因嬰兒深深依賴於母親的好特質、依賴她「源源不絕的耐心、慷慨和創造力」而生。克萊恩最關切的重點是，由於嬰兒遭受挫折時，會將這些痛苦經驗歸因是母親要讓母親自己或他人滿足，卻犧牲了他，因此這些情緒會對建立好客體形成干擾。一旦嬰兒減少對好客體的希望和信任，就會損害他幸福快樂的能力。

　　　　我們必須區辨嫉羨、嫉妒和貪婪。嫉羨是一種憤怒的感覺：另一個人擁有、享受某些所欲求的東西——嫉羨的衝動是要去奪走它或毀壞它；更甚者，嫉羨意指只介於主體和某人之間的關係，且返回最早與母親的排他關係。嫉妒植基於嫉羨，但是牽涉到與至少兩人的關係；它主要關切的是主體感覺應該是自己應得的愛，卻被對手從自己身上奪走，或陷入被搶走的危險中。日常生活中常見的嫉妒概念，是一個男人或女人覺得被其他人剝奪了所愛之人。

　　　　貪婪是一種貪得無饜的強烈渴求，這超過主體的需要和客

體所能夠和願意給的。在潛意識的層次，貪婪的目標主要在於完全地掏空、吸乾、狼吞虎嚥地吃光乳房，也就是說，它的目標是破壞的內攝；然而，嫉羨不只是尋求這種方式的搶奪，也是把壞東西放入母親體內，主要是壞的排泄物和自體壞的部分，而且最重要是把這些東西放入她的乳房，以便毀壞、摧毀她，在最深層的意義上，這意味著摧毀她的創造力。這樣的過程源自於尿道和肛門施虐衝動，我在其他地方已經將之定義為一種開始於生命之初的投射式認同之破壞層面。雖然貪婪和嫉羨是如此緊密地相關，無法嚴格地區分它們，但兩者的基本差異在於：貪婪主要是和內攝連結在一起的，而嫉羨則是和投射在一起。

第十章〈嫉羨和感恩〉（1957）

p.233-234（英文版 p.181）

　　克萊恩更進一步提出她的主張：母親餵食的乳房是第一個嫉羨的客體，以及這種嬰兒式的嫉羨乃「具有一股特殊動力」，激發嬰兒在潛意識幻想中殘虐地攻擊母親身體。她亦把注意焦點放到剝奪（deprivation）帶來的矛盾影響上，將早期描繪的對母親身體殘虐攻擊（於 1932 年的《兒童精神分析》）重新理論化，貪婪和破壞衝動此時都變得與想要毀壞的慾望相關，皆生於嫉羨之中。克萊恩引述《奧賽羅》來提醒讀者，日常生活中早有「囓咬餵養你的手」（恩將仇報）一說。

在嬰孩的心智中，有一種他最欲求的無竭盡乳房之潛意識幻想，所有就算嬰兒未被足夠的餵養，如果我們考慮到剝奪會增加貪婪和迫害焦慮，則可以理解嫉羨是如何產生的。嬰孩的感覺似乎是這樣的：當乳房不給他享用時，乳房就變成是壞的，因為它保留了和好乳房相關的乳汁、愛和照顧，全部都留給它自己。他怨恨、嫉羨那被他視為卑劣和惡意的乳房。

第十章〈嫉羨和感恩〉（1957）

p.237（英文版 p.183）

這番洞察極具價值，可以幫助我們理解早年的嚴重剝奪會影響孩子，使之在處於非剝奪性的關係時，仍難從中獲益。

移情中的嫉羨

克萊恩也描述了這種早期形式的嫉羨以及在移情關係演變中因對抗嫉羨而出現的防衛的臨床意義：

這名嫉羨的個案嫉妒分析師工作上的成功，如果他覺得分析師及其提供的幫助被毀壞，也被自己嫉羨的批判所貶抑，他就無法充分地將分析師內化為一個好客體，也無法真正信服地接受、消化吸收他的詮釋。正如我們常在嫉羨較少的個案身上看到的，真正的信服意味著對一份禮物的感恩。而因為對貶抑

那些別人的幫助有罪惡感、嫉羨的個案也會覺得他是不值得從分析中獲益的。

不消說，我們的個案為了各式各樣的理由批判我們，有時候甚至具有正當性。但是當一名個案需要去貶抑被他經驗為有幫助的分析，這就是嫉羨的表達。如果追溯那些我們在早期階段所遭遇的情緒情境，一直回到很原發的時期，我們會在移情中發現嫉羨的根源。破壞性的批判在妄想的個案身上特別明顯，即使分析師所做的曾經減輕他們的症狀，他們仍沉溺於貶損分析工作的施虐愉悅之中。這些個案的嫉羨性批判是十分公開的；而其他個案，這點或許扮演著同樣重要的角色，只是沒有被表達出來，甚至還處於潛意識中。依照我的經驗，我們在這些案例中所看到的進步緩慢，也同樣和嫉羨有關，我們發現他們持續對分析的價值感到懷疑和不確定。個案已經把自體那些嫉羨和敵意的部分分裂出來，而一直呈現在分析師面前的，是他覺得比較能接受的部分。然而在本質上，分裂的部分仍影響著分析的歷程，只有當分析達到整合和處理人格的整體時，最終才可能是有效的。其他的個案藉由變得混淆困惑來試著避免批判，那種混淆困惑不只是一種防衛，也表達一種不確定：分析師是否仍是一個好的形象，或者他以及他正給予的幫助，是否已經因為個案的敵意批判而變成壞的。我會將這樣的不確定追溯到混淆困惑的感覺，而這種感覺是最早與母親乳房的關係產生困擾的後果之一。由於偏執與類分裂機制的強度，加上嫉羨的推動力，嬰孩無法成功地讓愛和恨（接著是好的和壞的客體）分開並保持距離；嬰孩很容易在其他的關聯中，對何謂

好壞感到混淆困惑。

　　除了佛洛伊德所發現的因素，以及瓊恩·黎偉業（Joan Riviere）進一步發展的因素之外，嫉羨和對抗嫉羨的防衛，也因上述因素而在負向治療反應中扮演重要的角色。

　　在移情的情境中，嫉羨和它所產生的態度，干擾了逐漸建立一個好客體的過程。如果在最早的階段，好的食物和原初的好客體無法被接受和消化吸收，這點會在移情中重覆，分析的過程則會有所損害。

第十章〈嫉羨和感恩〉（1957）

p.237-239（英文版 p.184-185）

　　克萊恩呈現出個案嬰兒時期的感覺如何藉由鉅細靡遺地分析移情來理解：奶水（詮釋）來得太快或太慢或太遲，或是餵食遭到中斷。這些例子很生動地呈現她的臨床技術，指出她如何能藉由觀察到分析情境激發了個案嬰兒般的感覺，繼而與個案討論他們情緒生活中這些潛意識面向。

嬰兒期的嫉羨與感恩

　　她繼續描繪嬰兒除了在乳房上能獲得滿足的慾望之外，同時也深刻希望能從迫害焦慮中解脫，因此希望母親能消除這樣的痛苦。克萊恩在思索母親的焦慮對嬰兒的影響後，開始思及過度挫折或沉溺其實都會帶來傷害，因此寫下承受一些挫折對現實感和創造力的

發展都相當重要。克萊恩極力強調創造性昇華的重要性是後代分析師繼續延伸發展的主題，尤其是漢娜・希格爾對藝術創作的觀點，以及溫尼考特對遊戲的重視。

　　事實上，在特定量的挫折之後，隨之而來的滿足會使嬰孩感覺可以克服焦慮。我也發現，嬰孩未被滿足的慾望——某種程度而言也是無法滿足的——也是促成他昇華和創造活動的一個重要貢獻因素。讓我們想像這個假設的狀況：如果嬰孩內在沒有衝突，這會剝奪使他人格豐富和強化自我的一個重要因素，因為衝突和克服衝突的需要，是創造力的一個基本元素。

第十章〈嫉羨和感恩〉（1957）

p.240（英文版 p. 186）

　　克萊恩非常強調嬰兒可以享受餵食關係的重要性，可是這種享受是嫉羨可以輕易破壞的。她將這種享受連結到感恩的滋長，而感恩可以「緩和破壞衝動、嫉羨與貪婪」。她繼而又去區辨因懷疑是否擁有好客體而產生了焦慮、貪婪和無差別認同（indiscriminate identification），與可以建立內在好客體的差異為何：

　　因為嫉羨而無法安全建立一個內在好客體的嬰孩，與對愛和感恩有很強能力的小孩相比較，後者和好客體有一種深厚的關係，他可以承受暫時的嫉羨、怨恨和怨懟狀態（即使是被愛

和受到妥善撫育的孩童，也會產生這樣的狀態），而不會受到根本性的傷害。因此，當這些負向的狀態是短暫的，好客體會一再被重新獲得。在建立和鋪設穩定、強壯的自我根基之過程中，這是一個核心的因素。在發展的過程中，與母親乳房的關係，變成熱愛人、價值和理想的基礎……

……感恩植基於在嬰孩最早階段所升起的情緒和態度，在這最早階段之中，對嬰兒而言，母親是單一和唯一的客體……

……只有當愛的能力被充分發展，嬰孩才能經驗到完整的享受，而正是享受奠定了感恩的基礎。佛洛伊德在形容被哺乳時，嬰孩的無上喜樂是性滿足的基模。以我的觀點，這些經驗不只構成了性滿足的基礎，也是後來所有幸福快樂的基礎，使個體與他人成為一體的感覺成為可能；這種一體感意味著被全然地瞭解，而這對每一種幸福快樂的愛或友誼關係而言，都是非常重要的。在最好的狀況下，這樣的瞭解不需要用文字去表達，這顯示了它來自於在前語言階段與母親最早的親密關係。可以全然享受和乳房這最早關係的能力，構成了能夠從不同的來源經驗到愉悅的基礎……

……對乳房全然的滿足，意味著嬰孩覺得已經收到來自愛的客體的一份獨特禮物，而他想保留這份禮物，這是感恩的基礎；感恩密切連結於對好形象的信任。這首先包含了接受和吸收愛的原初客體（不只作為食物的來源）的能力，其中貪婪和嫉羨沒有造成太多妨礙；因為如果是貪婪的內化，就會干擾對客體的關係。個體會感覺到他正在控制、耗竭客體，因此對客體是一種傷害。然而在對內在和外在客體的良好關係中，主導

的是想要保存它、使它倖免於難的願望。

第十章〈嫉羨和感恩〉（1957）

p.242-243（英文版 p.187-188）

　　在這番敘述之外，克萊恩還補充感恩在修復、所有的昇華活動，以及各種慷慨的表現中都佔有一席之地。她將這番良性循環與嚴重的嫉羨對照，嫉羨則會「破壞並傷害生命之源的好客體」。有人可能會認為嫉羨與欽羨（admiration）是一體兩面，認為唯有當我們能欣賞和欽羨，才會有嫉羨。但克萊恩似乎同意喬叟（Chaucer）而引述他的看法，同意嫉羨是七宗罪之首，因其對所有會激發崇敬的事物都予以痛擊：「很肯定地，嫉羨必是最惡之罪，其他罪僅只違抗一項美德，但嫉羨卻違抗所有美德與美好」〔《坎特伯里故事集》〈教區牧師的故事〉（The Parson's Tale）〕。

早期自我的形成

　　克萊恩緊接著在文章中回顧她對早期自我的看法：

　　我相信自我從分娩前生命的一開始就存在著，雖然是一種原初的形式，而且大部分缺乏凝聚。在最早的階段，自我已經執行著重要的功能。也許這種早期自我接近於佛洛伊德所主張

的自我潛意識部分，雖然他並未認定自我從一開始就存在了，但是他賦予有機體一種我認為只能由自我去執行的功能。內在死之本能所造成的滅絕威脅，以我的觀點來看是初生的焦慮——在這個關鍵點上和佛洛伊德的觀點不同；而為生之本能而運作的自我（甚至是經由生之本能召喚而運作），某種程度地把那樣的威脅向外轉向。佛洛伊德將這種對死之本能的基本防衛歸屬於有機體，而我將此過程視為自我最初的活動。

第十章〈嫉羨和感恩〉（1957）

p.246（英文版 p.190-191）

在這之後，克萊恩摘要了一些她的觀點，包括在生死本能間的掙扎，一方面是整合與另一方面因必要防衛而分裂自體和客體的兩種極端，也闡述了早年嫉羨的破壞力，主要是在影響原初分裂以及建立穩固好客體的歷程，穩固的好客體正是自我賴以凝聚的核心。她也強調好客體與理想化客體的差異：理想化其實意味著破壞衝動和迫害焦慮仍蠢蠢欲動。在克萊恩眼中，自我的成長、與原初客體的關係、穩定的程度這三者彼此關聯的圖像是非常清晰的：

> 如果是很深的裂隙，代表了被分開的不是好的和壞的客體，而是一個理想化的和一個極度壞的客體。如此深層和明確的區隔，顯示出破壞衝動、嫉羨和迫害焦慮非常強烈，而理想化僅是作為對抗這些情緒的一種防衛。

如果好客體是根深蒂固的，這樣的裂隙根本上會有不同的本質，而且會允許自我整合和客體合成等非常重要的過程去進行。於是藉著愛，可以相當程度地緩和恨，憂鬱心理位置可以被修通。結果，足以更安全地建立一個對完整好客體的認同；這也會帶給自我力量，使自我可以保留它的身分認同，也可以保留一種擁有自身美好的感覺。自我變得比較不易毫無區辨地認同各式各樣的客體，其為脆弱自我的一個特徵。更進一步，對一個好客體全然的認同，是伴隨著自體擁有自身美好的感覺。當事情不對勁時，自體分裂開來的部分被投射於客體，過度的投射性認同導致自體和客體之間一種強烈的混淆困惑，但這也是為了支持自體。和這種現象繫縛一起的是一種自我的虛弱化，與客體關係之中一種嚴重的干擾。

第十章〈嫉羨和感恩〉（1957）

p.248（英文版 p.192）

稍後她繼續寫道：

當人們能夠帶著相當的安全感建立好的客體，即使好客體有缺點，他們也能夠留住對它的愛，而對另外一些人而言，理想化是他們愛的關係和友誼的特徵。這通常會失敗，於是一個愛的客體常常需要換成另一個，因為沒有客體可以全然地符合期望。先前理想化的人通常會被感覺為一個迫害者（這顯示出

理想化的起源是作為迫害感的對應物），主體嫉羨和批判的態度被投射到他裡面。這點非常的重要，在內在世界中，相同的過程運作著，用這樣的方式納入了格外危險的客體，這些都導致了關係中的不穩定性。這是自我脆弱的另一個層面，之前我已經提過這點和未加區辨之認同的關係。

第十章〈嫉羨和感恩〉（1957）

p.249-250（英文版 p.193）

早年嫉羨與罪疚對性發展的影響

　　早發的迫害式罪疚，其實是來自於強烈的嫉羨。克萊恩到此又重新思考憂鬱心理位置理論，這展現了她總是不斷地反思自己對生命最初心智歷程的理解。她回憶起最初在小小孩身上觀察到的罪疚感和迫害感，認為若過於強調偏執類分裂與憂鬱心理位置之間是截然二分的，就會忽略這種小寶寶無法處理的過早罪疚。在此雖然克萊恩主要探討的是對餵食母親（乳房）的潛意識嫉羨所造成的後果，不過我們也可藉此理解嬰兒在面對母親陷入憂鬱或其他嚴重虐待剝奪時的心理狀態。當缺乏外在好客體，也就無法發展自體凝聚並相信自己具有好的部分。克萊恩認為，這種狀態會過早促發性興奮，也會讓口腔和性器衝動混淆。在理解臨床上許多早年經驗困頓兒童有性慾化的現象上，這個觀點確實貢獻良多。

　　這種情緒剝奪（廣泛與餵食、營養和口慾相關）和早熟性慾

的關聯，也為剝奪與行動化這種較粗淺的相連性提供更深的理論基礎。在某些孩子身上，比方說因原生家庭的照顧功能崩解而被寄養或收養的小孩，早熟性慾確實是一大問題（Bostion and Szur, 1983; Rustin et al., 1997）。

　　過度的嫉羨妨礙了充分的口腔滿足，因此刺激、加強了性器慾望和趨向。這意味著嬰孩太早轉向性器的滿足，後果就是口腔的關係變得性器化，而性器趨向沾染了太多口腔怨懟和焦慮。我經常主張性器知覺和慾望可能從出生起就開始運作了，例如，我們都知道小男嬰在很早的階段就已經會勃起。但是我所說的這些知覺過早地喚起，是指性器趨向在正常口腔慾望全盛的階段妨礙了口腔趨向。在這裡我們要再度考慮早期混淆困惑的影響，這樣的混淆困惑表現在模糊的口腔、肛門和性器衝動及潛意識幻想中。原慾和攻擊兩者的各種來源有所重疊是正常的，但是當這種重疊造成無法充分地經驗到這些趨向之一（在其恰當的發展階段）的主導時，後來的性生活和昇華都會受到不良的影響。性器特質如果是基於逃離口腔特質，就會是不安全的，因為附著於不足的口腔享受上的疑心和失望，會被帶入性器特質。性器趨向妨礙了口腔主導期（oral primacy），逐漸毀壞性器領域中的滿足，也經常是強迫自慰和雜交的原因。因為缺乏原發的享受，會在性器慾望中引入強迫行為的要素，正如我在一些個案之中看到的，也會因此導致性知覺進入所有活動、思考過程和興趣之中。對一些嬰孩而言，逃入性特質也是一種防衛，避免怨恨、傷害那有矛盾感覺的第一個客

體。我發現過早出現的性器特質可能和早期發生的罪惡感有關,是偏執和類分裂案例的特徵。

第十章〈嫉羨和感恩〉(1957)
p.251-252(英文版 p.195-196)

　　在上述這段中,克萊恩是採用佛洛伊德原本的嬰兒發展順序,性器主導的階段是在口腔期之後,也特別指出當這樣的順序被打亂時會造成什麼傷害。克萊恩將佛洛伊德描述的正常心理發展順序與她所認為的充分早期分裂的重要性連結起來,她認為未能充分分裂會引發嚴重問題,因此而陷入混淆狀態,也會引發嚴重問題。不論是混淆好壞或混淆口腔及性器衝動皆會阻礙建立穩固的客體關係,當然,也很可能兩種混淆同時存在。

　　她也繼續將這些元素與偏執和憂鬱心理位置理論整合,尤其著重在區分早期的迫害罪疚、與稍晚期因擔憂傷害好客體而產生的罪疚感,稍晚出現的罪疚感較能因希望感而減輕。她更進一步細述現在理解的破壞性嫉羨是如何連結到先前提出的偏執妄想和憂鬱焦慮中。〈嫉羨和感恩〉探討的嫉羨是一種在生命非常早期對原初客體的潛意識嫉羨,在理解到這個現象之後,即為偏執—類分裂心理狀態的樣貌補上重要一筆。憂鬱心理位置則涉及了對客體的關懷,是基於對好客體及自體好的部分逐步增長的信賴而生,此位置的罪疚感乃是不同型態。

這種希望是基於對潛意識知識的增長，知道內在和外在的客體並不像在其分裂層面時所感覺到的那麼壞。經由愛而緩和了恨，在嬰孩的心智之中客體改善了，不再那麼強烈地感覺到在過去已經被摧毀，在未來被摧毀的危險也減低了；客體沒有被傷害，同樣地在現在和未來也不再感覺那麼脆弱。內在客體獲得一種限制和自我保存的態度，它的更大力量是其超我功能的一個重要層面。

在對克服憂鬱心理位置的描述中，克服憂鬱心理位置和對內在好客體有更大的信任有關，但我並非意圖表達這類的結果不會暫時被抵銷，一種內在或外在本質的壓力很容易在自體及客體引發憂鬱和不信任。然而以我的觀點而言，掙脫這類憂鬱狀態的能力，重新獲得個人內在安全的感覺，是一種人格發展良好的評斷標準。相反地，麻木自己的感覺和否認憂鬱這些處理憂鬱的常見方式，是一種退化到嬰兒期憂鬱心理位置期間所使用的躁症防衛。

> 第十章〈嫉羨和感恩〉（1957）
>
> p.253（英文版 p.196）

最後一個段落提醒我們，克萊恩憂鬱心理位置的概念並非持續沉浸在憂鬱狀態中，而是一種內在與客體的關係，是有可能可以走出憂鬱和狂躁之間的擺盪。她同時也勾勒出所有人類的內在狀態都是持續起伏變動的。

嬰兒期伊底帕斯議題

　　討論了嫉羨對母嬰兩人關係的影響，克萊恩轉向討論伊底帕斯情境，以及嫉羨與嫉妒的關聯。她再度提起嬰兒是否準備好面對三角關係的問題，她相信這與早年和母親有好的「排他」關係有密切關聯，好的關係意味著嫉羨或其他因素並未過度干擾。她指出伊底帕斯的三人劇碼，基本上是接續著母嬰所建立的關係以及嬰兒的內化客體而來，或是建立於這些核心之上發展。

　　伊底帕斯情結的發展強烈地受到和母親的第一個排他關係之更迭變化的影響，當這樣的關係太快受到干擾，就會過早進入對父親的敵對。陰莖在母親裡面或在她的乳房裡面的潛意識幻想，把父親轉變成一個有敵意的入侵者。當嬰孩尚未充分享有早期母子關係提供給他的享受和快樂，也尚未安全地納入第一個好客體時，這種潛意識幻想會特別強烈。這樣的失敗部分取決於嫉羨的強度。

　　在早期的作品中我描述了憂鬱心理位置，我指出在該階段，嬰孩逐步地整合愛和恨的感覺、合成母親好和壞的層面、經歷與罪惡感有關的哀悼狀態。他也開始更瞭解外在世界，體會到他無法保留母親作為他獨佔的擁有。嬰孩是否能找到協助，對抗在與第二個客體（父親）或周遭其他人建立關係過程的哀傷，大部分取決於他對所失去的唯一獨特客體經驗到的情緒。如果那個關係奠基良好，則失去母親的害怕較不強烈，且也較有能力分享她，於是他也可以經驗到更多對其對手的愛。

這些都意味著他能夠令人滿意地修通憂鬱心理位置，這也必須取決於對原初客體的嫉羨並未過度。

正如我們知道的，嫉妒與生俱來就存在於伊底帕斯情境中，伴隨著恨和死亡的願望。然而，正常而言，獲得可以被自己所愛的新客體——父親與手足，以及發展中的自我取自於外在世界的其他補償，在某種程度上減緩了嫉妒和怨懟。如果偏執和類分裂機制非常強烈，則嫉妒就（最極致是嫉羨）不會減緩。伊底帕斯情結的發展根本上受到所有這些因素的影響。

伊底帕斯情結最早階段的這些特徵，包括母親的乳房和母親涵容了父親的陰莖，或父親涵容了母親的潛意識幻想，這是聯合父母形象的基礎，我已經在稍早的作品中闡釋這種潛意識幻想的重要性。聯合父母形象對嬰孩分辨父母以及分別和他們建立關係之能力的影響，受到嫉羨強度和伊底帕斯嫉妒強度左右。疑心父母總是由彼此獲得性滿足，並從各種來源增強了「他們總是合併著」的潛意識幻想。如果這些焦慮強烈地運作著，因而不適當地延長了，後果會是在與父母雙方的關係之中有一種持續的困擾。在病況相當嚴重的個體中，與父親的關係無法不與母親相連，因為在個案的心中，它們是解不開的糾纏牽扯在一起，這樣的狀況在嚴重的混淆困惑狀態中扮演了重要的角色。

如果嫉羨並未過度，在伊底帕斯情境中，嫉妒變成是一種修通嫉羨的方式。

第十章〈嫉羨和感恩〉（1957）

p. 54-255（英文版 p.197-198）

最後一句尤其饒富趣味，凸顯了嬰兒世界中有更豐富延伸的家庭關係。克萊恩認為對父親和手足的嫉妒，讓嬰兒的敵意可以「分散」，母親不須成為恨意的唯一據點！類似地，其他關係也提供了其他愛與被愛的機會。從克萊恩的觀點，嬰兒的世界擴大後也有更多可供「修通」的新管道，只要先前已經完成某些修通工作，這指的是早期和母親可以建立好關係而感到安全，若早年母嬰連結遭剝奪或斷裂，孩子面對伊底帕斯挑戰時會更脆弱，尤其是早熟的性興奮和潛意識幻想已經取代了退讓其位的口腔慾求滿足。

此處克萊恩描述為嚴重混淆父母（完全無法分開的結合雙親）的病態，與稍早提到的過早性器主導會干擾早期客體關係，兩者顯然彼此相關。她在此解釋，若未能順利建立好客體，意味著自我也沒有能依附凝聚的核心，當嬰兒意識到父親和手足存在時，就會更進一步陷入困境，整個伊底帕斯情境都被扭曲且無可修通。

日後針對克萊恩提出嫉羨乃兩人現象的爭論頗值得一探。克萊恩描述與父親的「過早」競爭似乎是緊緊融合了嫉羨與嫉妒，這或許是在告訴我們，理論上嫉羨是兩人現象，但實際臨床上卻是更為複雜。索德蕾（Sodré, 2008）在說明這種複雜性時，提出一旦感受到分離，嫉羨就會浮現，且乳房（克萊恩說的嫉羨對象）本身就不是好的，而是被感覺為「握有好東西」，這意味一種三方關係。梅爾策（Meltzer, 1973）在類似的基調上，進一步認為乳頭和乳房各代表了結合雙親中的父親和母親面向（乳頭證明了陰莖在母親體內），這個觀點重新界定了嬰兒與母親乳房的第一段關係，認為在這關係中，嬰兒即能在潛意識中意知到其母親與父親的關係。

我們在克萊恩討論中所見的早年嬰兒期的整體圖像，是相當豐富且範圍廣泛的。她的描繪優游往返於嬰兒狀態與臨床經驗之間，

其自由的想像力在此展露無遺，那些臨床經驗蘊育了她的理論概念，也廣闊地涵蓋了對企圖心、陰莖嫉羨、性冷感、同性戀的某些元素，以及父母雙親的不同性別經驗之觀察。

接下來她再度強調人類生命中創造力的重要性，以及嫉羨衝動與創造潛能的互動關係。

嫉羨、創造力及感恩的力量

給予的能力和保存生命的能力，被當作是最好的禮物，因此創造力變成嫉羨最深層的理由。在嫉羨之中隱含著對創造力的毀壞，在彌爾頓（Milton）的《失樂園》（*Paradise Lost*）中有所闡釋，在其中撒旦嫉羨上帝，因此決定篡奪天堂。他企圖毀壞天堂的生活，和上帝作戰，並且墮落而離開天堂。既已墮落，他和其他墮落的天使建造地獄，作為天堂的競爭對手，並且成為破壞的力量，企圖摧毀上帝所創造的。這種神學的觀點似乎是從聖奧古斯丁（St Augustine）而來的，他形容生是一種創造的力量，對立於嫉羨──破壞的力量。關於這一點，《哥林多前書》（*the First Letter to the Corinthians*）中寫著：「愛是不嫉妒」。

我的精神分析經驗顯示，嫉羨創造力是干擾創造過程的一個根本要素。去毀壞和摧毀美好之初始來源，很快會導向摧毀和攻擊母親所懷有的嬰兒，並導致好客體轉變成一個敵意、批判和嫉羨的客體。強烈的嫉羨被投射到超我的形象上，超我變得格外具迫害性，妨礙思考過程和每一種具生產力的活動，最

後妨礙了創造力。

第十章〈嫉羨和感恩〉（1957）

p.260-261（英文版 p 202）

　　許多後代分析師繼續發展感恩能力與創造力之間的關聯，比方說，比昂、梅爾策和卡柏（Caper）都探討過當內在雙親伴侶的結合被感覺是有創造力的，或是在分析師與個案的關係中，彼此能齊心朝涵容嫉羨而努力，兩者都是抵禦破壞性嫉羨和攻擊客體的屏障。很有意思的是，在描述嫉羨時，克萊恩引用了許多文學作品：《舊約》與《新約》、莎士比亞、喬叟、彌爾頓、史賓賽和歌德都在這個主題助她一臂之力；這種轉求於文學與神話的情況，在後代作者寫及嫉羨時亦明顯有此傾向，常會引援莎士比亞或其他作品來闡述善妒性格的微妙心態。克萊恩更提到世代之間會如何表現感恩而從嫉羨解脫，她描述得頗為感人：

　　因為嫉羨是嚴重不快樂的來源，相對而言能夠擺脫嫉羨，感覺就是滿足和平靜之心智狀態的基礎，最終而言也是心智健康的基礎。事實上，這也是內在資源和復原力的基礎，有些人即使經歷巨大的逆境和心智痛苦之後，仍可以重新獲得心靈的平靜，我們可以在這些人身上觀察到這種內在資源和復原力。包括感恩過去的愉悅，和享受現在所給予的一切，這樣的態度會表達在寧靜之中。在老年人若是擁有這種內在資源和復原

力，便能去適應年華不再，可以在年輕人的生命中得到樂趣和興趣。父母在他們的孩子和孫子們身上重新再活一次，這個是眾所周知的事實（如果這不是一種過度的佔有和野心轉向的表達）闡釋了我所要傳達的。享受過生命經驗和樂趣的人，會更加相信生命的延續性。

第十章〈嫉羨和感恩〉（1957）

p.262（英文版 p.203）

分析工作如何緩和嫉羨

在主文之後，克萊恩寫下了大量臨床案例，凸顯出她堅信去分析移情是極為重要的，她也相當瞭解，當與情緒經驗相關的洞察出現時，有時會伴隨痛苦。這些臨床案例（也包括呈現夢境分析如何幫助分析歷程）展現出克萊恩包容和探索性的態度，是如何幫助她的個案獲得釋放：當嫉羨可以被涵容、意知，就會變成不那麼危險的情緒，也由於痛苦被理解產生感恩而舒緩。文中提及的案例，亦在呈現從輕微到嚴重的病態，並指出嫉羨在不同發展層次的破壞性運作。在此，克萊恩認為精神分析是一種發展過程的想法顯現了出來，她希望個案能重新整合他們裂解掉的部分，通常是破壞性的面向，而初次意識到這些面向時會極為震驚、陷入憂鬱與焦慮，但若能堅持下去，這些部分會拓展並強化人格。

現在我想用臨床的素材來闡釋我的某些結論。我的第一個例子是取自於一名女性個案的分析，她小時候是喝母乳的，但是現實的周遭環境卻不是那麼有利，她很確信她的嬰兒時期和餵養過程整體都是未滿足的。她對過去的怨懟，連接著對現在和未來的無望感。對餵養之乳房的嫉羨，以及在客體關係中繼之而起的困難，在我要提出的以下素材之前，已經被廣泛地分析過了。

　　個案來電話，說她因為肩膀的疼痛而無法來治療；第二天，她打電話告訴我她還是不舒服，但是期待隔天能看到我；第三天她真的來了，卻抱怨連連。她的女傭照顧著她，但是其他人都漠不關心。她向我形容，有一刻她的疼痛突然增加，伴隨而來的是一陣極端寒冷的感覺，她感到有一種迫切的需要，想要有人立刻過來並且用衣物蓋住她的肩膀，如此一來肩膀才會變溫暖，但是一旦那樣做之後，她希望那個人再度離開。在那片刻，她想到這一定是她嬰兒時期所感覺到的：當她想要被照顧時卻沒有人來。

　　這是個案對他人態度的特徵，並且闡明了她和乳房最早期的關係，她渴望著被照顧，卻同時排拒那個將要滿足她的客體。對所收到的禮物疑心，伴隨著她想要被關心的迫切需要，意味著想要被餵食的欲求，表達了她對乳房矛盾的態度。我曾經提及嬰孩對挫折的反應，是不充分利用餵食（即使是延遲的餵食）所能提供的滿足。我臆測，即使他們沒有放棄想擁有令人滿足的乳房這樣的欲求，他們也不能享受它，並且因此會排拒它。我所討論的這個案例闡釋了這種態度的某些理由：對她

希望收到的這份禮物感到疑心，因為客體已經被嫉羨和怨恨所毀壞，同時是對每個挫折的深層忿恨。我們也要記住：無疑地，很多失望的經驗，部分是出自於她自身的態度，這些失望的經驗使她覺得所欲求的照顧是無法讓人滿足的，這點也適用於其他明顯嫉羨的成人。

在這次會談時段的過程中，個案報告了一個夢：她在一間餐廳裡，坐在一張桌子旁，然而沒有人來為她服務。她決定加入排隊的行列，拿一些東西吃。在她面前的女人拿了兩三塊小蛋糕，然後帶著蛋糕離開了，個案也拿了兩三塊小蛋糕。從她的聯想中，我選擇了以下的資料：這個女人似乎非常堅決，她的形象會讓人想起我。我突然對蛋糕的名字感到疑問〔事實上是小點心（petits fours）〕，她起初以為是「小水果」（petit fru），這讓她想到「小太太」（petit frau），因此想到克萊恩太太（Frau Klein）。我詮釋的要旨是她對錯過分析時段的怨懟，這錯過的分析時段與未滿足的餵食經驗和嬰兒時期的不快樂有關。這「二或三」裡的這兩塊蛋糕代表乳房，因為錯過的分析時段，她覺得被剝奪了兩次，會有「二或三」是因為她不確定她第三天是否可以來。這個女人是「堅決的」，以及個案在拿蛋糕時以她為範本，指出了她對分析師的認同，以及她將自己的貪婪投射到她身上這兩件事。在目前的脈絡下，夢的一個層面是最相關的。帶著二或三塊小點心離開的分析師，不只是代表不餵食她的乳房，也代表要餵養它自己的乳房（和其他的素材合併來看，「堅決的」分析師不只代表一個乳房，也代表一個個案認同其好與壞特質的人）。

對乳房的嫉羨因此加入挫折之中。這樣的嫉羨造成苦楚的忿恨，因為母親被感覺為自私和卑劣的，她餵養並愛自己，而非她的嬰兒。在分析的情境中，她猜疑在她缺席期間，我自己一定很享受，或者我一定把時間給其他我比較偏愛的個案；個案決定加入的隊伍指的是其他更被喜愛的對手。

　　個案對分析此夢的反應，是在情緒情境中一次令人驚訝的改變。比起以前的分析時段，她現在可以更活生生地經驗到一種快樂和感恩的感覺。她的眼中含著淚，這是不尋常的，她還說她覺得好像自己現在有了一次全然滿足的餵食。她也突然想到自己的乳房餵食經驗和嬰孩時期，可能比她所認定的還要更快樂，同樣地，對未來和對分析的結果，她覺得更有希望。個案更全面地瞭解自己的一部分，但她對這個部份的其他方面絕對不是一無所知的。她知道她對不同的人感到嫉羨和嫉妒，但從未充分承認她對分析師的嫉羨與嫉妒，因為嫉羨並毀壞分析師和分析的成功，都是太痛苦的體驗。在這個分析時段中，提出詮釋之後，她的嫉羨減輕了，享受和感恩的能力出頭了，她可以將分析時段經驗為一次快樂的餵食。情緒情境必須一次又一次地修通，不論是在正向和負向的移情中，直到達到一個更穩定的結果。

　　藉著與分析師的關係，使她逐漸地把自體分裂開的部分集合在一起，以及藉著讓她瞭解到她是多麼嫉羨我，因此又是多麼的疑心，而最早初是對她的母親，這麼一來快樂的餵食經驗出現了。這點和感恩的感覺有密切關係，在分析的過程中，嫉羨減少了，感恩的感覺變成更加頻繁和持久。

第十章〈嫉羨和感恩〉（1957）
p.263-266（英文版 p.204-206）

　　克萊恩以她典型的風格，在討論與潛意識嫉羨相關的焦慮之後，就描述相關的防衛機制，也會闡明她對於自我會保護個體，幫助個體抵禦可能無法承受的焦慮感到很欣賞。她特別提到幾種防衛方式：理想化（「為了消滅嫉羨而強力抬舉客體與其才能」）；會干擾清晰思路的「混淆」（不分好壞）；為了保護母親不受到惡意的嫉羨侵襲，因而逃離與母親的緊密關係，轉向關注他人（最初多是父親）；分散強烈情緒（雜交乃基於此）、貶低客體（涉及不知感恩）及貶低自體（無法享受自己的才能）。而嫉羨和貪婪之間的連結則在下述這種情況中變得明顯：當內化過程（如「貪婪」的寶寶吸吮乳房）極其貪婪，客體有如全然被佔有和受控，其全部的好東西都被佔為己有。

　　嫉羨的痛苦（如一般話語中的受嫉羨「刺痛」）可藉由激發他人陷入嫉羨開脫，藉此將情勢徹底反轉；而痛苦也可透過「遏止愛的感覺和伴隨著增強的恨」或漠然的態度驅離，因其掩蓋了嫉羨與怨恨好客體產生的罪疚感。

　　儘管這些對於嫉羨之防衛的敘述是容易聯想的，克萊恩其實並沒有提供臨床案例解釋。我在此提供一段與兒童工作的短篇素材，可呼應她所點出的幾個要素。雖然克萊恩強調她在理解嫉羨概念上，兒童分析工作經驗的重要性，但她書中所舉的例子皆為成人案例。

臨床片段

　　貝拉是個有點幼稚的九歲小女孩，她曾因嚴重的困擾住院，現在她在一間診所接受一週三次的心理治療。

　　她的生活各方面都受限，她無法交朋友、無法學習，也沒辦法享受家人的關係。

　　她總是很注意治療師穿什麼，尤其是鞋子。有一天，她要治療師注意她的 T 恤，上面印著「I'm feeling sweet」（我覺得自己好甜），不過她卻接著問：「為什麼妳沒穿那雙銀色鞋子？為什麼妳都穿高跟鞋？」後來她用黏土做出一個景，裡面一隻「彩色毛毛蟲」和一隻「長尾貓咪」在嘲笑一隻孤單的蜘蛛，蜘蛛一直被「毛毛蟲—貓咪」組欺負和排擠。治療師表示同情那隻嫉妒的蜘蛛，貝拉就開始抱怨她坐的椅子比治療師的小，她於是移到一張和治療師差不多的椅子。後來她又提起看到診所建築物在修繕，她有點好奇和焦慮。接近晤談尾聲時，貝拉開始打治療師的腳，治療師回應她不喜歡看到這雙鞋，因為會讓她覺得自己不一樣。貝拉指著鞋子上的皺痕說：「是誰刮的？」，接著她去坐在治療室裡最大張的椅子上。治療師說：「當妳覺得自己不一樣又小小的時候，妳就會生氣。妳現在想要變得大大的，妳不喜歡我的腳，因為晤談結束時它會把我帶走，所以妳想刮和弄壞我的鞋。」

現在我們有了上述這個例子。當中的小女孩希望自己是甜美漂亮的，於是對治療師燃起強烈嫉羨，因為覺得治療師擁有一切好東西：銀色鞋子、高跟鞋（長大的象徵）、大椅子、伴侶、知道診所建築物發生什麼事。「毛毛蟲—貓咪」組意指一對洋洋得意的伴侶，牠們殘忍地享受排擠那隻可憐蜘蛛的感覺，這是一幅性伴侶完全無法為嫉妒又嫉羨的孩子著想的景象。「蜘蛛得自己一個」貝拉一邊說出這句話，一邊露出賊賊的笑。在這裡可以看到一些些克萊恩提到的理想化（銀色鞋子），還有貶抑（把她崇敬又嫉羨的鞋子刮壞），也有混淆（在貝拉心中，和善與惡意的治療師混在一起）。貝拉的狀態也呼應了克萊恩的觀點，對抗嫉羨的防衛其實不太能起作用，且這些防衛又更進一步損耗個體從關係中獲益的能力。

克萊恩也提到其他同僚的作品〔羅森費爾德（Rosenfeld）和其他人〕，這些作品在探討嫉羨在心智嚴重混亂狀態中扮演的角色，正好呼應了貝拉和治療師的關係：

> 當類分裂和偏執的特徵佔優勢，那麼對抗嫉羨的防衛就不會成功，因為對主體的攻擊導致迫害感增加，只能用新一輪的攻擊去處理，也就是增強破壞衝動，以這樣的方式造成了惡性循環，損害了反制嫉羨的能力。這點特別適用於精神分裂症的案例，並且多少解釋了治癒他們的困難。

第十章〈嫉羨和感恩〉（1957）

p.282-283（英文版 p.219）

總括來說，克萊恩認為這些防衛與那些會導致分析中有負向治療反應的防衛是屬同類的。如此又進入探討會損害分析歷程的困境，以及需要做好會在「進步與後退間浮浮沉沉」的準備。比昂後來繼續延伸此觀點，布列頓又更是將之完整概念化，指出在治療中必然會在偏執─類分裂與憂鬱結構間來回擺盪（Britton, 1998a）。

感恩的阻礙

　　克萊恩將以下這些連結到感恩的問題：

　　雖然個案在心靈中的某些部分瞭解到這個詮釋是有幫助的，他還是無法帶著感恩接受詮釋，這便是負向治療反應的一個層面。同樣的主題之下，有很多其他的困難，我現在要提及其中的一些。我們必須有心理準備會發現，無論何時，當個案在整合上有進步時，也就是當人格之嫉羨、怨恨和被怨恨的部分，已經更緊密地和自體某些其他的部分結合時，強烈的焦慮可能就會浮上檯面，並且增加個案對其愛之衝動的不信任。我曾把「愛的遏止」形容為一種在憂鬱心理位置期間的躁症防衛，它根源於破壞衝動和迫害焦慮的威脅危險中。以一個成人而言，對所愛之人的依賴，喚醒了嬰兒期的無助感，這會被感覺為一種羞辱。但是關於依賴這點，還有比嬰兒期無助感更多的東西：如果孩童擔心自己的破壞衝動會使母親轉變成一個迫害的或受傷害的客體，當這樣的焦慮太大時，孩童可能會過度地依賴母親，而這種過度依賴在移情的情境會被喚醒。擔心

萬一屈服於愛，貪婪將會摧毀客體的焦慮，是遏止愛之衝動的
另一個原因；也害怕愛會導致太多的責任、客體將會提出太多
的要求。潛意識地知道恨和破壞衝動正在運作著，這會使個案
更誠心地不承認對他自己和他人的愛。

第十章〈嫉羨和感恩〉（1957）
p.286-287（英文版 p.222-223）

她也提到無可避免會出現的種種防衛，如分裂、潛抑、依附於
強烈正向的移情、與增加全能與狂妄的潛意識幻想，但是做出了這
番結論：

在分析那些天生體質上嫉羨就很強烈的個案時，我強調
了在特定關鍵點出現的困難。然而，在很多案例中，分析那些
深度、嚴重的障礙，對於過度嫉羨和全能態度所造成的精神病
潛在危險，是一種安全的防護，但是重要的是不要企圖催促這
些整合的步驟，因為如果對個案人格中之區隔的認知來得太突
然，個案在適應上會有很大的困難。嫉羨和破壞衝動被愈強烈
地分裂開來，當個案意識到它們時，會覺得它們愈危險。在分
析中，個案對洞識自體中區隔部分會感到痛苦，因此我們應該
緩慢而漸進地進行。這意味著破壞的一邊一而再、再而三地被
分裂開來和重新獲得，直到產生了更大的整合，結果是責任感
變得更強烈，罪惡感和憂鬱被更充分地經驗。當這樣的狀況發

生時，自我被強化了，破壞衝動的全能感連同嫉羨一起被減弱，在分裂過程中被遏止的愛和感恩的能力也被釋放了。因此，分裂開來的層面逐漸變得更能被接受，個案也較能潛抑對愛之客體的破壞衝動，而不是分裂自體，這點意味著對分析師的投射（將其轉變成危險和報復的形象）也減弱了。接著，分析師會發現，幫助個案朝向進一步的整合變得容易多了，也就是說，負向治療反應正在失去強度。

第十章〈嫉羨和感恩〉（1957）

p.289-290（英文版 p.224-225）

克萊恩將她的技術與另一取向比較差異，另一取向強調增強正向移情、避免負向移情，並嘗試成為好客體的角色。她提出她多次在其他場合強調的觀點：以再保證（reassurance）為本的技巧是無法有持久成效的。不過她也強調開始覺知破壞性嫉羨所衍生的痛苦之強，因此個體會不斷嘗試去逃避覺知。這連結到日後歐湘娜希（1981a, 1992）、史坦納（Steiner, 1993）對病態人格結構的作品，以及羅森費爾德探究破壞性自戀之作（1964, 1971, 1987），其中羅氏的作品更擴展了對分析僵局的理解。

體質與環境因素

在最後總結之前，克萊恩重申她認為體質因素會影響發展上的個別差異（她引用佛洛伊德與亞伯拉罕作為支持），不過她也把一

些焦點放置在各種外在經驗的影響，以為平衡：

我先前已經提過，在與原初客體（即母親乳房）的關係
中，貪婪、怨恨和迫害焦慮有一種天生的基礎。在此討論中，
我有所補充：嫉羨作為口腔和肛門施虐衝動的一種強力表達，
也是體質的。以我的觀點，這些體質因素在強度上的差異，和
佛洛伊德所提出在生、死本能融合中，其中一個或另一個本能
的優勢有關。我相信其中一個或另一個本能的優勢和自我的
強弱有關聯，我經常提到與自我必須處理的焦慮相關的自我之
強度是一種體質因素。忍受焦慮、張力和挫折的困難，與自我
所經驗到的強力破壞衝動和迫害感，就比例來看，前者是自我
（從出生後開始）相對虛弱的一種表達。這些加諸於虛弱自我
的強烈焦慮，導致例如否認、分裂和全能感這些防衛的過度
使用，這些防衛多少都是最早期發展的特徵。為了配合我的理
論，我的補充說明為：一個體質上強壯的自我，不會輕易變成
嫉羨的犧牲品，並且比較能有效地分裂好與壞，而我認為這樣
的分裂是建立好客體的前提。於是自我比較不會受那些導致碎
裂的分裂過程（且為明顯偏執─類分裂特徵之一部分）所影
響。

另一個從開始就影響發展的因素，是嬰孩所經歷過的各
種不同外在經驗，這點或多或少解釋了嬰孩早期焦慮的發展，
在難產和餵食經驗不滿足的嬰兒中，這些焦慮會特別巨大。然
而，我所累積的觀察說服我，這些外在經驗所造成的衝擊，和
天生破壞衝動的體質強度及繼之而來的偏執焦慮彼此旗鼓相

當。很多嬰孩並未經歷很不利的經驗，然而卻受苦於嚴重的餵食、睡眠困難，我們可以在他們身上看到巨大焦慮的每一個徵候，這是外在環境所無法充分解釋的。

同樣眾所周知的是，有些嬰孩暴露在巨大的剝奪和不利的環境，但卻沒有發展出過多的焦慮，他們的偏執和嫉羨特性並沒有佔優勢，這點通常能從他們後來的生命史得到驗證。

在我的分析工作中，我曾經有過很多的機會，追溯性格形成的源頭至天生因素的各種變異。關於出生前的影響因素，有更多需要學習的地方，然而再多關於這些的知識，也不會減損決定自我強度和本能驅力強度之天賦要素的重要性。

上述這些天生因素的存在點出了精神分析治療的限制。雖然我全然地理解這點，但我的經驗教導我，我們仍然能在一些案例中製造根本、正向的改變，即使其體質基礎是不利的。

第十章〈嫉羨和感恩〉（1957）

p.295-296（英文版 p.229-230）

這些段落展現了克萊恩堅定強調先天與後天因素不相上下，先天因素在心靈發展上是重要一環，但早年經驗的影響也不遑多讓。許多對克萊恩作品的回應都未能完全體認到這樣的平衡性，但作品中這種特色確實非常明顯。她身後數十年來，臨床仍不斷在研究「體質」與「環境」帶來的影響（Rosenfeld, 1987; Roth and Lemma, 2008），尤其是鉅細靡遺地透過移情與反移情現象進行探究。

克萊恩在這段當中，仔細探討了先天與後天因素如何在心智發

展和人格形塑上形成嚴重障礙，這對於日後對兒童與青少年的分析工作是特別重要的。當公費診所的精神分析心理治療服務延伸到兒童族群後，意味著會為幼年遭受嚴重剝奪與虐待的孩子提供治療，而醫院各科也會考量收治有各式各樣複雜病狀與障礙的兒童。這種趨勢發展為臨床上探索先天與環境因素之個別影響與互動關係，開啟了寬廣的研究空間；但同時也意味著在資源有限的情況下，須能評估出兒童能從治療中獲益的可能性如何。而克萊恩這種一方面忠實意知治療成效的侷限，另一方面卻也堅信當環境與體質的條件都不利之下，仍能達成某些徹底的改變，這種分析態度對於將精神分析治療延伸至困頓兒童上，帶來了極具啟發性的貢獻。

她的結語強調了這本書為理論提出的新貢獻有：

- 嫉羨乃具傷害與破壞的本質。
- 分析師作為內在客體，與其呈現出的關係是很重要的。
- 「嫉羨的超我」可以摧毀掉修復和創造活動。
- 原初嫉羨以及早年的分裂與整合歷程，對於自我在生命第二年運用潛抑的能力是相當重要的。
- 堅持不懈的技術會為「修通」創造出適度空間。

如我們所見，這些要點幾乎都聚焦在嫉羨，確實顯露出在探索嫉羨與感恩這兩極上有所失衡。在這列要點中，其實還可以加上：感恩不僅可以緩和嫉羨，也能在內在強化與好客體的關係，還能支持創造性昇華。或許失衡是在所難免的，因為臨床素材總是比較傾向著重在個案前來尋求協助的困境，而且身為作者的分析師為了小心不被個案過度理想化，並謹慎面對自身工作，對於描述個案的痊

癒狀況、以及人格與好特質的成長都傾向謙遜保守。精神分析理論的臨床基礎確實在某種程度上會容易引來批評，被認為是種較強調個案的病理、較忽略其發展或「較健康」的特質。而克萊恩以身為一個重視嫉羨重要性的分析師聞名，正徹底吻合這種傾向，而且，她所描述的沉重現象，讀者確實是需要用一種非常冷靜、也就是非常精神分析式的態度，才能接受如此令人不安的臨床觀察。

　　她在本文中進行最後反思時，還提到個案嚴重的憂鬱痛楚和焦慮很可能會戰勝追求真相的欲求，因此限縮了分析工作的成效。自體被分裂掉的部分，很可能會被感覺成對自己和客體都是危險的，因此無法被意識所承認、納入。她在描寫嚴重個案時所流露出的人道與智慧，也呈現在她對較輕微個案充滿希望的評估之中，但她還是提出警告：

　　在我的觀點中，永遠不可能達成完整和永久的整合，因為在外在和內在來源的緊張壓力下，即使是整合良好的人們，也會被驅往更強烈的分裂過程，雖然這也可能只是一個過渡時期。

第十章〈嫉羨和感恩〉（1957）
p.300（英文版 p.233）

精神分析的價值所在

　　克萊恩在本書的倒數第二段中，優美地闡述她如何進行分析工作：

　　　　將分析帶到最早的嬰孩時期，我們使個案能夠復甦根本的情境——我經常說這種復甦是一種「感覺式記憶」，在這種復甦的歷程中，讓個案可能對早期的挫折發展出一種不同的態度。毫無疑問地，如果嬰孩確實暴露於非常不利的狀況，那麼就算回溯地建立好客體，也不能抵銷早期的壞經驗。然而，將分析師內攝為一個好客體，如果不是基於理想化，或多或少會有提供內在好客體的效果，而這內在的好客體是個案之前非常缺乏的。同樣地，投射的弱化和因此達到的更大包容，勢必與較少的忿恨有關，這些使個案能夠發現某些特徵，並復甦過去的愉快經驗，即使早期的情境是非常不利的。要達成這個目標的方式，是分析那將我們帶回最早客體關係的負向和正向移情，這之所以變得可能，是因為分析而造成的整合，已經強化了生命開始時的虛弱自我。正是因為這些，精神病患的精神分析也可能會成功。

　　　　　　　　　　　　　　　　　第十章〈嫉羨和感恩〉（1957）
　　　　　　　　　　　　　　　　　p.301-302（英文版 p.234-235）

　　這番針對精神分析治療潛能的有力結論，讓我們想起克萊恩設

想精神分析師必須要做的就是在移情關係中完全承擔起個案痛苦的負向情緒。當分析師感覺個案身上愛的能力跡象仍寥寥無幾而被激起了絕望，這一切過程會非常漫長且痛苦。然而也正是因此，分析師才能體會到當個案與自體和客體好的部分都切割開來，那種絕望和憂鬱的感受。

第二部

【第九章】

第二部簡介：
倫理觀、美學論、社會與克萊恩的工作

　　克萊恩寫的作品幾乎完全集中在臨床實務以及精神分析理論，其根據多出自於個人的諮商實務經驗，以及與其他精神分析師——不管他們的身分是分析師、老師或者是學者——的互動。雖然對佛洛伊德而言，與分析個案的臨床工作仍是精神分析的優先要務，但他一直想證明精神分析的概念與方法幾乎和所有人類文明與文化領域都有關聯。接著數年內，精神分析透過結構性與常態性訓練的發展，開始走上專業化，它的重點還是放在個別分析、理論傳播以及臨床督導上。與佛洛伊德的門徒與同時代的人當中，沒有一個在能力上可與他比肩，同時還對擴大精神分析應用領域至如此地步具備熱誠的人，是不偏離精神分析臨床實踐本身的初衷的。

　　因此，佛洛伊德著作領域廣泛，觸及讀者甚廣，主題多元，而克萊恩主要作品卻相對多是分析師和那些獻身於精神分析專業領域者所著作的。打從早期精神分析生涯開始，佛洛伊德便成了世界知名的公眾人物，但克萊恩並不想廣受注目，直到事業後期，她才因理論為追隨者及同儕接納並加以發展，且將論文結集成冊出版，知名度方始大開。她的確有少數文章針對非精神分析領域的讀者而寫，措辭直接且富於表現力，也偶爾撰寫觸及非臨床議題的論文，但這些東西只佔她出版物的少數而已。不過近年來，「克萊恩學派

傳統」（the Kleinian tradition）的精神分析概念在文化與社會領域的關聯性與應用上，已經明顯不遜於佛洛伊德的理念。確實，佛洛伊德概念下的「克萊恩學派發展」（the Kleinian development），可以在大多數佛洛伊德自己曾撰寫之非超越精神分析領域的文章找到關聯性，比如說，有關倫理問題、藝術和美學，以及社會與政治等。然而克萊恩自己的作品只有一小部分超過臨床範疇，創造這些廣泛連結的，是留給眾多被她的工作概念所啟發與影響的同儕與後繼者。

在本書的第二部分，我們將告訴讀者出自於克萊恩自己寫作的重要概念，如何成為它們在美學、倫理與社會科學領域發展的基礎。克萊恩自己已出版作品的之一，由梅蘭妮・克萊恩、寶拉・海曼（Paula Heimann）以及羅傑・孟尼克爾（Roger Money-Kyrle）編輯的《精神分析新方向》（*New Directions in Psycho-Analysis*, 1955）論文集，將是我們探討應用其概念的領域開宗明義的觀點之一。

【第十章】

克萊恩學派的倫理觀：
愛與恨的道德寓意

　　克萊恩著作與道德哲學和倫理學間的關係其實似有還無。對此議題，除了精神分析領域本身出現的之外，她鮮少於作品中清楚地表達個人看法。與佛洛伊德不同，她在思考人類本質及其道德傾向時，只在極少數的狀況會引用哲學、文學亦或其他學術領域的經典或知名作品，或是與它們有所呼應。然而就另一方面而言，她的工作飽含對具有深刻倫理學重要性的人性與心智狀態的研究。例如，她把貪婪、嫉妒、羨慕、感恩、罪疚、愛、恨以及修復等，寫為作品的核心主調──這些都明顯具有道德意涵，因為它們與人類以其思想、感情以及行動等方式和他人產生關係的基本框架範圍有關。就克萊恩的說法，心靈是透過與其經驗為好與壞的東西所產生的關係而形成秩序的。她描述人類從嬰兒期以來的心理發展，對道德感的出現極為重視，雖然，她是以情感、性格和傾向等專業名詞，而非以哲學倫理觀的語言向人們解釋。克萊恩相信人類心靈中天生具有愛的能力，且會關懷他人，然而它慣與對立性的恨、傷害等性格並存。她所描述的生命最早階段之愛恨衝動的模式──口腔與肛門的面向，強烈的情感與嬰兒式的殘暴──嚇壞了不少讀者，因為這挑戰了（如同佛洛伊德做過的那樣）認為嬰兒本質是天真無邪的普遍概念。她質樸殘酷的描述會令人誤解克萊恩的觀點過度強

調人類天性裡毀滅性的面向，然而這與她工作的中心思想相距甚遠。她「偏執─類分裂心理位置」和「憂鬱心理位置」的理論挑戰了佛洛伊德對道德感起源及本質的解釋。道德性的觀念以一種內化了的高壓或者潛抑的形式，體現在超我的運作中，被克萊恩用憂鬱心理位置發展中出現的對客體安好與否的擔憂，以及希望修補加諸於（以幻想和現實的方式）其身上的傷害等概念而有了重大的補充。本質上，就克萊恩的觀點而言，道德感既來自於原始地內化了對懲罰和報復的恐懼，也來自於健康的發展中因為愛而出現對他人利益的擔憂，後者即克萊恩所認為的「一般性」（normal）超我。（O'Shaughnessy, 1999）

我們會試著去在本章論證克萊恩對人類天性及其發展的精神分析式詮釋，及其與更廣泛倫理議題概念的關聯性，此處所說之更廣泛倫理議題，特別是指已為道德哲學家所系統闡述的議題。

道德哲學的觀點慣常地設定了人類應該遵守的指導原則，以及／或者必須渴求的好或善。但是這樣對一心嚮往的、理想境地的或者義不容辭的美德的說法，需要考量到我們所理解的人類天性的真相及現實，否則只會變成毫無根據的教條而已。克萊恩工作所處理的就是這些人類天性的種種現實狀況。[1]

---

1 親近克萊恩且探討她概念中對於倫理學與政治學蘊涵的分析師是孟尼克爾。孟尼克爾於他發表在《精神分析新方向》（1955 年）中的〈精神分析與倫理學〉（Psycho-analysis and Ethics）、他的《精神分析與政治》（*Psychoanalysis and Politics*）（1951 年）一書，以及稍後他《論文集》（*Collected Papers*）（Meltzer, 1978 年）裡的論文等，試圖證明潛意識動機的精神分析概念，且特別是超我的偏執─類分裂以及憂鬱心理位置方面的概念，使人具有道德洞見，這種洞見能促進人以在道德上與社會上負責任的方式生活。

我們首先將從數個克萊恩思想中與道德以及善有關的問題面向說起：

（一）她堅定認為，自出生伊始，人類天性中有著根本的社會性，在心理上與他人有所連結，是「客體相關的」（object-related）。

（二）她的理論是，人格是在發展中透過對那些——特別是小孩與父母或者是父母替代者——和孩子產生密切關係的人（這些對象在精神分析理論中被稱為「客體」，而它們主要是人或者是這些人的種種樣態）進行投射與內攝認同被形塑出來的。

（三）她的觀點是，個體對他人態度的主要決定因素是他們人格中愛與恨的平衡。這些性格間的平衡，是經過滋養與照護的經驗以及人格與生俱來的樣態所形塑的。

（四）就佛洛伊德所描述，超我是在三歲時為了回應伊底帕斯狀態而出現的，是道德感的具體呈現。而克萊恩卻主張，超我事實上出現的時間要更早，以一種較原始的形態出現，對人類的道德相關能力發揮的不是支持作用，反而是破壞。

（五）克萊恩對偏執—類分裂心理和憂鬱心理位置的描述，並主張憂鬱心理位置的核心概念是道德能力的延伸概念，基礎在於渴望修復被自體在想像中或信念中傷害的他者，或者說是「客體」。倫理的衝動——與他人為善的欲望（也是為了照顧自體）——因此對於克萊恩而言，不僅是基於良知或者原始超我所設下的規則，也是因為想要愛與復原的性格而來的；

（六）最後，她與佛洛伊德都認為對他者以及自體的行為大體上都是由潛意識或所謂「內在」心智狀態所塑造。根據克萊恩的觀點，這個現象的結果不僅在於個體可以透過瞭解潛意識的心智狀

態，而減少被生活中焦慮和強迫性的衝動控制，也因這樣的理解也許可以加強他們關心他人需求的性格，表現出對他們更具關懷與負責任感的行為態度。

這些被克萊恩在其工作中通篇貫串而加以發展的觀點組合在一起後，成為瞭解道德能力的重要貢獻。它們應該被視為道德哲學的重大貢獻，雖然僅有少數哲學家這樣認為。[2] 我們認為，克萊恩的概念與她同時代任何一門人類科學中所發展出、關係到道德議題的觀點，有著同等的重要性。

我們將採取與先前章節相同的做法，先擷取克萊恩一些闡述概念的文字，再說明這些概念的重要性。

關聯性為人類天性的本質

> 對幼童的分析讓我瞭解到：每一種本能的衝動、焦慮的情境、心智過程都牽涉到客體（外在或內在的）；換句話說，客體關係是**情緒**生活最核心的部分，而且愛與恨、潛意識幻想、焦慮與防衛，也是在生命一開始就展開運作，它們從最初就和客體關係密不可分地連結在一起。這個洞識使我對許多現象有了新的瞭解。

2　這些哲學家包括理察・沃爾海姆（Richard Wollheim）、薩巴斯丁・加納（Sebastian Gardner）、吉姆・霍普金斯（Jim Hopkins）以及喬納森・里爾（Jonathan Lear）。

　　這個概念不僅是克萊恩學派精神分析，也是更廣泛的精神分析取向客體關係理論的基石。其他的客體關係理論學者，像溫尼考特（Winnicott），便接受了克萊恩的這個概念〔以及同時期諸如費爾貝恩（Fairbarin）等其他作者發展出的某種程度上早於克萊恩的類似概念〕，但卻拒絕她其他的理論，特別是原初毀滅性與嫉羨。雖然她的概念挑戰了佛洛伊德對嬰兒發展原本的觀點，卻和佛洛伊德後期研究中所提出的觀點一致，並且事實上是發展自那些觀點。佛洛伊德在〈哀悼與抑鬱〉和〈群體心理學與自我的分析〉中的討論，開始用一個更複雜以及意義中心的概念來闡述心靈，與佛洛伊德早期的、更生物性本能驅動模式是相反的。在〈哀悼與抑鬱〉中，認同一個所愛的人的概念變為核心，然後這發展成客體關係理論，並且導出人際關聯是心靈健康先決條件的信念。佛洛伊德一生的理論概念發展，以及他一些同儕如費倫奇、亞伯拉罕等人的著作，是克萊恩學派發展的一個基礎。盡管如此，在原始自戀理論以及嬰兒心智的早期發展方面，佛洛伊德與克萊恩觀點之間還是存在頗大的差異。

　　克萊恩的主張，以及從之而來的精神分析研究計畫被質疑的地方，在於預設與這個世界的關係，是由為了滿足本能需求與慾望所

主宰的，而這是佛洛伊德早期理論的根基。[3] 與這個主張自體主要由力比多性慾和毀滅兩類慾望驅動的概念相對的，是佛洛伊德的超我概念，其作用是在禁制承認與表達這些慾望。早期理論認為人類是會自我滿足的個體，需要在發展中被「社會化」（socialised），並且被導入關係之中，克萊恩學派對此有所質疑，她的觀點主張從生命伊始就存在著熱情的相互依賴。

這個在佛洛伊德之後重新排列組合的精神分析理論，無疑地性別取向非常明顯。人類生命始於原始互相依賴和人際關聯狀態（雖然是充滿矛盾與衝突）的概念，是因為懷孕以及擁抱新生兒哺乳的經驗而別具意義，克萊恩對此知之甚詳。由於這個原初經驗，母親以及嬰兒的心理狀態成為克萊恩及其後繼者關注的議題；比如說，比昂與溫尼考特分別描述的「沉思」以及「原初母愛貫注」（primary maternal preoccupation）。克萊恩創造力十足的洞見，令她得以從對自己母嬰核心經驗的理解當中，類推出了理論性的假說，這對人性的理解產生天翻地覆的改變。

克萊恩卓越的洞見不僅在於影響精神分析接下來的發展，也被嬰兒發展的經驗性研究所證實。生命開始的前幾個月，心智一度被視為空白，如今已經證明具有明顯的複雜性。嬰兒曾經也被認為

3　這和佛洛伊德早期理論的生物學和神經學基礎有關，那是以能量流動和張力釋放的角度做「定量的」（quantitative）解釋以詮釋動機。這個心靈模型和霍布斯（Hobbs）經驗主義哲學的唯物假設間存在著關聯，霍布斯的目標是發展一個等同於加利略（Galileo）曾運用於物理性質、牛頓（Newton）之後也加以發展的「運動定律」（laws of motion），運用於人類天性上。霍布斯在此方面提出的即他對好惡的理論，以及人類原始趨吉避凶的動機，這成為功利主義道德理論的基礎。在佛洛伊德的本能理論中還很明確地能看到這些概念的影子。

對照顧他們的成人特定身分無感，還有一度，大家也相信基本需求絕大部分是生理照護，現在我們知道，嬰兒在出生後數分鐘就可以透過聲音和氣味辨識出自己的母親。嬰兒大腦及神經系統的器質發展，出生後差不多繼續兩年，根據壓力和焦慮的指標來衡量，好像對嬰兒的情緒健康與否有所反應。動物行為學已經證明，哺乳動物與人類對父母的依戀有許多類似之處。進化論生物學者已經證明嬰兒對父母有各式各樣的依附行為——特別是吸引媽媽和一般大人注意的所有特質與行為，天生對陌生人有慣有的猜疑，手足競爭是固有天性——這些都是為了在原始狩獵採集社會中生存而作用的，人類的基因多多少少定型在這種社會中，時至今日仍留存此一心理模式。莎拉・赫迪（Sarah Hrdy）用一本讓人眼睛一亮的書處理這個議題（Hrdy, 1999），她對母親與嬰兒——甚至母親與胎盤——的說法很具說服力，在特定環境中，他們是「生存資源」（survival resources）的競爭者，特別是食物。吉姆・霍普金斯（Jim Hopkins, 2003）認為，她描述人類性格的早期演化，主張人類基因被定型在原始狩獵採集社會的條件當中，這解釋了克萊恩以精神分析方式理論化母嬰心理衝突與矛盾的本質。[4] 克萊恩在 1920 代透過一些案例所建立的許多有關嬰兒精神生活的推斷，數十年後的現在，已經有經驗研究加以支持。[5] 試圖連結神經學理論、心智狀態以及社會互

---

4 這個論點是霍普金斯在他討論更廣泛的論文（Hopkins, 2014）中所指出的，經驗性的人類科學上有許多發展，尤其是神經科學，現在證明與精神分析理論迄今主要基於其臨床實務而來的復原的證據與推斷不謀而合。

5 彼得・馮納吉與瑪麗・塔吉特（Peter Fonagy and Mary Target, 2003, Chapter 6）回顧近期對克萊恩理論假設的經驗研究。他們做出結論道：「我們必須要承認，梅蘭妮・克萊恩的概念已經不再如它們以前開始時那樣被視為牽強附會。沒有一個研究在證實她的理論……但是……考慮到現今發展科

動的完整人類發展關係理論正在浮現當中，作為各種原子式個人主義的單面性理論的競爭對手，不管這些單面性理論是基於唯物論、有機論、訊息處理，或者是享樂主義基本材料。[6] 雖然梅蘭妮·克萊恩的理論，對這個逐漸在成形中、橫跨多領域的典範轉移的貢獻只是來自各界的種種重大貢獻中的一個，但她的貢獻卻是最初與最重要的貢獻之一。在一個過去幾乎完全為男人所主宰的科學與概念的世界裡，對人類本質及其關係基礎觀念上的革命竟要依賴一個有性別偏向的女性觀點，這是多麼地驚人！

投射與內攝的認同

克萊恩在以下這段文字中描述了人格如何透過認同的過程而發展，這是在生命早期親密的家庭關係格局中便開始了。

> 我已經提過母親被內攝，而這是發展中的基本因素。如我所見，客體關係幾乎從出生時就開始。母親就其好的層面——愛、幫助和餵食小孩，是嬰孩創造部分內在世界的第一個好客體，我認為他的這種能力是天生的。好客體是否可以充分成為自體的一部分，某種程度要仰賴迫害焦慮（和隨之而來的怨恨）能不過於強烈；同時，對母親方面的愛的態度，大大促成

學的進展方向，我們不能再將這些理論視為難以置信而加以忽視。」（p. 134）

6　艾倫·沙特渥斯（Alan Shuttleworth, 2002）曾經將此視為一個「生物—心理—會模式」（bio-psycho-social model）。

其過程的成功，如果母親以一個可以依賴的好客體被納入小孩的內在世界，強度此要素就被加入自我之中。因為我認為，自我的發展大部分是環繞著這個好客體，對母親好特質的認同，奠定了更進一步有助益認同的基礎。對好客體的認同，外顯在小小孩複製母親活動和態度上，這點可以在他的遊戲中看到，通常也呈現在他對待更年幼小孩的行為上。對好母親的強烈認同，使小孩較容易認同一個好父親，以及後來更加容易認同其他友善的形象。結果，他的內在世界主要包含著好客體和好感，而這些好客體被感覺為回應著嬰孩的愛。這些全都形成穩定的人格，並可將同情和友善的感覺擴及他人。很清楚地，雙親之間和與小孩的良好關係，以及快樂的家庭氣氛，在這個過程的成功上扮演著重要的角色。

《嫉羨與感恩》
第十二章〈我們的成人世界及其嬰孩期的根源〉（1959）
p.321-322（英文版 p.251-252）

　　克萊恩於此說明她的概念，認為人格是從生命伊始之際，透過與他者的認同而形成的。在有利的情況下，認同的是「好客體」（good object），體驗到的是友善與關愛。克萊恩的觀點是，自體可以去愛的能力之成形、發展與開始是基於早期的認同而來的。她相信嬰兒天生會期待用這種友善方式對待它的客體出現。因此嬰兒可能會緊緊抓住環境提供的任何友善事物，甚至身處於不利的環境裡也是。她的認同理論不意味著嬰兒是消極地反映周遭的照護環境。

根據克萊恩的觀點，個體是透過照顧者對他們的回應的方式，而開始明瞭以及認知它們自身的心智狀態和感覺的。[7] 個性發展的各種形式——所有人都知道，有時候會看到父母與孩子出現許多相似的的姿態和表情——因此是和語言學習本身類似的，本質上是社會的、互動的過程。

愛與恨

　　克萊恩繼續討論這個認同過程的其他面向。首先談到的是敵對與恨意的感覺，「**不論小孩對雙親的感覺多好**」，攻擊與恨仍然是其認同的一個元素。克萊恩依循佛洛伊德的說法，將這些感覺歸因於男孩和女孩對同性父母的伊底帕斯競爭情結。認同因此會同時具有其負向的，以及正面的面向——透過這些過程，自體無法用全然有利與正面的方式形塑。

　　　然而，不論小孩對雙親的感覺多好，攻擊和怨恨仍然在運
　　作著。這種攻擊和怨恨的表達之一，是與父親的敵對，這源自
　　於男孩對母親的欲求，和所有與之相關的潛意識幻想。這類的

7　梅拉‧萊克曼（Meira Likierman, 2001; p. 160）如此說道：「克萊恩對於認同發展提供了獨特的視角。她證明這不是簡單與自我覺知增長的問題而已。自體最具張力以及棘手的部分，只能在它們已經經歷過他者的心智後，而嬰兒也因此將自我與其最令人不安之面向的關係具體化之後，才得到安置。

敵對表現在伊底帕斯情結中，在三歲、四歲或五歲的孩童身上可以清楚觀察到。然而，這種情結其實在更早就已經存在了，根源於嬰兒首次疑心是父親從他身邊奪走母親的愛和注意。

《嫉羨與感恩》

第十二章〈我們的成人世界及其嬰孩期的根源〉（1959）

p.322（英文版 p.252）

　　克萊恩繼續論證道，認同透過投射同時也透過內攝的過程而出現。透過把我們部分的自體投射進入另一個人當中，我們開始理解到那個人和我們的自體很相像，雖然如果過度投射，可能會造成自體與其客體間的混淆。我們可以在極端的心智狀態中看到這種狀況，比如說，當一個嬰兒把它的暴怒投射進父母，那時就會出現對父母感到害怕的結果。相反地，過度的內攝會造成自體漸漸為其客體主宰。內攝一個「壞客體」（bad object）──例如，一個經常施虐或者暴力的父母──會形成被施虐者的認同所控制的人格。

　　現在我們再次討論投射。藉著投射自己或部分衝動和感覺到另一個人身上，達成了對那個人的認同，雖然這種認同和因內攝而來的認同不同。因為如果一個客體被納入自體之中（被內攝），重點是在於強調獲得這個客體的某些特質，並被它們所影響；而另一方面，在把自己的部分放入另一個人（投射）的過程中，認同是基於將自身的某些特質歸諸於另一個人。投

射有很多回響（repercussion）。我們傾向於將自己本身的某些情緒和思想歸諸於其他人——以某種角度而言，是放入他們裡面；明顯地，這種投射究竟是一種友善或敵意的本質，端賴我們有多少穩定或多具迫害性。藉著將我們感覺的一部分歸諸於另一個人，我們瞭解他們的感覺、需要和滿足，換言之，我們正設身處地為他人著想。有些人過度地這樣做，他們全然地迷失於他人之中，失去了客觀的判斷。同時，過度的內攝危害了自我的強度，因為自我變得完全被內攝的客體所主導。如果投射主要是敵意的，便會損害真正的神入（empathy）和對他人的瞭解，因此，投射的特質在我們和其他人的關係中有極大的重要性。如果內攝和投射之間的互動不是由敵意或過度依賴所主導，而是平衡良好的，內在世界會因此被豐富，和外在世界的關係也會被改善。

《嫉羨與感恩》
第十二章〈我們的成人世界及其嬰孩期的根源〉（1959）
p.322-323（英文版 p.252-253）

　　分裂是早期人格成形過程中一個難以避免的部分，但也是一個絕對重要的早期心理成就。為了保護嬰兒對好客體的信念，以及自己愛這個好客體的能力，嬰兒將其敵意分裂出去，因此他面對的當下環境裡的好的和壞的部分（主要是母親，克萊恩通常稱之為乳房）彼此會分開。分裂因此是保護自體不受自己的毀滅性心智狀態所傷害的一個手段，終其一生在某些時刻，特別是當人格被焦慮攻擊，以及當恐懼或者恨意的負面情緒對於自體產生了排山倒海的威

脅之際，都會被用來當作防衛機制。

　　我早先提到，嬰孩化的自我傾向於分裂衝動和客體，我視這點為自我原初活動的一種，分裂的傾向部分肇因於早期的自我大體上缺乏凝聚。但是此處我必須再度提及我的觀念——迫害焦慮會增強將心愛的客體和危險客體分開的需要，也因此就必須將愛和恨分裂。因為小嬰孩的自我保存必須依賴他對好母親的信任，藉著將兩種面向分裂，並依附於好的面向，他保留了信任和愛好客體的能力，而這是活下來的一種必要條件。

《嫉羨與感恩》

第十二章〈我們的成人世界及其嬰孩期的根源〉（1959）

p.323（英文版 p.253）

　　這些認同的歷程的結果，就克萊恩的觀點，取決於照護的環境中愛與恨（或者是冷漠）的平衡，且在一定的程度上也要視嬰兒的天生氣質——情緒的復原彈性——而定。就她的觀點而言，經驗的「外在」與「內在」兩個面向對於發展至關重要，與有些時候歸根於她的觀點是相反的。

　　根據克萊恩的觀點，人類個體從一開始就是在與他人的關係中發展：

我以前說過，愛與感恩的感覺是嬰兒對於母親的愛與照顧所產生的自然反應。愛的力量——這是一種保存生命驅力的表現——和破壞衝動一樣，都存在於嬰兒身上。愛的力量最基本的表現可以在嬰兒對於母親乳房的依附上看見，這樣的依附發展成對母親整個人的愛。我的精神分析工作使我相信，當嬰兒心中發生了愛與恨的衝突，擔心失去所愛的恐懼開始活躍時，便達成發展上非常重要的一步；此時這些罪疚與痛苦的感覺像是新元素般加入了愛的情緒中，成為愛根本的一部分，並且對愛的質與量方面都有深遠的影響。

《愛、罪疚與修復》

第十九章〈愛、罪疚與修復〉（1937）

p.389（英文版 p.311）

她繼續討論認同與修復：

　　能夠真誠體諒他人，意指我們能夠站在他人的立場上：我們「認同」他們。這種認同他人的能力是一般人際關係中最重要的一個元素，也是具有真實且強烈之愛的感覺的條件。只有當我們能夠認同我們所愛的人，我們才能夠忽視或在某個程度上犧牲自己的感覺與慾望，因而暫時將他人的利益與情緒放在第一位。

《愛、罪疚與修復》

第十九章〈愛、罪疚與修復〉（1937）

p.389-390（英文版 p.311）

　　我們可以在這些篇章內容中看到，克萊恩精神分析思考中，蘊涵著對人類本質全然之「社會觀點」（social view）的看法，且其理論中，在道德感與修復的渴望間，具有緊密的關聯。這位過去被誤解為滿腦子負面情緒與負面精神狀態的精神分析師，事實上對愛的力量是有如此熱烈的信念，這讓人驚訝。克萊恩思考推衍出溫尼考特的名言，「沒有所謂嬰孩這回事……人們看到的是對相濡以沫的伴侶」（Winnicott, 1952, p.99），放到一生來看，可以說沒有所謂獨立個體這種事，而只有處在包括了內在的與外在的關係網絡中的個人而已。

　　或者像是約翰・多恩（John Donne）所說的：

　　　　無人若孤島，

　　　　踽踽獨孤行；

　　　　人皆陸連嶼，

　　　　共屬一大地。[8]

　　這些道德思考主張的蘊涵在在以下進一步檢驗。

8　精神分析概念在象徵性文學和藝術中比在人文科學中更常被預知、符合以及超越。

超我及其功能

　　道德哲學與精神分析間的關聯性，通常是透過超我的概念而形成的。道德意志是康德道德哲學的中心，在其著作中發展成世俗化的聖經道德思考。佛洛伊德將良知，也就是所謂的道德意志，定位在潛意識心智中一個特定的元素或者結構中。佛洛伊德的觀點解釋了道德感的出現，大部分是因為內化了父母的權威，特別是潛意識地內化了對嬰兒期伊底帕斯慾望的禁制與抑制。這個理論把內疚的潛意識力量解釋成道德性的監督者。這個道德傳統和基督教道德傳統對感官享受的格外蔑視或反感間存在著連結。

　　克萊恩深化了佛洛伊德對於超我功能的研究，且如同她在其他方面修正佛洛伊德的理論，她視其運作始於更早於佛洛伊德所認為的嬰兒生命期。雖然她同意佛洛伊德的看法，認為超我是無道德慾望或反社會慾望的監管者，但她比佛洛伊德更強調其迫害以及破壞的功能，但也強調有修復可能性之更加慈善的道德感層面。佛洛伊德發現，超我可能會被恨意主宰而極具懲罰性，這對人類的健康活力有潛在性的威脅，甚至是造成反社會和犯罪行為的原因，而非解藥。克萊恩也看到了這一點，並且更加強調。

偏執──類分裂和憂鬱心理位置與道德能力

　　克萊恩的精神分析理論置道德感──關懷他人福祉的能力和性格──於其個體發展觀點之核心。她不認為道德感主要在於內化了的禁制──即「汝不應」（thou shalt not）的感覺，而佛洛伊德卻傾向那樣的看法。克萊恩更加視此禁制性的、懲罰性的道德性僅僅

為道德覺知的早期與原初形式，這在有利的發展環境中會因為關懷具有內在價值以及作為愛的客體的他人，而一定程度上被這關懷超越。這是克萊恩在偏執—類分裂心理位置和憂鬱心理位置間所劃出的關鍵性界線對道德理論的重要性，她在以下進行描述：

> 我在〈論躁鬱狀態的心理成因〉中提出了「嬰兒期憂鬱心理位置」的概念……我也在當時說過，嬰兒經歷的憂鬱感覺在斷奶之前、之間和之後，會達到高峰期。我將嬰兒的這種心理狀態稱之為「憂鬱心理位置」，並提出這是一種「原生狀態」（statu nascendi）的憂鬱。受到哀悼的客體是母親的乳房，以及乳房和乳汁在嬰兒心裡代表的一切，也就是愛、美好與安全。嬰兒會覺得失去了這一切，而之所以失去，都是因為自己對母親乳房無節制的貪婪、摧毀幻想和摧毀衝動。對於即將面臨失落（這次是失去父母雙方）的許多痛苦，則來自於伊底帕斯情境。伊底帕斯情境很早就會出現，與斷奶的挫折息息相關，因此從一開始，就會由口腔慾望和恐懼所主宰。在幻想中攻擊所愛的客體，並因此害怕失去客體，這類循環也會因為對兄弟姊妹的矛盾關係而延伸，對幻想中母親體內兄弟姊妹的攻擊也會引發罪疚感跟失落感。根據我的經驗，害怕失去「好」客體的哀傷與擔憂，就是憂鬱心理位置，也就是導致伊底帕斯情境的衝突，以及兒童與他人之愛恨交織關係的主要原因。在正常的發展裡，這些哀悼與恐懼的感覺會以各種方式克服……
>
> 在獲取知識的過程中，所有新的經驗都必須符合當時主導的精神現實所提供的模式。但相反地，兒童的精神現實同時也

會被他逐漸增加的、與外在現實相關的知識所影響。隨著他的
知識逐漸增加，他也愈來愈能堅定地建立他內在的「好的」客
體，同時他的自我也會利用這些知識，來克服憂鬱心理位置。

《愛、罪疚與修復》

第二十章〈哀悼及其與躁鬱狀態的關係〉（1940）

p.432-435（英文版 p.344-347）

　　這篇討論哀悼經驗的論文開宗明義的論點是指出，克萊恩對於
認同的理論性概念得之於佛洛伊德的〈哀悼與抑鬱〉，他在文中闡
述自體的安適取決於將愛的客體內化。因此提出當所愛的人死亡，
或者失去時，自體必須忍受部分死亡的概念。

　　克萊恩繼續形容涉及了人格發展的內在與外在現實的複雜
關係。其發展涉及一種介於「內在心靈現實」（internal psychic
reality）——嬰兒的內在世界——以及外在現實——其父母與他人
真實特質間的持續互動關係。克萊恩的觀點是，當孩子的原初經驗
是愉快的，以及其外在客體主要是具有愛心的時，它毀滅的衝動比
較可能會被涵容，而它藉由分裂逃離現實的傾向就會減少。她提出
概念，認為心智發展具有將好與壞以及客體的可愛與可恨面向整合
成現實的兩面的潛力。當被幻想中對客體的傷害而引發的憂鬱焦慮
以及以躁狂狀態逃離憂鬱位置[9]的狀況減少時，認識客體（情感上

9　在此要特別強調，就克萊恩而言，「憂鬱心理位置」是一種內在狀態，充
　　滿對於客體感到恨意的焦慮。這個被潛意識幻想所主宰的「位置」很容
　　易和由「憂鬱焦慮」（depressive anxiety）轉變成對他人的真正關心以及
　　能夠做出真正修復表現的心智狀態轉變混淆。克萊恩理論所說的「憂鬱

的重要人物）真正性質以及對客體產生感謝與修復感覺的能力可以增加。

　　在本論文中，自我理解的概念以及心理整合的概念對克萊恩看待人格的觀點是如何的重要，變得越來越清楚。情感的和道德的發展，就她的觀點而言，是倚賴自體對其不同與衝突慾望及信念的理解，以及反思這些慾望與信念的能力。我們在第三章當中已經指出，想去瞭解的衝動，被克萊恩視為一種「求知本能」，這在之後在比昂的作品中被更完整地加以發展。

　　這裡是克萊恩如何進一步析論憂鬱心理位置的重要性：

　　　　當我首次……介紹我對於憂鬱心理位置的概念時，我提出憂鬱的焦慮與罪惡感的發生伴隨著完整客體的內攝。我在偏執—類分裂心理位置（這個位置發生在憂鬱心理位置之前）的進一步工作，引導我獲得這樣的結論：雖然在第一個階段是以破壞的衝動和迫害的焦慮為主，憂鬱的焦慮與罪惡感已經在嬰兒最早期的客體關係（也就是在他和母親乳房之間的關係）中扮演了某些角色。

　　　　在偏執—類分裂心理位置的期間（也就是在生命最早的三

心理位置」，是朝向情緒與心理整合的一個步驟——它必須被「修通」（worked through）——它不是完美的整合狀態。克萊恩在〈對某些類分裂機轉的評論〉（Notes on Some Schizoid Mechanisms）（1949）中描述在憂鬱與偏執—類分裂心理位置間波動，是發展所常見的。

到四個月時），分裂的過程（包括了第一個客體〔乳房〕以及對它的感覺的分裂）正是最活躍的時候，恨與迫害的焦慮被依附在使個體挫折的（壞）乳房上，愛與再保證（reassurance）則被依附在滿足他的（好）乳房上。雖然如此，即使在這個階段，這類的分裂過程從來就不是全然有效的，因為從生命剛開始時，自我即傾向整合它自己，以及將客體的不同面向加以合成（這種傾向可以被視為生之本能的一種表現）。甚至在非常小的嬰兒身上，看起來都存在著一些朝向整合的過渡狀態，這些狀態隨著發展的進行而變得更為頻繁與持久，在這些過渡的狀態中，好與壞乳房之間的分裂較為不明顯。

在這種整合的狀態中，某些與部分客體相關的愛與恨之合成發生了。根據我目前的觀點，這一點引發了憂鬱的焦慮、罪惡感，以及渴望修復他所愛且被他所傷害的客體，首先要修復的是好的乳房，也就是說，我現在將憂鬱焦慮的發生與對部分客體的關係連結起來。這種修正是我對最早期階段進一步工作的結果，也是更充分認識嬰兒情緒發展之循序漸進本質的結果。我的這個觀點並沒有改變：憂鬱焦慮的基礎，是對同一個客體的破壞衝動與愛的感覺之間的合成……

……（當）分裂過程的強度減弱了……客體的對立面以及其對客體之互相衝突的感覺、衝動與潛意識幻想，現在在嬰兒心中可以聚攏在一起。雖然迫害的焦慮持續在憂鬱心理位置上扮演它的角色，但是在量方面減少了，憂鬱的焦慮則增加並超過了迫害的焦慮。由於感受到所愛的人（被內化的與外在的）受到攻擊衝動的傷害，嬰兒因強烈的憂鬱感覺而受苦，這種情

形比他在更早期階段曾短暫經驗到的憂鬱焦慮與罪惡感更為持久。現在這個較為整合的自我，愈來愈受到一種極度痛苦的精神現實（由內化的受傷母親與父親所發出的抱怨與責難，此時父母親是完整的客體與人物）挑戰，而且在更大的痛苦壓力下，感覺不能不面對痛苦的精神現實，這點導致了一種想要保存、修復或復甦所愛客體的壓倒性迫切感——進行修復的傾向，自我強烈地訴諸躁症防衛，作為一種處理這些焦慮的替代方法（非常可能是一種同時的方法）。

《嫉羨與感恩》
第二章〈關於焦慮與罪惡感的理論〉（1948）
p.45-48（英文版 p.34-36）

　　這裡該注意釐清克萊恩的觀點，對於所愛客體福祉的關注，隨著成熟，會變成自體的一部分。克萊恩將對他人的毀滅性與修復態度主要歸類於情緒，也就是對於自體的客體恨愛交織的衝突性驅力。我們所認為道德上的理想狀態是與他人的關係中愛的感覺勝過了恨所形成的結果。良好餵養條件的保證無虞能增進這種狀態的達成（她偏執—類分裂與憂鬱心理位置的理論多基於她對於嬰兒期的理解），觸及補償與修復的問題時，透過具精神分析知識的理解也能促進理想狀態的達成。她認為這樣的理解主要都是發生在診療室中，但我們也可以擴展到許多其他的社會情境，包括，在更開化的環境中，甚至是那些我們在後續章節會討論的刑事司法體系。

精神分析實務以及道德能力

克萊恩相信性格表現或者生活得好或壞，絕大部分是被心智的潛意識狀態所影響，因此，透過精神分析歷程瞭解潛意識心智狀態，可能是在人格組織中帶來改變的最有效方法，這些改變也許可以對行為有更好的影響。

克萊恩學派及其他精神分析學派的觀點對道德能力的意義，不僅在於給了這些議題發展性的和理論性的理解，也在於它們在治療實務中可以達成的效果。心理治療中對不同感覺和心智狀態的理解與鑑別歷程，原本就包含在倫理上做出區辨。開始承認，比如說，貪婪、毀滅或者忌妒等慾望，或者就另一方面而言，是諒解或者修復的慾望，就是對他們道德重要性有了瞭解。倫理的意義以及標準體現在日常生活語言中，否則就沒有多少實際的意義了。

為了對此加以說明，我們將從近期的一個兒童心理治療實務案例，提出一個年幼孩童心智中出現道德面向的實例。

首先，是個案家庭環境的境況簡述如下：

> 珍妮（Jenny）在大概一歲時被收養，她在初生一年間，苦於被有毒癮的年輕母親嚴重忽視。其父當時正在服刑。她充滿愛心的養父母被她對他們極端抗拒所驚嚇，特別是不喜歡媽媽，而且她對日常規矩完全不予理會。

這裡有一個從某一次臨床治療的片段擷取的資料：

> 珍妮要她的治療師給她新的剪刀，因為舊的不好用，她在

打開玩具箱時找到了新的。治療師必須解釋，下週治療需要換時間，而這正在和她的父母商談中。珍妮的計畫是給自己做了一副眼鏡，雖然新的剪刀可以把紙剪得很漂亮，但用來剪當鏡片用的透明紙時就不好剪。她多方嘗試後，開始變得洩氣，但是一直努力不發脾氣。她說，「你真笨，你有什麼毛病？我要的是把『大人的』（adult）剪刀才能做這件事。」治療師回答說，珍妮生氣了，她覺得治療師沒給她一個夠好的工具，因此這是她（譯者按：指治療師）的錯。珍妮生氣是她的錯，她很笨，但珍妮是聰明的。「然而或許，」她補充道，「妳也許在害怕我太笨，以至於無法幫助你。」珍妮生氣地拍桌。治療師微笑，珍妮也報以一笑。珍妮再試著使用剪刀，把一枝鉛筆摔到地板上。她要治療師去把它撿起來，而治療師說，珍妮感覺治療師對不起她，因此治療師必須做她所要求的任何事。珍妮接著要求幫忙使用剪刀——「妳幫我把它剪平整。如果妳不能做到，妳就會死。」治療師試著幫忙，同時說，「妳很氣惱，因此不能讓我犯一點錯。讓我只有一條路可走而已。」兩人接著一起努力用著剪刀，但依舊徒勞無功。

突然，珍妮說道，「我知道怎麼做」，拿出一些新的紙張，把注意力放到她箱子裡以前的東西。她說，「我要做一把劍，或者一個捕蚊燈。」這位治療師評論道「兩者都是用以攻擊的好東西」。把紙摺到她滿意也發生困難，她氣惱的場面又出現了。治療師說她還不知道下禮拜要怎樣，且那必須由大人決定，這令她覺得自己很小，並且生氣。珍妮接下來再度尋求協助，讓她們可以共同製作那把劍。珍妮問，「還剩多少時間？」治療師說她正在擔心時間不足以完成她的劍。珍妮開始

頤指氣使地要求，發出更多命令，但是在治療師指出那些是她可以自己做的時，她沒有暴走，而那把劍也滿意地完成了。時間將至時，珍妮自己把玩具收好，並要她的治療師把箱子蓋上。

我們在這裡可以看到，一個憤怒的小孩如何將她的懊惱、她的壞情緒，投射到她的治療師身上，讓她變成一個笨蛋。當這些感覺被包容和理解，她清醒過來，重新發現周遭有人可以幫助她，她可以自行求助，因此就有兩個人可以同心協力共同成事。當她回頭看到玩具箱裡的舊物件時，以及當她在笑迎治療師的當中理解到憤怒拍桌僅僅是自己感覺的一部分而已時，她令人感動地展現了知道自己心智的狀態與治療開始時充滿恨意的暴烈心智狀態不同。她要一把所謂成人的剪刀，也暗示她感到自己的一種成熟面向，可以用剪刀去剪紙和製作物品，而非以之為武器飛擲她的治療師。稍後，寶劍的製作也反映了這點。她的侵略性可以建設性地運用於象徵性的遊戲上，而不再是某種控制她的東西。與這個對暴力衝動涵容同時存在的，是她擴大使用其心智思考，以有力的深思熟慮代替沒有作用之盛怒。

我們可以把這段過程視為珍妮心中興起道德感受性的歷程，她發現，自己不只感覺到自己自以為是地責備治療師，也可以開始承認她是個既要幫助她，也可以提供協助的對象，比如說，在會談結束之際的整理善後。這之所以會發生，是因為她已經發現自己處在一個可以開始正面地，同時也可以負面地自我表達的關係當中。新的剪刀不堪用，但它卻也代表珍妮的治療師試圖提供她所要的東西。這個好的意圖於是可以和對實際結果的失望分開。珍妮不只一

次發出威脅（「若妳無法剪得平整就會死」），這些威脅說明了她長久以來所處的世界。她，作為一個嬰兒，無法讓她的媽媽更好。她的養母不是在渴望中失落的理想母親，因此動輒得咎，從珍妮的眼中看出去是如此的。這已經是悲慘的壞小孩和壞媽媽的組合了。由於珍妮在治療中重現了她的內在現實，珍妮的治療師有很長時間也被迫處在那種世界裡。但她有珍妮缺乏的資源。她有能力思考珍妮的表現是怎麼一回事，這能力使她能夠承擔珍妮的憤怒，也因此而讓她的病人看到憤怒之外還存在著理解與關懷的潛力。在這裡我們可以看到，透過精神療法的歷程，病人認識到了心智中好與壞的狀態之間有所不同，也認識到了最初的道德責任感。

我們主張這是克萊恩學派的精神分析實務中經常暗暗蘊含的倫理面向。這是我們期待成功的精神分析心理治療會伴隨著一些改變──偏執一類分裂心理式的分裂與超我的迫害減少，對可以照護又能思考的客體的憂鬱性擔心以及認同升高──這些改變都是道德感的要素。

克萊恩學派的倫理學以及道德哲學

我們將要思考在克萊恩對於道德感的源起和本質，以及較寬廣的英國道德哲學脈絡間，有怎樣的關係。

哲學是一門規範性的學科。哲學推論要決定何者為必然與絕對，不管這個「必然性」（necessity）是指何為真、何為善或是何者具審美上的價值的範圍。其方法是屬自我反思的一種，目標在於顯現出用語言表達理念的方法假設和蘊涵。這個哲學性的關注與科學對事實與經驗性的注重有所不同。在牛頓及同時代人物自然科學

的大環境當中，約翰・洛克（John Locke）將哲學的角色看做「小廝」（underlabourer），也就是說，認識到科學知識主要來源必須是經驗性的，而哲學的作用主要是用來釐清假設，以及磨快調查研究所倚賴的概念性工具。

道德哲學特別關注的，正如同在神學基礎上思考的許多宗教論述一樣，就是在談何者為正道或者善。雖然它所探究的關心重點在於行為或人生的理想或規範，道德哲學卻無法不顧及真確的人性現實。盎格魯・薩克森（Anglo-Saxon）傳統中，已經依據對人性不同的「經驗上的」（empirical）定義，而形成了不同的道德哲學。霍布斯（Hobbs）提出人類本質主要是圍繞生存焦慮，以及為保障生存而必須對權力做出謹慎適應的觀點。休謨（Hume）以及亞當・斯密（Adam Smith）論證，人類對於他人的苦樂，天生擁有感同身受的性格，雖然他們主要還是持利己立場的。稍後功利的道德哲學，像是邊沁（Bentham）以及詹姆斯・穆勒（James Mill），依循著霍布斯的觀點，預設人類本質上是趨吉避凶的生物。約翰・斯圖亞特・彌爾（John Stuart Mill）發展了這個概念，是基於承認享樂是由定義和選擇決定的，它們的性質和種類之間的區別是倫理生活的核心議題。康德則考慮到人人皆以自己為目的，人人價值平等，聲稱理性意志是道德的本質，認為他們引起的情感與動機，與倫理價值的問題無涉。維特根斯坦（Wittgenstein）最重視倫理及其他形式的觀點在我們可能會視為文化或道德社群的情境中格外獨特的地位，他透過日常語言的複雜形式來研究這所謂的文化或道德社群。他懷疑抽象、概括的法則或定律，相信它們是造成疑惑的禍首。

克萊恩對於道德感精神分析式的理解，以及英國每個流派的

道德哲學間，有著潛在的關聯。克萊恩的概念給隱含在眾所公認的哲學架構中的心理學假設添加了描述性以及解釋性的深度，有時候會對它們加以挑戰，如同佛洛伊德在潛意識慾望、動機和衝動所做的理論那樣。[10] 她的認同理論深化了同情心的理論，對它們發展與衝突的本質提出一個解釋。從佛洛伊德在〈群體心理學與自我的分析〉以及〈文明及其不滿〉（Civilization and Its Discontents, 1930）進行的反思開始，精神分析理念基本上就在於引起眾人關注休謨以及亞當·斯密已經描述為人性真相的「道德情感」（moral sentiments）有其不可靠性，也關注人類社會走向毀滅與迷惑的傾向。但是休謨所生活的社會才走過宗教衝突混亂，進入美好的和平與安全的時代不久，佛洛伊德以降的分析師則是處在二十世紀的社會動亂中寫作的。

克萊恩不以功利主義提出的簡化了的人類本性趨吉／避凶模式為然。也就是說，這使得人性的每一個面向都更為複雜。快樂與痛苦的經驗，雖然源自肉體，但形式太多樣，很難透過化約成理性的質性、強度與存在時間長度的考量而細分理解，就像邊沁想做的那樣。克萊恩相信樂受與苦受不是單獨的現象，僅限於自私個體的個別經驗，而是深入到複雜的關係以及有目的的狀態當中。人類對苦與樂的理解是人為造成的，主宰與形塑心靈的不僅是苦與樂本身，還有從自體與他人間關係脈絡的角度來看這些苦樂所具有的意義。就克萊恩的觀點而言，最重要的是自體與其客體間的關係，包

---

10 克萊恩學派堅持將臨床證據作為理解的主要基礎，似乎便是順應英國文化的經驗主義趨勢而做的改變。在 1940 年代「爭議性的討論」（Controversial Discussion）中，克萊恩與其同僚就是試圖藉由引用臨床事實來捍衛自己對佛洛伊德正統思想的理論挑戰。（Rustin, 2007）

括內在客體與外在客體，且此關乎滿足感的質性，而非數量。約翰・斯圖亞特・彌爾對功利主義原則進行闡述——他的概念是快樂具有不同的形式和質性——邊沁聲稱所有的苦與樂在道德上都一樣的說法是錯的——「針戲與吟詩同樂」（push-pin is as good as poetry）——對其侷限稍事修正，如同理察・沃爾海姆（1993b）所說的一樣。在可以計算「功利性」（utilities），且可以決定它們公平分派的問題之前，人們必須想好他們的「功利性」為何——對他們具意義且渴望者是什麼。沃爾海姆曾形容這是彌爾所信奉的「初級功利主義」（preliminary utilitarianism），並解釋某些在彌爾的道德哲學中看來矛盾的東西（例如，他認為思想與言論自由比這種自由所導致的傷害或者不快樂的後果重要），代表他認為如果沒有探索其意義的空間時，「功利性」是個沒有意義的概念。

克萊恩指出，愛恨情緒達到平衡，對形塑性格與人際間關係至為重要的概念，所重視的道德議題也與康德所持，情緒在行動的倫理價值中不應扮演角色的禁慾的理性主義有所不同。克萊恩相信的是，一個圓滿的人——我們也許也可以說是一個在道德上負責任的人——是一個會從給予他人快樂中得到滿足的人（這與休謨具同情心的快樂理論一致），反之，康德卻認為最「道德的」（moral）行動是那些因為盡責而表現出來的，即使這違背了我們情感上的意向。如同我們已經看到的，克萊恩承認超我在發展，以及認識道德規範上，佔據著重要的地位，但注意到就其最苛刻的形式，則不僅會為自體帶來痛苦，苦受也同時加諸於其客體。讀者可以把康德學派的道德理論想成，賦予懲罰性的超我力量一個不幸的哲學合法性。

還有其他的道德哲學傳統，看來可以比功利主義學派與康德

學派哲學的道德個人主義更欣然把克萊恩學派精華吸收進道德感的源起與本質。對於要怎麼理解好的生活，亞里斯多德更為「社會的」（social），或者如現代亞里斯多德學者所稱的更「共產的」（communitarian）概念，比個人主義的自我概念模式，更接近克萊恩學派自體生活在一個關係網絡內的想法。他把「美德」（virtues）當作道德生活的主要條件的看法，以精神分析的角度看，與生活以內在客體或「自我理想」（ego ideals）為榜樣的概念一致。亞里斯多德認為，養育、教育以及好習慣的形成是道德發展的基礎，但與精神分析對於自體發展的理解相較，他對此的看法是更加「外在的」以及教育的。但是與他人的關係是道德生活核心的概念，以及道德生活存在於自體與其客體間許多特定的互動脈絡中，確實建立一個可令精神分析式的理解安身立命的哲學脈絡。

1960 和 1970 年代，英國道德哲學反對流行的個人主義假設的論點，為克萊恩學派道德心理學觀點的現實意義開啟了空間。像是菲力帕・芙特（Philippa Foot, 1958, 2001）、阿拉斯代爾・麥金泰爾（Alasdair MacIntyre, 1966）以及艾瑞斯・梅鐸（Iris Murdoch, 1961）等哲學家，挑戰功利主義以及康德主義的雙重正統，認為它們都剝奪了倫理學討論的任何實質性的價值概念。芙特認為事實與價值領域在邏輯上完全不相干，以及道德判斷在邏輯上不根據任何人性事實的概念，均是錯的，因為這種概念沒能意識到有多少日常論述的組成成分是同時和事實與價值有關的行為描述。當一個人被說是嫉羨的，或者忌妒的，或者和善的，或者具侵略性的，這是說了一個關於那個人的事實，但同時也隱含了道德相關的評價於其中。克萊恩對心智、意向與行為狀態的描述，就像這樣同時是描述性的，也是價值性的。在理論上以及臨床實務上，精神分析的一個

目標，是去建構這種對人或者客體的關係（比如說嫉羨的或者是修復的）如何出現，以及它們在人格組織的不同形式中要如何協調一致。就這個論述而言，道德哲學必須倚靠對人性真相的假設與信念，而精神分析的研究對此提供了有價值的新理解。

　　克萊恩與佛洛伊德共有的一個信念，這個信念並且是所有精神分析的特質，就是人類心靈有個明確的潛意識面向，因此可以透過對它的理解而加強個體的自由與福祉，不管是理解的方式是透過日常生活關係、文學和藝術的其他形式，或者是透過精神分析歷程。這個精神分析的基本概念當然為許多哲學家所拒斥，甚至擴展成對它持續的敵意。但是有些哲學家，在這種爭議的脈絡當中，尋求去闡明一些方法，讓精神分析主要概念得以被證明為合理且可以辯護的。這些作者包括史都華・漢普夏（Stuart Hampshire），其影甚具響力的著作《思想與行動》（*Thought and Action*, 1959），中心思想是，能夠自由行動的條件之一是理解人類思想與行動的因果影響，而就漢普夏的想法而言，這個因果影響中若包含無意識的信念與慾望是頗為合理的。漢普夏的研究是一股更大思潮的一部分，而這股趨勢是將人類行為的特質描述成由於受個體理性意志支配而與眾不同。戰後的盎格魯—薩克遜哲學中的一個反物質主義潮流，其目的在於闡明理性、自主行為的獨特性為何。[11]

　　稍後於此論戰有重大貢獻的是唐納德・戴維森（Donald Davidson）的論文，〈非理性的悖論〉（Paradoxes of Irrationality, 1982）。戴維森從人類理性行動的定義開始論證，其特質是將主體

---

11 有個古典學派哲學家主張理解對於自由以及對在自體的整合與和諧有
　　所貢獻，這個看法與精神分析的觀點有密切的關係，他就是史賓諾沙
　　（Spinoza），這點是由漢普夏（1951: 141-144）所指出的。

的所有的信念和慾望集合在一起。比如說，相信不友善的話語為聽者帶來痛苦的信念，以及不想生出痛苦的慾望，也許結合在一起之後，會產生避免惡口的決定。戴維森提出，看似非理性強迫行為的現象，可能會造成主體所不欲的後果，可以用心智分裂的假定解釋，一部分懷抱著另一部分所不覺察的信念與慾望。無意識的信念和慾望本身可能是理性的（如果有個人被認為是個危險的敵人，去痛恨以及想傷害那人便很合理），但若信念與真實不符，那就是非理性的。這讓人聯想到，精神分析師們研究的許多行為和心智狀態便屬此類。分析工作有部分，是把錯誤的信念以及非理性的慾望帶往與現實更緊密的關係當中，以作為降低這類信念與慾望所會產生的極端焦慮的方法。戴維森假定心智具不同的組成部分，彼此相對而言是互相隔離的，這種不同部分的模型佔克萊恩學派分析思考重要地位的「自體的部分」（parts of the self）的概念類似。

也有些哲學家與梅蘭妮·克萊恩的工作關係更密切，這些哲學家也有所貢獻。理察·沃爾海姆，以及一個與其共事的哲學家圈子，為其中最具重要性者。沃爾海姆在許多論文，特別是《生命線》（*The Thread of Life*, 1984）一書當中，闡述要如何理解一個好的以及有道德的生活，大量地引用了克萊恩的概念。沃爾海姆寫道「道德進展是一種從超我主宰，到潛化自我理想的轉化」，納入了克萊恩在偏執—類分裂與憂鬱心理位置理論中發展出的對道德與善的重要洞見。

吉姆·霍普金斯結合特別是克萊恩思想的精神分析，以及鄰近的依附理論、演化心理學以及神經科學領域的工作，在前面已經提過了。

第三位以重要方法對這場辯論有所貢獻的哲學家是薩巴斯丁·

加納（1992, 1993）。他認為，理解非理性需求，需要比戴維森已經認識到的平行心智的、意識與潛意識信念與慾望的理性主義模式，更積極地承認精神生活中的情緒與潛意識幻想的角色。[12] 對情緒在心靈中的地位的理解，相當大的程度是受到克萊恩潛意識幻想理論所增色。加納認知到，我們確實會判斷情緒對它們的客體或者環境恰當不恰當，並據此評估它理性不理性——比如，我們會判定對某人或某事憤怒合理不合理。但是情緒不僅僅是伴隨我們信念而出現的。傳統上認為無論在好的方面或壞的方面，情緒有可能會具有破壞性且不受控制，這觀念是對的。但在加納看來，它們不僅僅是失序的狀態，而是由幻想的結構所形塑，幻想的作用是作為先驗圖式，我們透過這個先驗圖式情感性地感知這個世界。這些潛藏的先驗圖式的運作，多與組織我們對自然世界的看法的概念性先驗圖式所做的一樣。加納認為，克萊恩偏執─類分裂與憂鬱心理位置的模式是這個先驗圖式或者模板的範例，可以組織我們對世界的經驗，而情緒那個特有的模式是受它們影響作用的結果。這些先驗圖式有個高度重要的面向，是它們會把人類對彼此通常會如何作為的根深蒂固期待加以編碼。克萊恩對這些內在固有期待的解釋當然非常複雜，這讓許多不同的發展具可能性。但她憂鬱心理位置的理論主張人類有能力認可且關懷他人，這是他們心智結構的基礎。

　　既然這種心理上先驗圖式本質上是潛意識的，這個論證與精神分析中情緒（例如，看來非理性的恨意或熱情）不見得能僅靠

---

12 加納的論證是從 1980 年代起轉而關注情緒領域的潮流之一支，這個潮流使得在社會學（Hochschikd, 1983）與史學（Reddy, 2001）以及當然還有心理學（Panksepp, 1998）和哲學（Wollheim, 1999）等中的研究新領域興起。

指出其不符或者難以契入相關事實的方式來改正的觀點，是一致的。就是潛意識幻想的結構在干擾感覺或者信念，如果要改變感覺或信念，需要對付的就是潛意識幻想的結構。在詹姆士・史崔齊（James Strachey）1934 年專研此涉及進入以及處理這些不同層次潛意識幻想技術性問題的研討會論文發表後，已經有了一大批精神分析文獻。

結語

　　我們的論點是，克萊恩的精神分析著作，為道德感的源起與本質提供了一個開創性的解釋，對佛洛伊德早期看法進行重大方向性的修正，較不以個人為中心，而更注重人性的觀點。我們已經簡要地指出，克萊恩的道德心理學可以如何放在更廣泛的道德哲學辯論背景當中來理解，且提出一些她的概念已經如何被應用在哲學當中的例子。她的偏執—類分裂與憂鬱心理位置的理論聲稱，為自體毀滅性的情緒和行動負責任的能力，以及對傷害做修復，是伴隨人格整合而出現的重要產物。就她的解釋，這種自體的整合以及內在和諧、象徵性運作的能力，讚許與關懷他人的能力，在人格發展的觀點中是連結在一起的，雖然這種觀點實事求是地承認人類負面性格傾向的力量，但這觀點在許多方面也是懷抱希望的。

第十一章

克萊恩學派的美學

　　精神分析最迷人的地方之一，總是出現在其「美學」
（aesthetic）論上。「美學」指的是佛洛伊德在《夢的解析》（*The
Interpretation of Dreams*, 1900）中首度傳達的概念。他提出潛意識是
一個極度神祕的世界，這是個心智不受日常理性思考方式限制，但
卻蘊含著深義妙思的所在。精神分析歷程本身，透過個案的夢境或
者流動的聯想所迸發出現的意象，以及透過真實情感意外的乍現與
啟示，予分析師接觸美的經驗。在兒童精神分析當中亦如是，藉著
孩子們直接而活潑的自我表達，這種美的面向添增了，這在克萊恩
許多兒童個案報告中，均生動地呈現出來。

　　精神分析大約在上世紀影響了許多作家和藝術家，也令許多這
些領域的人士感到興趣——它確實已經成為文化環境中不可迴避的
一環——雖然這些關聯多為隱晦的，而非概念挪用這回事。但已經
有許多人開始朝不同方向思考，試圖進行應用性的連結，譬如就有
分析師試圖將他們理解的形式與藝術、文學的想像作品聯繫起來。
許多接續佛洛伊德之後的分析師尋求發展這些連結，而文學批評家
以及哲學家，像是萊昂內爾‧特里林（Lionel Trilling）、哈羅德‧
布魯姆（Harold Bloom）、威廉‧燕卜蓀（William Empson）、理
察‧沃爾海姆等人，也對於這些不同學科作出重要連結，成為各領

域之間的中介者。

　　克萊恩的精神分析概念對美學思考——也就是對美的本質與意義的研究——做出重大貢獻。此外，雖然她寫作重點在於精神分析的臨床實務，及其理論與技術，卻也對藝術做了重大貢獻。她自己寫過三篇論證如何從精神分析角度研究文學的論文。在《精神分析新方向：嬰兒衝突對成人行為模式的意義》（*New Directions in Psycho-Analysis: The Significance of Infant Conflict in the Pattern of Adult Behavior*）這部克萊恩參與合編的書籍中，收錄包括克萊恩自己撰寫的，以及瓊安・黎偉業與漢娜・希格爾合寫的論文，開啟了克萊恩學派精神分析對於文學的重大貢獻。該書中，同步發展的克萊恩學派視覺藝術美學，則以藝術史與評論學家阿德里安・史托克斯（Adrian Stokes）的論文為代表。[1]

　　克萊恩學派理論在美學領域，帶著比昂以及之後梅爾策作品的額外重大影響，發展已經持續至今。後來研究已經強調心智與精神分析本身的美學面向，而克萊恩所關心的層面，終究是倫理大於美學。然而，就這部書而言，我們主要關心的是克萊恩自己的部分以及直接的影響，而非如葛洛佛（Glover, 2009）所高度評價的後續發展。[2]

　　在討論克萊恩及其同僚探討文學及藝術的著作前，我們將先

1　梅莉恩・麋爾納（Marion Milner）在本書中也貢獻了一篇論文，雖然她作品的取向不同。

2　後克萊恩學派傳統中對精神分析美學理論具重大貢獻者有，羅納德・布列頓（Ronald Britton）、約翰・史坦納（John Steiner）、伊格妮絲・索德蕾（Ignês Sodré）、唐納德・梅爾策（Donald Meltzer）、湯瑪斯・奧頓（Thomas Ogden）、梅格・哈里斯・威廉斯（Meg Harris Williams）以及瑪格・瓦戴爾（Margot Waddell）等。

說明一般認為是克萊恩學派美學發展基礎的臨床與理論作品中的主要精神分析概念。事實上，克萊恩及其同僚對於文學作品的理解與他們在診療室裡的工作之間，有著很緊密的關係。精神分析的概念已經被證明對於理解臨床案例非常有用，而且也對小說、戲劇或詩歌中的角色及他們之間的互動有新的理解。但正如精神分析的新理論觀點有時候是通過努力理解個案而發展出來的，所以與文學作品相逢對於分析師釐清理論涵義而言，看來也能夠刺激思考，甚至具有重大影響。正如同此學派向來透過例證來豐富並詳細闡述精神分析的主要概念，諸如克萊恩〈論認同〉、黎偉業的〈易卜生《大建築師》中的內在世界〉（The Inner World in Ibsen's Master-Builder, 1952a）以及漢娜・希格爾的〈美學研究的精神分析途徑〉（A Psycho-analytical Approach to Aesthetics, 1952）等論文，也都豐富並詳細闡述了這些主要概念。類似這樣透過研讀文學作品來深化精神分析式思考的做法，在此學派中最好的一些後續論文當中可以見到，例如羅納德・布列頓（Ronald Briton）對華茲渥斯（Wordsworth）、柯勒律（Coleridge）、里爾克（Rilke）、米爾頓（Milton）以及布萊克（Blake）等詩人的評論。特別重要的是，認識詩人對心智及其發展的呈現通常能促成對理論更深層的理解，且成為精神分析思考的靈感。

克萊恩精神分析作品中的主調

我們現在將列出克萊恩作品中對克萊恩學派美學發展最重要的幾個領域。這些包括她的關於遊戲在心理治療中的功能的著作；她的「求知本能」（epistemophilic instinct）理論（之後比昂以及梅爾

策在重要方面加以發展）；她憂鬱位置的理論，及其對於象徵形成與象徵性思考能力發展的重要性；她對哀悼對心理發展重要性的理解；以及她投射性認同的理論。

克萊恩「遊戲治療」的技術

於此首先是克萊恩她對孩子進行精神分析取向的「遊戲治療」（play theray）的描述，這是她在 1920 年代所寫作的早期論文中第一次敘述的，就如同先前第四章所討論的那樣。這個技術的重點在於，其理解是孩子在診療室中進行的象徵遊戲，是進入孩童病患內在世界的方法，因此有得以透過詮釋而分析他們的可能性。就她的觀點而言，這是必要的手段，既然佛洛伊德古典精神分析諮詢成人的方法，是以夢作為他們「碰觸潛意識的最佳方法」（royal road to the unconscious），但對於分析孩子而言顯然不可行，尤其是極稚齡的小孩。在遊戲中，孩子創造與敘說的「故事」（stories），所出現「代表」（stood for）他們生活中重要人物的人類和動物，這被克萊恩解釋為病人內在世界的表現。

克萊恩為其病人在診間所準備的簡單玩具，是選來便於他們表達對其主要客體（通常是家庭內組合份子的客體），以及對分析師移情的潛意識感覺與幻想。遊戲可能因此採取詳細敘說與故事情節的形式，診療室裡的玩具以及其他物件體現了代表個案想像的自己，以及對他或她有最大情感意涵的東西。[3]小說式的敘說傳達內

3 　琳妮・雷德・班克斯（Lynne Reid Banks）寫給孩子的童書《魔櫃小奇兵》（*The Indian in the Cupboard*）是對一個玩具對於一個孩子可以擁有如此高度的內在意義的生動想像（Banks, 1980; Rustin and Rustin, 1987）。

在世界的重大訊息，這種想法對於後續以精神分析解讀文學的手法高度重要，雖然將此概念運用在小說作品上還很不明確。在「遊戲治療」的脈絡中，明顯地，分析師感興趣的是她病人的內在世界，希望病人可以及時分享的內容。然而藝術作品並非治療，而觀賞或評論者扮演的角色也不是治療師的角色。一個分析師在一部文學作品中看見的「內在世界」（inner world）是作者自己的，或者更是他書中所描寫的角色的呢？小說中「猶似真實」（as if real）的角色是代表讀者自己生活與經驗相關的類型人物，小說讀者最感興趣的當然是對這些角色內在世界的理解，而非對作者本人的理解，作者看來真的甚少在自己小說裡把自己寫成角色。但即使明確地在體例上，或非自傳的最具想像力的寫作，精神分析角度的讀者還會區分出來，小說角色的「客體化了的」（objectified）內在世界，以及作者本身的內在所關注的事物間，會有「某些」（some）關聯性嗎？這些問題從精神分析文化評論伊始就已經備受關注了，至今仍深具重要性。

求知本能

以下所引的段落節錄自克萊恩的一篇文章，她清楚地闡述象徵與象徵能力在分析過程中的角色，對兒童和成人談得一樣多。她解釋道，抑制象徵能力是病人極度焦慮的結果，這會讓他抽離現實，他周遭的客體對他而言，會變得沒有情感或象徵上的意義。克萊恩說她根本的目的在於燃起病人對世界的熱情——他的求知本能或者欲知的慾望——相信只要他的象徵能力能夠發展，焦慮就會降低。藉由理解可以降低或者調整焦慮，以及欲知欲曉的慾望是人類的原

始性格，是一個最基本的概念。這讓我們可以同時瞭解精神分析的治療價值和象徵化活動發展的核心重大意義，並且進一步整體上瞭解文化形式的意義。克萊恩以借用自佛洛伊德的昇華概念作出總結，這便是精神分析與美學經驗關鍵性的連結所在。

在脆弱的開始之後，這個孩子的象徵形成已經停滯不前了。早期的努力已經在一個興趣上留下了它們的印記，而這個興趣與現實是隔離且無關聯的，無法成為進一步昇華的基礎。這個孩子對周遭大部分的事物與玩具都不感興趣，甚至也不知道它們的目的與意義。不過，他對火車與車站感到興趣，還有門把、門以及開關門……

在分析中，我需要應付的特殊困難並不是迪克在言語能力的缺陷。遊戲技術會追隨著兒童的象徵式表徵（symbolic representations）亦步亦趨，並且提供了與其焦慮與罪疚感連結的通路，我們可以在相當大的程度上無須使用語言的連結。不過，這項技術不限於對兒童遊戲的分析，我們的材料可以來自於（當兒童在遊戲上受到抑制的時候）其一般行為細節中所顯現的象徵。但是，迪克的象徵尚未發展，有部分是因為他缺乏與周遭事物建立任何感情的關係，他對這些事物是完全漠然無所謂的；實際上他沒有對特定的客體有特別的關係，而即使是嚴重受到抑制的兒童，都會與特定的客體有特殊的關係。由於在他心中和這些客體沒有任何感情的或是象徵性的關係存在，任何與他們有關的偶發行為都不帶有幻想的色彩，因此不可能認定他們具有象徵式表徵的特質。我在迪克相異於其他兒童之

行為的某些特定點上所感受到的，諸如他對環境缺乏興趣以及與他進行心智接觸的困難，都是受到他與事物缺乏象徵關係所影響。於是，分析必須開始於此——與他建立關係的根本障礙。

《愛、罪疚與修復》
〈第十二章：象徵形成在自我發展中的重要性〉（1930）
p.278-280（英文版 p.224-225）

克萊恩承認求知的慾望（求知本能）是人性原始性格之一。她先以她的論文說明這個理解（〈伊底帕斯衝突的早期階段〉、〈象徵形成在自我發展中的重要性〉、〈論智力抑制理論〉），但沒有給出完整的理論闡述。這個概念稍後開始全面發展，比昂在他的研究中提出去知（K）去愛（L）以及去恨（H）本能間的等式時，已經成為自克萊恩發現偏執—類分裂心理位置與憂鬱心理位置以來，對佛洛伊德後設心理學最重要的修正。[4]

對於文化精神分析層面也具有的重大影響的，不僅是求知本能驅力，還包括其特殊的客體。克萊恩相信，這個欲知的本能在嬰兒的心智裡最初的焦點集中於性別、世代、死亡等事物的原始「人生現實」上。〔「人生現實」（facts of life）為孟尼克爾後來之用語。〕克萊恩在這方面追隨佛洛伊德的理念，主張兒童求知慾最早的趨力是與親子關係相關的性關注。

4　歐湘娜希（1981b）對比昂發現的重要性提出一個清楚的說明。

這些概念稍後成為克萊恩學派理解文化的基礎，這些概念使我們理解象徵能力在人類生命的重要地位，也使我們認識到象徵意義與這些原始「人生現實」相關的面向。佛洛伊德對此亦曾關注，雖然克萊恩之後發現了偏執—類分裂心理位置與憂鬱心理位置，而這項對佛洛伊德後設心理學的修正，表明了與佛洛伊德文化研究所描繪出來的潛意識運作方式之結構，是有所不同的。這種有個追尋意義與理解的自發性驅力的概念，且其原始客體是嬰兒期潛意識天生所關注事物的概念，是克萊恩學派對文化作品研究途徑的原則。

偏執—類分裂心理位置與憂鬱心理位置

在先前的某兩章，我們已經稍微深入地介紹了這些克萊恩的核心概念，因此這裡我們只節選足以說明克萊恩觀點本質的一小段。克萊恩文化理論重要的是，在憂鬱位置時達到的心智整合以及象徵形成與象徵能力之間的關聯。而指出以及深入闡述克萊恩概念根本意涵的是漢娜·希格爾。

到目前為止，我已經描述了在生命最初三到四個月間心智生活的某些面向（然而，必須謹記在心的是，由於個別的差異很大，我只能粗略估計發展階段的長短）。如我所報告的，在這個階段的圖像中，有些特定的特徵是很明顯而具有代表性的：偏執—類分裂心理位置居於主導地位，內攝與投射過程兩者間的互動（再內攝與再投射）決定了自我的發展；與所愛及所恨的（好的與壞的）乳房的關係，就是嬰兒最早的客體關

係；破壞衝動與迫害焦慮正是最強烈的時候，渴望無限制的滿足以及迫害焦慮，促使嬰兒感覺到理想的乳房與吃人的乳房是同時存在的，而這兩者在嬰兒心裡是遠遠地區隔開的。

《嫉羨與感恩》
第六章〈關於嬰兒生活的一些理論性結論〉（1952）
p.91（英文版 p.70）

在整合與合成這條路線上進一步的發展，是在憂鬱心理位置出現時才開始的。客體的不同面向（所愛的與所恨的、好的與壞的）靠近了，而且現在這些客體都是完整的人。合成的過程在整個外在與內在客體關係的場域上運作……這些整合與合成的過程導致了愛恨之間的衝突達到最高點，隨之而來的憂鬱焦慮和罪惡感不僅是在量的方面改變，在質的方面也改變了。現在所經驗到的矛盾主要是對一個完整的客體，愛與恨已經遠比先前靠得更近了，「好的」與「壞的」乳房，「好的」與「壞的」母親無法如更早階段一般被遠遠地分開，雖然破壞衝動的力量減弱了，他覺得這些衝動會對他所愛的客體（現在被感知為一個人）構成很大的危險。

《嫉羨與感恩》
第六章〈關於嬰兒生活的一些理論性結論〉（1952）
p.94（英文版 p.72-73）

以下的假設是有所根據的：只要嬰兒將興趣轉向母親乳房以外的客體（例如她身體的某些部位、其他周遭的客體、他自己身體的某些部位等等），便開始了昇華與客體關係的成長所必經的一個基本過程。愛、慾望（攻擊的與原慾的）與焦慮從最初獨一無二的客體（母親），轉移到其他的客體，而新的興趣發展起來，成為原初客體關係的替代物。不過，這個原初客體既是外在也是內化了的好乳房，而這種情緒與創造的感覺（這些感覺和外在世界發生關聯）之轉向和投射密切相關。在這些過程中，象徵形成與潛意識活動的功能是極具意義的。當憂鬱焦慮發生時，特別是在憂鬱心理位置發生時，自我感到被驅使將慾望與情緒、罪惡感及進行修復的衝動，加以投射、轉向與分配到新的客體與感興趣的事物上，我認為這些過程在一生中都是發生昇華的主要因素之一。不過，在願望與焦慮被轉向與分配的時候，能夠維持對最初客體的愛，是昇華（當然還有客體關係與原慾的組織）成功發展的一個前提，因為，若是充斥著對最初客體的怨恨，會危及昇華以及與替代客體的關係。

《嫉羨與感恩》
第六章〈關於嬰兒生活的一些理論性結論〉（1952）
p.106-107（英文版 p.83）

這裡的重點是克萊恩發現，在憂鬱位置開始的同時（也就是說，在嬰兒心智當中，將愛與恨的感覺整合，以及內在母親不再是

分開的愛與恨的部分客體（「好的乳房以及壞的乳房」），而是整合為一個完整的人，有時會愛也有時會恨），象徵化能力才會出現。雖然偏執─類分裂心理位置的極度分裂是嬰兒安全感所必要的，然而唯有分裂減輕時（比昂的碎裂概念是更極端的形式），心智的理解能力才得以發展。

這段所關注的第二個重點是，嬰兒注意力從乳房轉移到其他客體以及興趣，是隨同憂鬱位置出現而來的。克萊恩描述，一旦內在愛的客體建立，潛意識幻想以及象徵形成的能力便會增長。

然而，直到漢娜‧希格爾的論文出現，才完整地闡述了象徵能力的發展以及憂鬱位置的開始出現間的關聯性，而希格爾的論文完全延續了克萊恩研究的精隨。

克萊恩的哀悼理論

克萊恩認同佛洛伊德的看法，她相信，哀悼的經驗是發展的核心，隨著斷奶時失去乳房開始，會在一輩子其他不可免的失落發生時反覆出現。哀悼涉及在心中復原或者修復失落的「真實客體」（real objects）。這個過程涉及對於內在客體愛與恨衝動的內在衝突重現，這兩股力量間的平衡便會左右介於成功完成哀悼及失敗落入憂鬱間的不同成果。遭逢這種原初失落時，個體有必要面對這種失落，並找出建立失去客體的象徵代表的方法，達成象徵化的驅力部分便是受這種需求所驅動。克萊恩學派美學理論聚焦於涉及文化藝品創造的象徵性修復工作。他們的想法是，藝術創作代表在對原始客體的愛與毀滅間的慾望做掙扎——它們的品質和深度端視藝術家可以面對多少內在衝突的程度而定。藝術品是藝術家與作家心中

這些內在掙扎的表達與紀錄，作用在於安慰與豐富其觀眾。

這是克萊恩對哀悼的說法：

在我的論文〈哀悼及其與躁鬱狀態的關係〉中，我發表了如下的看法：「我的經驗引導我如此做結論：雖然正常哀悼的特徵是個體於內部建立起失去的所愛客體，他並非第一次這麼做，而是藉由哀悼的工作，重新復原該客體以及所有他感到失去的所愛內在客體。」只要發生哀傷，就會干擾安全地擁有所愛之內在客體的感覺，因為它會重新喚起早期對於受傷與被破壞之客體的焦慮（關於碎裂的內在世界），罪惡感與迫害焦慮（嬰兒期憂鬱心理位置）被強烈地再活化。將被哀悼的外在愛之客體成功地重新復原，而且其內攝被哀悼的過程強化，意指所愛的內在客體被復原、失而復得，因此在哀悼過程中特別顯露的現實感，不只是更新與外在世界連結的方式，而且是將瓦解的內在世界重新建立起來。

《嫉羨與感恩》
第六章〈關於嬰兒生活的一些理論性結論〉（1952）
p.100（英文版 p.77）

以對藝術作品的理解作為失落的修通，這是某些克萊恩學派有關藝術品最具價值的作品的主調。普魯斯特（Proust）自己對此概念的解讀，對希格爾的想法有重大影響，那是理解想像力豐富的作者與精神分析師二者間理念精彩互動的一個例子。羅納德·

布列頓認為（1998b），華茲渥斯最好的詩作，包括《序曲》（*The Prelude*）的最初版本，有關失落的呈現與經驗，是說明克萊恩學派美學哀悼理論重要性的另一例證。

投射性認同

投射與內攝認同的歷程是克萊恩所發現的，其後許多後繼的分析師繼續加以發展，這是克萊恩學派與後克萊恩學派美學的基礎。這類的概念在佛洛伊德自己討論美學問題的作品中就存在了；例如，在他的想法當中，達芬奇（Leonardo da Vinci）在他「蒙娜麗莎」（Mona Lisa）與「聖安娜」（St Anne）的畫作中，表達了他自己的母親認同。藝術家和作家將他們自身的面向投射進他們的象徵創作品，這些作品隨後被賦予生命，脫離創作者而獨立存在。他們也內化他者的面向（包括他們的藝術家前輩），融入自己的創作品當中。

投射性認同是基於自我的分裂，以及自體的部分投射進入他人之中，首先是母親和她的乳房。這種投射源自於口腔—肛門—尿道的衝動，為了控制和佔有母親，自體的部分以身體物質的形式，被全能地排出而進入母親之中。於是，她並非被感覺為一個分開的個體，而是自體的一個層面。如果這些排泄物是在怨恨中被排出的，母親就被感覺為危險和有敵意的。但是不只是自體壞的部分被分裂而投射，好的部分也是。通常，如我所討論過的，當自我發展時，分裂和投射會減少，自我就會

變得更加整合；然而，如果自我是非常虛弱的（我認為這是天生的特徵），以及如果出生和生命的開始是有困難的，整合的能力（將自我分裂開來的部分併在一起）也是虛弱的，便會有一種更強烈的分裂傾向，這是為了避免導向自體和外在世界的破壞衝動所喚起的焦慮。因此這種無能忍受焦慮有著影響深遠的重要性，不只是增加過度分裂自體和客體的需要——這種過度分裂會導致一種碎裂的狀態——同時也使得早期焦慮不可能修通處。

《嫉羨與感恩》
第十六章〈論孤獨的感受〉（1963）
p.386-387（英文版 p.303）

　　克萊恩收錄於《新方向》（*New Directions*）書中的〈論認同〉一文，是以精神分析的方法分析一本小說（《如果我是你》，朱利安‧格林），來說明投射性與內攝性認同的現象。這篇論文的形式為個案研討，這個「個案」（case）是小說裡虛構的主角，而非臨床病患，而其標題的意旨也很清楚，是在於探討一個特殊的心理歷程，而非只針對一部文學作品進行分析。這篇論文敘述小說主角因為過度的投射認同，而自體漸消，根據小說裡虛構的協定，他被允許承繼他人的身份，然而接下來的生活卻始料未及，他持續失去自己的自體，卻承繼了他人的特色。〔同樣主題更為人所知的是王爾德的《道林‧格雷的畫像》（*Wilde, The Picture of Dorian Gray,* 1891）〕。

在《新方向》中，瓊安・黎偉業有兩篇論文，也在討論投射性與內攝性認同。第一篇，〈以文學為例的內在潛意識幻想〉（The Unconscious Phantasy of an Inner World Reflected in Examples from Literature, 1952b），讓我們知道不同詩人如何在他們作品中表現將客體——客體有時是心愛的人——吸收進他們自體的經驗，這是依循克萊恩將母親的部分面向內攝入自體的看法所做之作。第二篇，〈易卜生《大建築師》的內在世界〉，是在分析書中主角索斯（Solness）不正常的客體關係。年輕的希爾達（Hilda）在索斯面臨老化、挫敗與被後起之秀取代的恐懼，以及對重度憂鬱的妻子與其雙生嬰兒夭折感到愧疚之際闖進他的生活，激發出他瘋狂的全能自大之感，支撐了當她仍是小女孩的時代他親吻她、稱她為他的公主時的情感誘惑。在這些投射的影響下，他開始想重啟早年的成就感，當他爬上他以前所建造的教堂頂端時，他幻想著挑戰上帝。這次，他墜地而死。希爾達的投射，部分是將對失敗父親的恨與忌妒以她童年偶像索斯具象化。黎偉業的論文顯示，許多精神分析概念，包括認同概念在內，對於瞭解這齣戲都是有價值的。如同這類作品中最出色者常見的狀況，這篇論文中最主要的發現之一，便是富於創造力的作者在許久之前便以自己的方式理解了心理分析師多年以後以理論表達出的概念。

　　我們已經證明了和投射性認同關係密切的反移情的概念，在克萊恩學派的美學理論中也很重要，雖然克萊恩自己對它在治療技術中的地位感到懷疑。但是有人認為觀眾和讀者就是透過某種類似於反移情的經驗，對虛構敘事或舞台上、螢幕上展開的情節賦予情感性的意義。在對繪畫以及其他視覺藝術以及建築的反應上，阿德里安・史托克斯以及理察・沃爾海姆極度強調思考觀者對於所感

知的作品的情感經驗，以作為一種弄清楚藝術家意圖，以及作品力量與意義的重要手段。這些概念把克萊恩美學的焦點從原本主要關注以藝術品表現的藝術家內在掙扎，轉移到關注藝術品對觀眾的意義，以及藝術家與觀眾間意義與感覺的交流。這些概念將「當下」（here and now）的面向從諮商室帶入到藝術品的經驗。

但在我們回到克萊恩論述文學的論文之前，精神分析本身也有美學的面向。從文學的角度而言，打從佛洛伊德開始，精神分析就存在著美學的面向，他畢竟是 1930 年歌德文學獎的得主。而克萊恩，我們很清楚的是其精神分析方法之美。我們將援引兩段文字，以不同方式對此加以描述。

第一段出自於一次早期與理查的治療過程，這個小孩，他的分析在《兒童分析的故事》有完整紀錄。有一次的分析時段恰好在理查戰時服役離鄉的哥哥保羅（Paul）回家的週末之後。理查因此第一次帶著他的玩具艦隊去，這艦隊成為他的遊戲的一大重點，也成為他為了對克萊恩女士解釋艦隊活動所畫的出色畫作的重要主題。這些畫在克萊恩全集的第三卷被再製印出。

理查帶了自己的玩具過來，裡面有一整隊的小型軍艦，然後他開始玩這些玩具。他把一些驅逐艦放到一邊，說他們是德軍，另外一邊則有戰艦、巡洋艦、驅逐艦以及潛水艇，代表英軍。（理查很興奮，而且興致勃勃）。兩艘戰艦正在攻擊驅逐艦，其中一艘驅逐艦被炸毀，剩下的被炸穿之後就沉沒了。理查移動軍艦的時候，一邊發出各種應該是由船上發出的變化多端的聲音，從引擎聲到人的聲音都有，清楚地表明每艘軍艦究

竟是高興的、友好的，還是憤怒的等等。有兩、三艘船會合的時候，他雖然沒有使用語言，不過發出的聲音聽起來就好像他們在對話（理查更加注意房子外頭的聲音還有經過的小孩，而且不斷地從座位上跳起來往外看。）

K太太詮釋說，德軍的驅逐艦代表媽媽的小孩。他因為嫉妒和痛恨他們而覺得自己已經對他們發動攻擊，所以也預期他們會對他有敵意。他玩驅逐艦的時候，很害怕外面經過小孩，一直疑神疑鬼地注意外面的聲響，並且「提高警覺」。現在，全世界的小孩都代表媽媽的小孩，所以他只要遇到小孩就會覺得是遇到敵人。

理查把門打開，要K太太看看外面的美麗景色。他說外面有好多蝴蝶。蝴蝶很漂亮，但他們是有害的，會吃甘藍菜還有其他蔬菜。去年，他一天之內就殺死了六十隻蝴蝶。說完之後又回到房內。

K太太詮釋說，對他而言，蝴蝶和海星一樣都是代表貪婪的小孩，他覺得自己也是一樣貪婪。他們都必須被摧毀，才能拯救媽媽。對K太太也是一樣：當他開始嫉妒其他病人，而且想盡可能地獲得她的關注、時間，甚至獨佔她的愛時，就會覺得K太太也應該要被拯救。（海星指的是前一週治療時的素材。前一週分析的重點是危險的海星。）他想攻擊小孩的原因之一是要保護媽媽，另外一個原因則純粹是因為害怕他們，害怕他們可能會對他做的事——路上的小孩以及有敵意的驅逐艦。恐懼促使他攻擊那些小孩。

現在，理查把所有的軍艦都放到一邊，說他們全部屬於英

國，而且是一個快樂的家庭。他向 K 太太說明：兩艘戰艦是爸媽，巡洋艦是廚娘、女傭還有保羅，而驅逐艦是還在媽媽肚子裡的小孩。接著，理查開始玩其他玩具。他建造了一個小鎮，並且把一些人放在鐵路旁邊，然後說沒有東西會動，連火車也不會動（兩輛火車一前一後排列著）。他跟一個玩具小女孩說鐵路很危險，叫她不要靠近鐵路。他把玩具分成很多組，也包括擺在兩節拖車上的那三隻動物，但是把穿粉紅洋裝的女人還有之前經常使用的玩具人偶都放到一旁。玩具狗應該要搖尾巴，但是現在卻一動也不動。理查說，現在全家都很快樂。但是突然間，他又開始移動兩輛火車，接著讓火車相撞，然後所有的東西都被撞翻了。理查說，兩輛火車吵起架來，其中一輛跟另一輛說他自己比較重要，另一輛回說他才比較重要，接著雙方打起架來，就把所有東西撞得一團糟。

K 太太詮釋說，他渴望全家能夠快樂地團聚，也希望自己對家人的感覺都是和善的，然而他對保羅的嫉妒卻造成了災難──遊戲中兩輛火車相撞。上週末還有前幾天，他非常嫉妒保羅可以在家，而他卻只能留在 X 地。保羅放假回家就會受到大家的關愛，他覺得大家都喜愛保羅，而且認為他比自己重要許多。此外，火車相撞也代表正在性交的父母。上次晤談中，他覺得父母就在自己體內。因此，唯有掌控所有人和他自己，讓大家都不要輕舉妄動，他才能夠對家人保持和善的態度，這樣一來全家也會快樂。控制他們就意味著控制自己的情緒。

《兒童分析的故事》

〈第十九次晤談〉

p.89-91（英文版 p.85-87）

　　這只是一次分析資料的三分之一（！），但這確實呈現了孩子和分析師間鮮活的交流，分析師根據孩子當時的情緒，對孩子的連串活動詮釋出情感意義，孩子的幻想因此得到了回應。克萊恩將她在理查的遊戲中辨識出來的伊底帕斯潛意識幻想轉化成語言，以幫助他理解自身。就是這個賦予意義以及使病人理解的做法，深刻地滿足人心，而讀者可以感覺到這種孩子與分析師一起工作的焦慮、希望、興奮與成就。隨後理查告訴克萊恩女士一個祕密（有關於其性活動），這明顯地顯示在她透過詮釋幫助他掌握感覺時，他對她的信任漸漸增加。在這個發展的過程當中，存在著一種美感。

　　第二個例子，是克萊恩形容為既不是不快樂，也沒有生病，甚至人生還十分成功的成人個案。這個案例所呈現的是她能夠精準地因應她的病人對外在物理世界的經驗，與他對自然之美的特殊回應的意義。她將他個性中的這個層面理解為透過在藝術或者自然中發現善與美，就可以修補與復原的例證。

　　　他知道自己童年時總是覺得孤獨，這種孤獨的感覺從來沒有完全消失過。愛好大自然在這個個案的昇華中是一個重要的特徵，甚至從最早的童年時期開始，到了戶外他就會找到撫慰和滿足。在一次會談時段中，他描述在一趟旅程中穿過丘陵地

帶（hilly country）的愉悅，之後當他進入城市卻覺得反感。我的詮釋如同之前所做的一樣：對他而言，自然表徵的不只是美麗，更是美好，事實上是他納入自己之中的好客體。在一陣停頓之後，他回答，他覺得那是真的，但是自然不只是美好，因為總是有許多的攻擊在其中。同樣地，他補充說，他自身與鄉村的關係也不是全然美好的，舉例而言，當他是一個小男孩時，他常常去偷鳥巢裡的蛋，但是同時又總是想種植東西。他說在可愛的大自然中，他真正如自己所言地「納入一個整合的客體」。

　　為了瞭解個案如何在與鄉村的關係中克服他的孤獨，同時在仍然和城市有關的狀況下感受到孤獨，我們必須追隨他某些關於童年時期和大自然的聯想。他告訴我，他應該是一個快樂的嬰兒，受到母親妥善地餵養；許多素材——特別是在移情的情境中，都支持這樣的推論。他很快知道他對母親的健康感到擔憂，也知道他對母親相當紀律嚴明的態度感到忿恨。除此之外，他和她的關係在很多方面都是愉快的，他仍然喜歡她；但是他覺得自己在家裡被侷限住了，並且覺察到一種急迫的渴求要出門。他很早就發展出對大自然美麗的欣賞，一旦他有更多的自由可以出門，這就變成他最大的樂趣。他形容自己以前和其他的男孩有空閒時會在樹林和原野中遊蕩，也坦承有一些和大自然有關的攻擊，例如驚擾鳥巢和破壞籬笆。同時，他相信這類的損傷不會持久，因為大自然總是會自我修復；他視大自然為豐富和不易受傷的，強烈對比於他對母親的態度。和大自然的關係似乎相對地免於罪惡感，而在他和母親的關係中，為

了潛意識的理由，他覺得自己要為母親的脆弱負責任，因而存在著大量的罪惡感……

……與家和母親的關聯讓他覺得非常孤獨，這種孤獨的感受，正是他對城市反感的根源。大自然所帶給他的自由和享受不只是愉悅的一個來源（源自於對美強烈的感受，且連結於對藝術的欣賞），也是對從未完全消失之根本孤獨的反制。

《嫉羨與感恩》
第十六章〈論孤獨的感受〉（1963）
p.392-393（英文版 p.307-308）

這份資料出現在克萊恩的最後論文當中，在她謝世之際仍未出版。盡管這個病人並非病重，她對他所感到的寂寞的描述，在她看來是當個體與不管是內在還是外在的他人好的關係被截斷時，心理疾病狀態中固有的成分。相較之下，這個病人擁有一個成熟的可以象徵性表達以及昇華的能力。

克萊恩關於文學的精神分析論文

克萊恩寫了三篇從精神分析觀點出發研究小說作品的論文。她寫這些文章主要目的不是要發展精神分析的文學分析理論或方法，而是促進她與讀者對精神分析某些核心觀點的理解，更藉著這些文本作為像臨床案例會做的那樣去貫通意義。她完全沒有提及思考藝術作品必然會面對的方法問題，而我們可以推論她已經決定把這些

專業問題留待同儕去解決。[5]

　　然而，她的文學研究之作不乏趣味，且真的對她所討論的、創造力十足的作品有新的發現。我們在上面已經瞭解了〈論認同〉，接下來在這裡將把焦點集中在她 1929 年的論文〈反映在藝術作品與創作衝動中的嬰兒期焦慮〉（Infantile Anxiety Situations Reflected in a Work of Art and in the Creative Impulse），討論了拉威爾（Ravel）的歌劇《小孩與魔咒》（L'Enfant et les Sortilèges），以及傳記式地探討一個畫家的論文，〈對《奧瑞斯提亞》的一些想法〉（Some reflections on The Oresteia, 1963）。

　　這篇 1929 年的論文在標題凸顯了精神分析的議題，如同稍晚的〈論認同〉一樣。她所討論的文學作品是科萊特（Colette）所寫拉威爾歌劇《小孩與魔咒》的劇本。[6] 透過她對這個故事的分析，克萊恩闡述了她對在幼年期因遭遇伊底帕斯狀況而可能引起兇猛毀滅的觀點。這文章寫虐待狂的嬰兒在破壞住家後，開始被自己行動招來的後果而害怕，無生命的壞掉物件以及公園裡的動物攻擊他以為報復。但這個嬰兒對一隻受傷松鼠展現出愛與關懷，修復了這個

5　羅伯特・欣謝爾伍德（Robert Hinshelwood, 2006）曾指出，對於精神分析中與變化多端的後設心理學相關的哲學問題，克萊恩似乎完全敬而遠之，就像佛洛伊德放棄他早期「科學的」（scientific）與生物學的途徑一樣，轉變成一個更屬詮釋的方法。他認為，克萊恩由於缺乏醫學的訓練，或者甚至沒有大學學歷，而很難去參與這樣的辯論，甚至是承認它們的重要性。也許同樣的考量也出現於她與在文學和文人領域的類似的方法論討論保持距離的做法。

6　這篇論文不僅重點在劇本而非劇作，而且甚至距離藝術作品本身更遠，因為克萊恩寫她對其內容的認識是「幾乎是從一篇評論一字一字讀來的」（is taken almost word for word from a review）。

狀態。在心中興起對好媽媽的認同，這個嬰孩藉由憐憫與同情得以平息虐待狂。

> 一隻松鼠被咬傷，摔在地上，在孩子身邊哀號。他直覺地脫下了圍巾，幫那隻小生物的腳掌包紮起來。這時動物之間出現了一陣很大的騷動，紛紛猶豫地聚集到後方。小孩輕輕叫了聲：「媽媽！」他終於回到助人的人類世界裡，「當個乖小孩」。「他是一個好小孩，行為乖巧的好小孩。」動物們非常認真地唱起一首緩慢的進行曲——本劇終曲——然後離開舞台，有些小動物還無法克制自己地叫著「媽媽」。

《愛、罪疚與修復》
第十一章〈反映在藝術作品與創作衝動中的嬰兒期焦慮〉（1929）
p.262-263（英文版 p.221）

　　克萊恩對《小孩與魔咒》以及隨後對畫家露絲·凱爾（Ruth Kjär）傳記式描述的討論，聚焦於透過修復的行動來解決嬰兒期焦慮。雖然她討論這兩個文本的焦慮狀態與前一年出版的理論性的論文〈伊底帕斯衝突的早期階段〉之間有些許關聯，這些文學性的討論卻不僅在於以實例來說明一套理論。它們於概念性問題上，比理論性論文的焦點更具體，且抽象性觀點在這些描述中具體呈現，就像克萊恩在臨床描述中所呈現的抽象觀點一樣，在情感上震撼人心。

　　她對埃斯庫羅斯（Aeschylus）三聯劇的討論——〈對《奧瑞

斯提亞》的一些想法〉——是她三篇討論文學的論文中最引人注目者，當然也是以一部偉大的經典之作為主題。雖然我們可以想像，極少讀者曾經由克萊恩的分析，去閱讀格林《如果我是你》這部小說，她關於《奧瑞斯提亞》的論文，促使其讀者在她的詮釋下去重讀這些劇作。她說她是靠著吉爾伯特・莫瑞（Gilbert Murray）的劇作翻譯進行分析的。

《奧瑞斯提亞》（Oresteia）是阿特柔斯（Atreus）一家的悲劇，包括三幕劇，包括《阿伽門農》（Agamemnon）、《祭奠者》（Libation Bearers）和《佑護神》（The Eumenides）。在他們行動之前，阿伽門農已經將他的女兒伊菲珍妮雅（Iphigenia）獻祭了，以援助希臘人在特洛伊戰爭的大業，並且帶領包圍與征戰特洛伊城十年了。在第一幕中，阿伽門農回家後被妻子克呂泰涅斯特拉（Clytemnestra）殺害；第二幕，奧瑞斯特斯（Orestes）殺了母親為她殺害父親復仇；在第三幕裡，俄瑞斯特斯被帶到眾神面前為其罪行接受審判。克萊恩感興趣的是那些角色的心理狀態，他們的內心衝突，或者他們內在存在或不存在懊悔和尋求修復的感覺。這齣戲劇僅僅是一齣復仇劇——用連續的殺人以牙還牙——或者是吸引人來對每個行動的道德進行反省與評估？克萊恩描述，在「傲慢」（hubris）與正義（dike）這兩個互相衝突的原則之間出現了衝突時，這齣戲中所有的主要角色都很容易屈服於「傲慢」的原則之下。最後的審判免除奧瑞斯特斯（Orestes）獲得免罪，以及那之前的辯護，清楚地顯示埃斯庫羅斯邀請觀眾做的事，是思考什麼事情正義合理，而什麼事不正義不合理。看來，古希臘悲劇作家藉由呈現戰士社會準則對家庭和社會帶來的悲慘後果，努力想引人思考的是這種追求榮耀與復仇的社會的準則。克萊恩也許看到希臘悲劇對

他們採取非理性衝動所帶來悲慘結果的探討，與精神分析研究之間，有著類似之處。

她注意到這齣戲裡複雜的伊底帕斯面向，於其中發生客體情感轉移。她詮釋奧瑞斯特斯殺死母親的愛人，埃癸斯托斯（Aegisthus），作為他對父親恨意的轉移〔類似於哈姆雷特（Hamlet）與他叔父克勞迪亞斯（Claudius）的關係〕。角色此時為了自己的榮耀感，也是為了自身的滿足而付諸行動（例如，阿伽門農說對他摧毀特洛伊城並不後悔），這些戲劇也讓我們瞥見其角色中較正面的情感。克萊恩說，奧瑞斯特斯喜歡他的姐姐伊拉克特拉（Electra），且經驗因復仇而弒母的內疚。然而，克呂泰涅斯特拉（Clytemnestra）因為設局殺害阿伽門農，且在她害怕奧瑞斯特斯會傷害她時，而呼叫士兵持矛攻擊他，但當阿伽門農流露悔恨證據時她有所反應，也曾經愛過她的兒子。克萊恩有興趣的是在這種情況下某些心理憂鬱狀態的出現。歐墨尼得斯（Eumenides）（復仇三女神）追捕奧瑞斯特斯的暴怒和緩了，僅僅變成他罪行的永遠提醒者（一個較溫和的超我），表現出這齣三聯劇轉向一個較憂鬱的調性。這篇論文是克萊恩透過對於伊底帕斯情結的複雜性，以及心理偏執—類分裂以及憂鬱狀態理解，可以對一個文本產生特殊洞見的有力證明。

克萊恩美學概念的發展

漢娜‧希格爾

漢娜‧希格爾的目標在於發展克萊恩美學概念的涵義，因為克

萊恩自己幾乎不曾想做這件事。她於 1952 年出版的經典論文〈美學研究的精神分析途徑〉對此議題設立目標，幾乎可當作一個宣告。

她以討論佛洛伊德以及其他精神分析作者對美學議題的貢獻為起點，但也討論了他們的限制，因為他們沒有處理到某些問題：

> 美學的核心問題，也就是說，何者構成好的藝術，在本質上與其他人類創作有何不同，尤其是和拙劣的藝術的區別何在？……
>
> ……在分析的新發現指引下，也許現在可以去問新的問題了。我們可以將讓藝術家得以創作出滿意藝術作品的特殊因素從藝術家心理中隔離出來？而我們若可以，那會深化我們對藝術作品美學價值，以及觀眾美學經驗的的理解嗎？
>
> 對我而言，看來梅蘭妮‧克萊恩的憂鬱位置概念，最少令回答這些問題成為可能。
>
> （Klein et al., 1955, p.385-386）

她接著簡潔地說明克萊恩憂鬱位置的理論，這是作為她美學研究途徑的基礎。她相信，藝術家努力搏鬥的，基本上是帶著憂鬱的焦慮，而好的藝術作品來自於一個藝術家在面對憂鬱痛苦時的勇氣以及現實性。這是文學以及藝術呈現給觀眾的心理任務，也是文學與藝術對人類社會來說至關重要的原因。

她描述藝術家這個在根本上具有修復性質的任務：「創造一個屬於他自己的世界」。

為了瞭解這話的意義，她援引了一位藝術家的文字：

在所有藝術家之中，給我們最完整創作歷程的人是馬塞爾‧普魯斯特（Marcel Proust）：基於多年自我觀察以及令人讚嘆的洞察結果的描述。根據普魯斯特的說法，一個藝術家因為想修復自己失落的過往而被迫創作。但是對過往純粹理智上的記憶，就算真能有這樣的記憶，在情感上是沒價值的，且是死亡的。真正的記憶有時是在偶然的聯想牽動下無意中出現的。蛋糕的滋味把片段的童年記憶帶回他的腦海，歷歷在目，點滴心頭。無意中被一塊石頭絆倒，卻回想起在威尼斯的記憶，之前他卻怎麼努力都記不得。多年以來他無法重建的親愛的老祖母的鮮明畫面。然而僅因一次偶然的聯想，她的畫面被喚醒了，終於讓他可以記得她，得以經驗他的失落與對她哀悼。他稱這些轉瞬即逝的聯想為：「心靈的間歇」（intermittences du coeur），但他說那樣的記憶隨來即去，因此過往依然飄忽不定。為了捕捉它們，賦予它們永恆生命，與他餘生整合在一起，他必須創造出一個藝術品……

　　……透過多冊巨著，他重溫了過去；所有他所失落的，毀滅了的卻鍾愛的客體都重新有了生命：他的父母、他的祖母、他珍愛的艾爾柏婷（Albertine）……。一本書就是一座廣大的墓園，在那兒，絕大多數的墓碑上，已經磨滅的名字人們再也看不見……

　　……普魯斯特所描述的相當於一種哀悼的狀況：他明白，他所愛的客體垂死待斃或甚已死。寫一本書對他而言如同哀悼，在哀悼中，外在客體逐漸被拋棄，它們在自我中復活，也在書中被重新創造。

（p.388-390）

這篇論文繼續描述作者四個病人的臨床工作，四個都曾是藝術家且都曾由於憂鬱焦慮而創作停滯。她以如下結論結束對第四位病人的討論：

> 佛洛伊德對心理學最偉大的貢獻之一，是發現了昇華是出自於成功地放棄本能目標；我於此想提出的是，這種成功的宣告放棄只有透過哀悼的歷程才會發生。放棄本能目標，或者是客體，是一種重複並且重新經歷放棄乳房的歷程。如同第一次的放棄，若被放棄的客體可以透過失落與內在修復的程序，被同化進自我當中，放棄便能成功。我認為，這樣一個同化了的客體，變成自我當中的一個象徵。客體的每一層面，在成長過程中必須要拋棄的每一種狀況，都令象徵得以成形。
>
> （p.396-397）

她提出兩個深入的問題，第一個是成功藝術家與不成功藝術家之間的不同。她引自佛洛伊德的著作（1911），描述藝術家在「對他無論是文字、聲音、顏料或黏土等材料的本質、需求、可能性與限制的評價」方面對現實的敏感。

希格爾是這樣回答自己這個問題的：

> 嚴格意義上的審美快感，也就是，從一件藝術品中得到的喜悅，且這種喜悅僅能透過藝術作品得到，來自於我們對整個藝術品的認同，以及對這個藝術家呈現在其作品中完整的內在世界認同。以我的觀點而言，所有的審美快感都包括在潛意識中重新經歷藝術家的創作經驗。在論〈米開朗基羅的摩西〉

（The Moses of Michelangelo）一文當中，佛洛伊德說，「藝術家的目標是，去喚醒在我們內在和他心中產生創作動力一樣的心智叢集（mental constellation）。」

（Klein et al., 1955, p.399）

　　她以古典悲劇為例：

　　在創作悲劇時，我認為，藝術家的成功端賴於他是否可以完全認清與表達他的憂鬱幻想與焦慮。他以創作表達它們，這種工作與哀悼的做法近似，他於內在再創作一個和諧的世界，而這個世界也被投射進他的藝術作品。

　　讀者透過作者的藝術作品的中介而認同了作者。如此他重新經驗了自己早期的憂鬱焦慮，且透過認同藝術家，經驗了一次成功的哀悼，重建他自己內在客體與內在世界，而他的感覺，也因此，便重新整合並豐富了。

（p.400）

　　她把這個論證從悲劇擴展到普遍的美學經驗。她參考了約翰‧瑞克曼（John Rickman）與艾拉‧佛利曼‧夏普（Ella Freeman Sharpe）的作品，不同意一般認為美學與美有對等性的看法。她寫道：

　　表達內在世界憂鬱狀態的就是醜陋。它包含緊張、恨意以及造成的後果——善與完整的客體解體，轉變為受迫害的片段……

……我的論點是,「醜陋的」（ugly）是一個圓滿美學經驗最重要以及必要的組成部分。

（p.401）

雖然她同意美是秩序與和諧的一種表達,她主張唯有經過了同化、修通憂鬱經驗,以及哀悼,才能達到深度的美學滿足,引用里爾克（Rilke）的說法是:

美不過是我們剛好還可以承受的恐怖的起點。

她把她的美學論證與死亡本能的概念連結起來,做出結論:

用本能的術語再做出結論,醜──毀滅──是在表達死之本能;美──整合成韻律與整體的慾望──是要表達生之本能。藝術家要達到的成就,便是對兩者間的衝突及整合做出最完整表達……

……所有藝術家都意在不朽;他們的客體不僅要死而復生,這生命還必須永恆不朽。而在所有的人類活動中,藝術與達成不朽的目標最接近;一件偉大的藝術品可能可以逃離毀滅與被遺忘的命運。

我們忍不住會認為,之所以如此,是因為一件偉大的藝術品中,否定死亡本能的程度,比諸其他任何人類活動都低,在可以承受的範圍內,極盡可能地承認了死之本能。它是為了生之本能與創作的需求而被表達與限制的。

（p.404-405）

希格爾在她的最後一篇論文〈象徵形成之短論〉（Notes on symbol formation, 1957）中，給〈美學研究的精神分析途徑〉的論證增添了一種至關重要的論點。這篇論文中，她指出憂鬱位置的開始以及象徵化能力的發展之間是有關係的。這個連結稍後由比昂更深入地加以發展，對精神分析理論及其文化應用至為重要。

她解釋，象徵等同（symbolic equivalent）的思考〔「僵固（concrete）思考」的一種表現，有時候是精神病型的思考〕，和真正的象徵之間是有區別的。象徵化的活動一般是在企圖減緩潛意識焦慮下進行的。在偏執—類分裂心理位置當中，這遇到了極大的困難，個體可能會感覺象徵與它所代表的客體是完全相等的——希格爾一個因為那就像在大眾面前手淫一樣，因此不能在聽眾前演奏小提琴的病患，就是那種情況的著名案例。但是在憂鬱心理位置當中，開始有可能辨認出客體與代表著它的象徵之間有所不同，並且透過它們的象徵性代表修通焦慮。如果偏執—類分裂心理狀態脫穎而出，象徵的能力會受到抑制，退行（regression）就隨時可能會發生。有些藝術作品也許會逼迫觀眾面對「象徵等同」或者「僵固思考」的經歷。

這裡是希格爾對此的解釋：

> 象徵形成是一種自我企圖去處理被它和客體的關係打亂了而出現的焦慮的活動。那主要是因為恐懼壞客體，以及害怕失去或者無法接近好客體的緣故。自我與客體關係的失調，會以象徵形成失調的方式反映出來。特別是，區別自我和客體的能力出現問題，便會導致區辨象徵與其象徵物的能力出現問題，從而導致僵固思考，是精神病的特色。

象徵形成開始得很早，或許和客體關係一樣早，但是隨著自我與客體關係性質的改變，而改變其性質與功能。不僅僅是象徵的實際內涵，還有象徵成形與使用的方式，在我看來，都很精確地反映了自我的發展狀態，以及它處理其客體的方式……

……然而，自我並不覺得早期的象徵是象徵或者替代物，而是原本的客體本身。它們與稍後形成的象徵十分不同，我想它們應該要另外命名。我在我 1950 年的論文中建議過使用「等同」（equation）這個詞。然而，這個字卻讓它們與「象徵」（symbol）這個字差太遠了，因此我現在想修改成「象徵等同」（symbol equation）……

……在有利於正常發展的環境裡，反覆經歷失落、復原、再造之後，自我裡面就可以安全地建立一個好的客體……。更早在發展開始時，其目標是要完整地佔有感到是好的客體，或者如果感到它是壞的，想將之完全消滅。在體認到好的客體與壞的客體是同一個客體後，這兩個本能目標都逐漸改變了。自我越來越想將客體從自己的侵犯與控制中拯救出來。而這暗示了在一定程度上要去遏止直接本能的目標，包括攻擊本能和性慾本能。

這樣的狀態對於創造象徵是個強而有力的刺激，而象徵得到了改變它們性質的新功能。個體需要用這個象徵來轉移對原始客體的侵犯，藉此去減低愧疚與害怕失落的感覺。這裡的這個象徵不等同於原本的客體，由於替換的目的在於拯救客體，因此替換所引發的愧疚感遠比因為攻擊原始客體而出現的要低。內在世界中有象徵創造出來，作為保存、再造、恢復和重

新擁有原始客體的手段。但是隨著現實感持續增加，它們現在是被感覺到是由自我所創造的，因此絕不是完全等同於原來的客體。

（Segal., 1957; p.393-394）

希格爾對藝術裡修復衝動的討論，已經成為精神分析與文學間許多論述持續不絕的活水源頭。

阿德里安‧史托克斯

受克萊恩影響的最重要繪畫與視覺藝術評論作家是阿德里安‧史托克斯，他在汲取她的精神分析養分時，已經是知名的藝術史與藝評家，作品至今仍吸引當代人士的興趣。[7] 依他所發展的概念，藝術是在表達與內在客體有關的毀滅與修復的衝動，可以在繪畫、雕塑以及建築當中找到表現方式與美學解決方案。如同希格爾一般，他相信那些對這樣的藝術作品有感覺的人，就是在欣賞的過程中發現自己內在的衝突得到了象徵與修通。史托克斯被收錄於《精神分析新方向》一書中的論文〈藝術中的形式〉（Form in art），是他結合了精神分析的思考。

史托克斯的藝術批評風格，主張對藝術客體的美學與情感回

7　例如，參見《藝術與分析：阿德里安‧史托克斯讀本》（*Art and Analysis: An Adrian Stokes Reader*），梅格‧哈里斯‧威廉斯（Meg Harris Williams, 2014）編，以及珍妮特‧榭爾絲（Janet Sayers, 2015）《藝術、精神分析、與阿德里安‧史托克斯：一部傳記》（*Art, Psychoanalysis, and Adrian Stokes: A Biography*）。

應對理解藝術品至為重要，和較「外在的」（external）圖解或者藝術史式的詮釋形成對照。[8]他自己在評論繪畫與建築的大量作品中有著一種強烈「主觀的」（subjective）面向。一般而言，比起文學，在視覺藝術與音樂作品中較難判讀出精神分析的意義，因為文學與精神分析都使用語言，這個共同的媒介在兩個領域間架起連結的橋樑。這得多方仰賴評論者在特定的藝術品中找出重要的形式，引導讀者去加以瞭解。另一個也是被克萊恩概念所影響，同時也受史托克斯藝術評論之作影響的是哲學家理察・沃爾海姆，他的《繪畫這門藝術》（*Painting As an Art*, 1987）一書對藝術作品做了大量受這種觀點所影響的詮釋。沃爾海姆相信，我們學會在藝術品中「看見」藝術家有意賦予其中的意義。兩位作者都相信，潛意識的意圖被體現在藝術品當中，且透過認同的過程，這些會傳遞給觀眾，且觀眾也會加以回應，不管是在意識上或者潛意識當中皆是。這種認同有個層面是，藝術家創作藝術時，自己就是自己作品永遠的觀眾的經驗。

> 我所偏愛的心理學對意義的解釋……根植於藝術家的某些心理狀態中，當它在繪畫活動當中找到出口，將會誘發觀眾相關的心理狀態。

> （Wollheim, 1987; p.357）

如同希格爾以文學作品所論證的，我們透過藝術品經驗藝術家

8　沃爾海姆（1973）曾經描述過史托克斯的方法，認為那與他自己的方法類似，自己並為其所影響，二者都受沃爾特・佩特（Walter Pater）的著作以及美學感受性的概念所影響。

解決內在世界衝突的掙扎。史托克斯以及沃爾海姆所認為，藝術品觀賞者的觀賞經驗對於瞭解作品本身至關重要的概念，與當代移情一反移情關係是精神分析實務核心議題的觀點有種密切的關係。沃爾海姆在他書中描述畫家設法引領觀者進入畫作所喚起的空間的多種方式。有個例子就是他討論馬內（Manet）的特定畫作，這些畫邀請看畫的人去認出畫作中的人物正陷入沉思，並邀請觀者在那個心理空間中認同它們。

史托克斯在 1955 年到 1967 年間寫的，收錄於他的合集《評論集》（Critical Writings, Gowing, 1978）中也是最後一卷的論文裡，完整發展了他研究藝術與建築的精神分析途徑。然而，他寫道，在早期作品裡就已經很重要的許多與此相關的概念——像是藝術品籠罩（enveloping）與魔咒（incantatory）效應的概念，以及他們創作裡「雕琢」（carving）與「形塑」（modelling）的分別——已經和克萊恩的概念有密切的關係。他抱持的想法是，這些概念使得深入解釋它們的精神分析意義有了可能性。[9] 他寫道：

> 我對主要從雕琢面構思的作品最感興趣，因為雖然並置（juxtaposition）使我們意識到心靈的緊張，但我對透過藝術形象突出的差異性或是獨立的存在性所傳達的意義比對透過並置所傳達的意義更為看重。我比較在乎復原、修復，對於存乎藝術家內心、會給藝術家的素材染上幽暗或蒼涼力量的多才多藝偉大力量，我的關注較低。

9　史托克斯發現，雕琢與形塑的分別，這是他早期著作中所發展的，分別與「憂鬱」或「完整客體」以及偏執—類分裂心理狀態或者部分客體之類克萊恩描述過相關的概念一致。

（Stokes, 1951; p.242）

　　如同希格爾，史托克斯所持的觀點也是，藝術品確實對觀看的社群成員起重大作用，以賦予他們自己的衝突衝動象徵性表達的方式，以及創造出形象來涵容他們焦慮的方式進行。

　　史托克斯論證，建築由於是外顯的藝術，且為主要客體關係的公開表達，是所有藝術中最重要的，或者最少直到現代為止是如此。

　　　我們同意，藝術工作是個建構。由於人類在無論是肉體上還是精神上都是個小心翼翼積累的結構，是一種接合體以及一種樣式，一個強加於對立驅力上的和諧，建築物看來不僅是最常見的，也是我們生活和呼吸最普遍的象徵：房子也是母親的家與象徵……

（Stokes, 1959; p.149）

　　　沒有人可以否認，建築藝術有許多地方與身體有關。比例、對稱，都是源自於我們自身；建築特徵的交替對許多人來說有呼吸韻律的暗示。建築物是我們自身的巨人，同時也是母親與子宮的象徵。

（Stokes, 1958; p.109）

　　　從另一個方向來說這件事：哥德式建築多　像女性的外陰。想想教堂大門層層疊疊的尖形拱門、塔樓隙縫與狹窄孔洞……。哥德式建築的圖像將莊嚴神聖的與最低俗下流的並

列：天使與滴水嘴怪獸看守母體的入口……。古典印度建築的廟宇以及塑像則是以相對應的豐富性呈現一個較為陰莖崇拜的建築。我們對藝術之母——建築——的回應，最能展現完整客體的建築藝術是基於部分客體象徵化的表現而來的，或者，更概括地說，是基於部分客體關係而來的。可能唯有建築與部分客體的表現如此關係密切。

（Stokes, 1965; p.284-285）

　　就我看來，只有兩個精神分析的概念符合需求。它們都是克萊恩提出來的：第一個是整合的自我的概念，這我已經說過了，就是把好的跟壞的連接在一起，將既不持續分離也不互相否定的數股不同的心靈成分互相結合；而第二個，是克萊恩學派對完整客體在經歷失落感後，所具有的創造力或者再創造力的概念。這兩個概念很接近，因為辨識出一個獨立的完整個體時，自我本身的合成也同時發生。好與壞不再毫不相干；憂鬱的焦慮超越了偏執的焦慮；攻擊好客體的責任大幅加重，相應地失落感會增加。把它應用到社會視為規範的事情上時，這意味著減少強調退行的超越價值，而較重視個體，這某種程度犧牲掉了社會僵固性，因為社會——如果自然也納入了社會之中，那麼自然也包括在內——是為投射性認同的最大目標。這再一次意味在內在掌握客體確切本質的樂趣大幅增加，這種樂趣有時會更加激勵現實原則的運作。

（Stokes, 1958; p.131-132）

　　史托克斯視現代社會在美學的和諧與秩序上是有缺陷的，他

相信作為一種表達與涵容形式的建築之衰落是其中的一個重要面向——他主張，建築的衰落解放了平面藝術，促使平面藝術接手研究調查的任務，並且對知覺與情感迷惑的新狀態賦予形式。

於是，在阿德里安・史托克斯以及理察・沃爾海姆的研究中，可以看到克萊恩概念在建築以及視覺藝術上大量的應用，可比漢娜・希格爾及其後繼者在文學領域中所做的一樣。

【第十二章】

克萊恩與社會

　　如同我們先前說過的，克萊恩自己的作品中，較少論及她的理念對社會或者政治的較廣泛影響。只有在對犯罪與不良行為本質和意義的探討中，她才處理了具有潛在爭議性的社會問題。然而雖然她自己不願意把她的思想擴及其主要臨床脈絡之外，許多分析師和社會學家已經發現克萊恩的概念在思索更廣泛的社會議題時深具價值。在這章裡，我們將看看這樣的發展是怎麼出現的。

　　克萊恩學派思考社會的中心概念，是出自於她賦予人類發展中的焦慮核心地位的想法。在更寬廣的社會領域中，稍後出現的同化概念上格外具有影響力的，是她偏執─類分裂心理位置與憂鬱心理位置的模型，以及有防衛機轉來防衛的多種不同焦慮。她關於犯罪的想法出自於這些概念，因為與偏執─類分裂心理位置相關之原初且懲罰性的超我，解釋了就她的觀點而言是許多犯罪行為來源的潛意識衝動。

　　本章將先介紹克萊恩對犯罪以及反社會行為意義的想法，接著再進入艾略特・賈克、伊莎貝爾・孟席斯・賴斯（Isobel Menzies Lyth）、以及與羅傑・孟尼克爾一起，首度將她概念擴展至更廣泛的社會應用的威爾弗雷德・比昂（Wilfred Bion）等人的著作。我們開宗明義的重點，就如同第二部分先前的兩章，將是《精神分析

新方向》（1955）中的論文，我們可以假定克萊恩自己也認可了這些文章呈現了她在精神分析工作的重大發展。雖然孟席斯·賴斯（當時的孟席斯）1960 年的論文並未出現在這部書中，但那是在這之後很快即寫成的，這篇論文與艾略特·賈克的作品常被看作是開創且激發了克萊恩偏執—類分裂心理位置與憂鬱心理位置以及與它們相關的防衛機轉理論的社會應用。

克萊恩與反社會行為

　　克萊恩在她自己作品中最直接處理到的社會議題，是理解反社會與犯罪行為，及其潛意識的動機。她特別寫了兩篇討論此議題的論文，都是根據她對小孩的分析工作而來。她在文中認為，犯罪傾向與懲罰性超我的功能有關。如同佛洛伊德與溫尼考特的觀點，她的概念挑戰了傳統上對犯罪與違法動機的看法。

　　她說她自己如何在所謂的遊戲分析當中，看到她的病人攻擊代表著母親身體和乳房，以及更普遍來說，是其父母與手足的物品和玩具，而這種攻擊活動如何與嚴重焦慮交替出現：

　　　　但是在分析的時候，焦慮逐漸減少，施虐衝動也因此消除，罪疚感與建設性的傾向開始變得明顯……恢復的傾向與能力提升得愈多，對身旁人們的仰賴與信任愈多，超我就會愈溫和，反之亦然。但在那些受到強烈施虐衝動與排山倒海的焦慮所影響的個案身上……由恨、焦慮與摧毀傾向所構成的惡性循環是無法掙脫的，個體仍然處在早期焦慮情境的壓力之下，仍

使用屬於早期階段中所使用的防衛機制。假使日後對於超我的
恐懼超出了某種界線，無論是基於外在或精神內在的原因，個
體可能會被迫去摧毀他人，這種難以抗拒的衝動可能會成為某
種犯罪行為或精神病的發展基礎。

《愛、罪疚與修復》

第十六章〈論犯罪〉（1934）

p.326-327（英文版 p.259-260）

她解釋這些發展也許是如何出現的：

因此我們瞭解，妄想症或犯罪可能出自同樣的心理根源。
在導致犯罪的情況中，某些因素會導致罪犯更強烈地想要去壓
抑潛意識幻想，並且在現實中犯下罪行。被害幻想在這兩種情
況中常常出現，因為罪犯覺得自己受到迫害，所以才去摧毀他
人。在自然情況下，某些兒童不只在幻想中，也會在現實中
經驗到某種程度的被害感，這些感覺可能來自嚴酷的父母與
痛苦的環境，使得幻想大幅強化。當內在的心理困難（有一
部分可能是環境造成的結果）無法充分被他人所體察，常會
使個體產生一種傾向，即過度重視那些無法令人滿足的環境。
因此僅改善孩子的環境能否使小孩獲益，端視精神內在焦慮
（intrapsychical anxiety）的程度而定。

《愛、罪疚與修復》

第十六章〈論犯罪〉（1934）

p.327-328（英文版 p.260）

　　她相信，反社會行為根於嬰兒期就有的暴力與施虐感，這是對正常的身體受挫、剝奪以及焦慮的反應，以及出於被伊底帕斯情境激發的嫉妒與焦慮。克萊恩認為，嬰兒用潛意識幻想來回應對他們單獨擁有父母中一位的威脅（威脅來自於另一位父母，以及來自於實際存在或者潛在的手足），在這種潛意識的幻想中，他們對其客體展開口腔的、尿道的以及肛門的暴力攻擊。但是這種攻擊帶來擔心遭到懲罰和報復的恐懼，以及唯恐嬰兒的內在客體不能生存的恐懼。在不利的環境裡，比如說，破壞性幻想被剝奪和虐待的照護環境增強，而沒有獲得涵容與緩和的環境，結果可能會是孩子認同了「壞的」內在客體，因為他所懷抱的破壞性幻想而產生無法承受的罪疚負擔，且迫害性的超我會居主宰地位，所以自體感到會得到應有的懲處。這可能會發展出施虐與受虐的惡性循環，自體在其中必須因為自己幻想出來的罪行而被懲罰，但接著會落入對想像中施加痛苦的權威產生憤慨與怨恨的境地。克萊恩基本上是想像少年與成人的犯罪行為，是遵循早年社會化時破壞性過程所定下的模式。犯罪、再犯以及進一步懲罰的無止境循環是刑事司法系統的一種自我強化的模式，她認為這種循環有時是一種受損的早期關係模式的重現。置身於不斷再犯與受懲循環中的人，以及令那些人痛苦的創傷的或者悲慘的早期經驗間，有著重大的關聯性，這是確實的事。

　　在她的兩篇論及此議題的論文當中〔〈正常兒童的犯罪傾向〉

（Criminal Tendencies in Normal Children, 1927）以及〈論犯罪〉
（On Criminality, 1934）〕，克萊恩的觀點挑戰視超我為道德的擔
保者和執行者的傳統觀點。她主張，相反地，超我如果是以嚴厲和
懲罰性的形式發展，會以激發違法或者犯罪行為，而非加以抑制的
方式運作。如果我們希望人類能表現負責行為且彼此關懷，這個觀
點就具有重要的意涵。由內在迫害所主宰的人格養成不太可能會因
重複懲罰和報應而變得更好。這些做法還可能引發一種招來懲罰的
強迫性循環的行為，個體在潛意識中相信這懲罰是他應得的，但這
懲罰接下來卻更削弱了自體的內在信任和希望感。

　　她對這個議題的思考，是從佛洛伊德在他〈從罪疚觀點看罪
犯〉（Criminal from a Sense of Guilt, 1916）一文中簡短的意見發
展而來的。如同佛洛伊德，她引用了尼采「蒼白的罪犯」（pale
criminal）的概念。溫尼考特（1956）陳述了與兒童不當行為相關
的觀點，並且說明這可能意味根深蒂固的罪疚感有處理的必要。

　　這些概念後來證明對刑法體系本質方面的思考非常具有啟迪
作用，雖然它們的意涵還遠遠未被完全認識。沃爾海姆（1993a）
認為，這些洞見的意涵是，對於滿腦子被自己極端邪惡的感覺所佔
據的罪犯，嚴厲的懲罰——他在心裡特別所指的是，那時候英國仍
實施的死刑——也許構成一種「誘惑」（lure）或者吸引力。他認
為，他們可能想像這種儀式化且引人注目的懲罰帶著一種變態的受
虐快感，有可能作為一種對他們罪疚感的公開贖罪。我們可以補充
說，有些犯罪者也許情不自禁地受被監禁的可能性吸引，以作為一
種控制他們犯罪衝動的方法。

　　亞瑟・海耶・威廉斯（Arthur Hyatt William, 1998）有機會與包
括被判終身監禁的謀殺犯等個案工作。海耶・威廉斯對幾位這些犯

罪者進行精神分析的治療，且負責評估他們最後是否適合重獲自由。他發現這些人身上存在著精神病性格，經常與心智中非精神病的那部分不存在聯繫，且不為其所承認。就是有這些錯亂的「小地方」（pockets），才使人對他們不再犯下暴力罪行極度缺乏信心。這與許多暴力犯罪是加害於家人，或者是對其他和加害者關係深厚的人下手的事實有關。海耶·威廉斯觀察到，大多時候，這些加害者／病人完全意志清明且理智明理，但是心智中未整合的部分仍然潛藏著，且容易被不預期的意外刺激。作為一位分析師的經驗，讓他對於對性格有深層改變的可能性非常保留，而若要降低與這類病人重獲自由相關的風險，性格的深層改變是必要的。將海耶·威廉斯的工作與克萊恩思想連結的，就是潛意識偏執—類分裂與憂鬱焦慮的概念。

唐納德·梅爾策（Donald Meltzer, 1968）以及赫爾伯特·羅森費爾德（Herbert Rosenfeld, 1971）其後發展了克萊恩所主張自體可以被迫害性的超我控制的想法，發展出「內在幫派」（internal gang）的概念，認為，自體在「幫派」中成為內在暴君的受害者。這個暴烈的內在迫害者藉由殘酷地攻擊任何可察覺到的懦弱之處，否定自體的脆弱，並且將之分離出來。而這可察覺到的懦弱之處，可能是自體的（也就是，攻擊任何在幻想中可能受到背叛傷害的愛或者信任的感覺）或者可被看出弱點的他人。這個有時具誘惑力的內在幫派（以及打手）概念，精確呈現了這個心智狀態本質上的憤世嫉俗，這個心智狀態中有個認同於迫害的超我的自體，在找到其受害者任何道德弱點的當中得到快樂。這於是對他們被施予殘酷的懲罰提供了一個虛假的道德藉口，以替代超我對自體及其內在客體的殘酷攻擊。這種將克萊恩原始洞見加以發展的理解，詳細闡述了

那些因其罪刑，而在外在現實上以及內在被懲罰的人，可以用找出以及處罰那些他們認為比自己更糟糕的罪犯的方法，而讓自己感到寬慰（比如，監獄中發生對兒童加害者的攻擊事件）。

克萊恩相信，早期在愛與恨的感覺當中所建立的平衡，對於決定由超我主導的偏執—類分裂心理位置是否可以被克服，而心智中更多「憂鬱的」（depressive）或者修復的狀態可以凸顯出來。稍後畢克（Bick）、比昂以及其他人發展了克萊恩的洞見，建立涵容者／被涵容（Container-Contained）關係概念，在這個關係中，嬰兒期焦慮被平復，而破壞衝動被降低。

對克萊恩學派觀點的批評常常說道，她太過注重嬰孩與兒童的內在世界，而對滋養他們的真實環境非常不感興趣。她的作品則與這個說法大相逕庭。她在一篇論文總結了她對兒童發展的理解，這篇論文是〈我們成人的世界及其嬰孩期的根源〉（Our Adult World and Its Roots in Infancy, 1959），文中描述了發展模式可能出現的範圍，而這些發展模式通常是個別孩子與生俱來的性格與父母的照料之間所建立的關係造成的。

雖然她認為嬰兒容易感到焦慮與覺得被迫害，她也深刻地體認到母親對嬰兒的回應具有必不可少的賦予生命的重要性。因此：

> 我已經提出這樣的假說：在出生過程中，和在出生後對情境的適應中，新生嬰兒經驗到一種迫害本質的焦慮。這點可以用下列事實解釋：小嬰孩潛意識地覺得非常不舒服，他還無法在智能上理解這點，彷彿這是敵意力量加諸於他的。如果很快地讓他感到舒適——特別是溫暖、抱持他的慈愛方式，和被餵

食的滿足，就會產生快樂一點的情緒。這類舒適被感覺為來自好的力量，而且我相信，這使嬰孩可能與人產生第一個愛的關係——精神分析師會說是和客體產生第一個愛的關係。我的假說是嬰孩有一種知道母親存在的天生潛意識覺知，我們知道小動物會立刻轉向媽媽，從她那裡尋找食物，人類動物在該層面並無不同，這種本能的知識是嬰孩和母親原初關係的基礎。我們也可以觀察到在幾週大時，嬰兒已經可以仰望母親的臉，認出她的腳步聲、她的手的碰觸、乳房或她所給的奶瓶的味道和感覺，這些都表示某種和母親的關係已經建立，不論這關係有多原始。

《嫉羨和感恩》
第十二章〈我們成人的世界及其嬰孩期的根源〉（1959）
p.317（英文版 p.248）

　　然而，克萊恩是真的特別強調內在力量，她相信攻擊的潛能是人類內在所固有的，在她寫作時，她相信這個人類發展中出現的面向為人所忽視。[1]

1　然而，克萊恩在某些段落過度誇張嬰兒經驗的這個層面。「以我的觀點而言，全能自大的破壞衝動、被迫害焦慮以及分裂，在生命的前三到四個月是很明顯的」（p. 253）。如從這篇論文大部分所說的，實際上的狀況比這裡描述的更具差異性。

天生的攻擊性，必定會因為不利的外在環境而增加，反言之，它會因為小小孩所受到的愛和瞭解而減緩，這些因素在發展過程中持續地運作。但是，雖然外在環境的重要性到今日愈來愈受到確認，內在因素的重要性仍然被低估；即使是在有利的環境下，因個體而異的破壞衝動，仍然是完整心智生命一個不可或缺的部分，因此我們必須認為孩童的發展與成人的態度是內在和外在影響力交互作用的結果。

《嫉羨和感恩》
第十二章〈我們成人的世界及其嬰孩期的根源〉（1959）
p.318（英文版 p.249）

她繼續討論這類的交互作用如何可以持續對整個童年造成影響：

我與小小孩的工作讓我知道，即使是從嬰孩時期開始，母親以及緊接著的是小孩周遭的其他人，會被納入自體之中，這是各種認同之基礎，不論是有利的認同或者不利的認同……
……如果我們從嬰孩時期根源的角度看我們的成人世界，我們會得到一種洞識，瞭解我們的心靈、習慣和觀點是如何從最早嬰孩化的潛意識幻想和情緒，被建立為最複雜且精細的成人表現（adult manifestation）方式。我們還得到一個結論：任何曾經存在於潛意識中的事情，都不會完全失去其在人格上的

影響。

《嫉羨和感恩》
第十二章〈我們成人的世界及其嬰孩期的根源〉（1959）
p.332-334（英文版 p.260-262）

　　雖然克萊恩自己鮮少書寫社會實務，像教育那些等等，她對發
展的看法的廣泛意涵卻已經被廣為理解和運用。從她的洞見所汲取
的根本結論是，提供給孩子的情緒照護品質非常重要，這種需求應
該要盡一切的可能支持。人類性格中愛與恨衝動的平衡決定了健康
的概念，以及過度的被迫害焦慮所造成的損傷，在童年之後也持續
具有影響力。因此會出現所謂克萊恩概念的預防性運用，藉以維持
支持與他人間發展負責任與修復性關係的社會結構與關係。這些觀
點對英國社區心理衛生服務的發展有所貢獻，這類服務用這些方法
支持家庭。

　　將克萊恩觀點運用於修復或「治療」已發展成形的反社會或犯
罪心理狀態，所牽涉到的問題則較為棘手。她本人認知到，年輕孩
子比較容易經由精神分析介入而帶來改變，成人則因為做心理治療
前的性格已經完全發展了，而相對困難。

　　這種對於潛意識動機的精神分析式的理解，也引發了道德與
法律上的議題，因為它與日常認為人要為自己行為負責的預期不完
全相符。人們普遍相信，人有自由和理性，必須對自己所做的
負責，當他們違法而造成損傷，正應受到懲罰。這個觀點有兩個重
疊的哲學性理由。第一個認為，法律必須藉由保證罪行可以被處以
「相應的痛苦」（a just measure of pain），以加強個人享樂與避禍

的天性，這種預期可以對犯罪形成理性的遏阻作用。第二個想法則訴諸人類內在固有的道德機能，如此一來懲罰就是犯罪應得的結果。這些運作結構確實鼓勵人遵守法律，且證明對加害者施以應得的懲罰是合理的。

潛意識動機的概念很難納入這種一般性的假設當中。雖然執法機關在對特定犯罪行為進行特定評估——例如決定適當刑度——時，會對其動機及理由進行較為複雜的評估，但唯有在極端的精神病狀態，例如以精神障礙（unsound mind）為由的司法抗辯中，對犯罪的精神病理或者精神分析式的理解才會在刑法系統中有正式的地位。如何在正式司法判決過程中納入潛意識動機的考量，而卻又不會破壞個人要為其自由選擇的行為負責的傳統觀念，確實很難。（精神分析所質疑的是何種行為是自由選擇，而何者不是。）

在考量刑罰的形式與本質時，對於精神分析洞見會產生一個較大的潛在衝擊。如果按照克萊恩的觀念，認為犯罪是一種性格障礙，是出於人格中恨甚於愛所致，且／或被一個過度苛刻的超我主宰，對社會系統所提出的問題就是：這樣的人格障礙最可能以何種方法修復，或者減輕他們傷害性的面向？僅僅反覆懲罰本身看來不會激起好的性格發展。確實，眾所周知，監禁系統在這方面絕大部分是無效的，因為出獄後再犯的機率是高的。「監獄有效」這話的意義似乎僅僅在於，當罪犯被監禁起來，就沒辦法自由地在監獄外犯罪。

可以有效降低犯罪和反社會傾向的措施在刑法制度中難以持續施行，問題之一在於廣大社會成員對犯罪者的憤怒和敵意。針對已被定罪的罪犯所進行的修復手段或寬宏慈悲，看在奉公守法者眼裡，有如不公平地「獎勵」他們的罪行。如果復健式的懲罰真的有

效（比如，透過矯正治療或者施以教育），一些前科犯也許結果真的可以發現他們的生活和機會都改善了。對那些覺得自己已經付出自己的代價遏止了反社會衝動的人，以及覺得守法沒太大報償的人而言，會感到不公。主流文化偏好看到加害者受苦，讓他們擔負著社會大多數反社會衝動的包袱，而不願去認識到與他們之間有認知與認同的人性連結。

克萊恩對犯罪傾向的思考，提供了精神分析概念可以如何打亂對個人與社會行為慣有的假設。

賈克以及對抗焦慮的潛意識防衛理論

艾略特・賈克 1955 年討論對抗焦慮的社會防衛的論文，是首度詳細說明一個也許是克萊恩觀點用在理解社會制度上最具影響力的理論。賈克認為，被迫害焦慮與憂鬱焦慮兩者的狀態遍佈於社會制度當中，因此對焦慮的防衛經常是它們組織結構與角色分工和功能的重要特徵。以下是他如何描述這樣的說法：

> 我必須要思考的特定假設是，將個人與制度化的人類社群結合在一起的主要凝聚元素之一，是抗拒精神病性焦慮的防衛。就這個意義而言，我們可以認為個體把衝動和內在客體外化，並且將這些衝動和內在客體集合在他們所往來的社會制度中，而那些衝動和內在客體若不外化，可能會引起精神病性的焦慮。這並不是說那個社會制度就此變成了「精神錯亂的」（psychotic）。但這卻暗暗意味著我們會發現群體關係中出現失真（unreality）、分裂、敵意、猜忌，以及其他適應不良的

行為。這些現象就像發生在沒有發展出用聯想機制在社會群體中迴避精神病性焦慮的個人身上的精神病症狀，這裡的是社會版，只不過和個人的症狀並非一模一樣。

（Jaques, 1955; p.479）

社會對抗偏執焦慮的防衛機轉的例證之一是，把壞的內在客體和衝動放到社會群體中特定成員，不管他們在社會中明確的功能為何，他們是潛意識地被選擇，或者是自己選擇內攝了這些被投射的客體和衝動，並且「吸收」（absorb）了這些客體和衝動，或將之「轉向」（deflect）。所謂吸收，是指將客體與衝動內攝並涵容的過程；反之轉向就是再一次投射，但不是投射到原先投射到他們的同一個人身上。

這種吸收歷程的幻想社會結構，也許可以以一艘船的大副比擬說明，除了正式職務外，許多其他事情出錯都歸咎到他的頭上，但那些錯卻並不真的是他的錯。大家有意識地公認大副是問題的根源，每個人的壞客體和衝動也許都會潛意識地投射在這位大副身上。藉由這個機制，船員可以潛意識地擺脫他們自己內在的迫害者。而船長可因此更容易被認同美化成一個優秀的保護者。

（p.482-483）

賈克敘述兩種對抗憂鬱焦慮的防衛。弱勢團體被當成代罪羔羊的例子，看來像是自體將迫害性焦慮轉向進一個壞客體的例子，他認為在這個弱勢團體中或許有潛意識憂鬱性焦慮的面向存在，這也許可以解釋為什麼他們會被選中而被迫害。

我們必需考量到，起這種選擇作用的因素之一，是該弱勢群體為了減輕潛意識裡的愧疚感，在幻想的層次中一致尋求蔑視與痛苦。也就是說，迫害者與被迫害者間，在幻想的層次上，潛意識地進行合作（或者共謀）。對弱勢群體成員而言，這樣的共謀強化了他們自身對憂鬱焦慮的防衛。這種防衛憑藉的機制是肯定對外在迫害者的蔑視與痛恨具有社會正當性，結果是降低愧疚與強化對保護內在好客體的否認。

（p.485-486）

這個想法與克萊恩有關犯罪行為、可能激發犯罪行為的罪疚感，以及隨之而來的懲罰的看法有關。

第二種防衛的形式是：

另一個藉由社會機制減輕憂鬱焦慮的方法，是藉由參與集體理想化的方式，狂熱地否定毀滅性衝動以及被摧毀的好客體，並強化好的衝動和好的客體。梅蘭妮·克萊恩提出，否認和理想化等機制是抵禦憂鬱性焦慮的重要防衛機制，這些社會機制便是對克萊恩所提的這幾種機制的反思。

（p.486）

賈克以他在塔維斯托克人際關係研究所（Tavistock Institute of Human Relations）擔任顧問工作的一個組織的案例研究，詳細描述了他的論證。他想瞭解在勞資之間組織性衝突盛行於英國的年代（1950 年代），管理與勞動力間普遍的關係。賈克提出看法，認為這種關係具有潛意識面向在表面下運作，同時又有一個較明顯的

面向，即物質報償與地方勢力的衝突。他認為，克萊恩所理論化的焦慮的兩種主要類型中的任一個，都在這個系統中有積極的表現，而這些是透過分裂與投射的機制所控制的。

這是對格拉西爾金屬公司（Glacier Metal Company）的一個部門所做的個案研究，該部門雇有約 60 名員工，正就其薪資系統進行與勞動力的重新協商。賈克報告說，對於迫害焦慮與憂鬱焦慮的防衛，在管理階層與受雇者的關係當中相當活躍。勞工們把被迫害的焦慮投射進他們選出的代表（包括兩位店鋪服務員），讓他們疑慮深重，而與管理階層無法妥協。有時候，這些迫害性的感覺會直接指向代表本身，認為他們對管理者過於順從。但是雖然懷疑和敵意被投射進他們的代表與協商實務，工人與管理者的關係卻好得多，工作場所裡工作合作無間、一切如常地進行。

賈克報告，管理階層在對勞工行使權力時會經驗到潛意識的罪疚感，憂鬱性焦慮是管理階層對抗這種焦慮感的主要防衛模式，同時亦作為一種對勞工代表對他們的憤怒的防衛。報告指資方理想化了勞方，且雖然彼此對立，卻不希望質疑其善意。賈克認為，管理階層堅持相信勞工具優良誠信，引發勞工內在的憂鬱焦慮，以致於他們感覺到自己在利用管理階層的善意。於是他們又用強化了的被迫害焦慮來防衛這個憂鬱焦慮。

賈克在他的敘述中描述勞資關係中兩種相似又互補的潛意識分裂模式。管理階層以否認以及對員工堅決抱持較憂鬱態度的方式處理自己較具攻擊性的感覺。勞方藉由將敵意的感覺投射在他們的代表身上，來面對被工作紀律及資方管理他們的權力所引起的受迫害心理狀態。人們沒有理由去質疑賈克對此特殊狀況的解釋，雖然大家知道管理者也可能採用與勞方相似的分裂形式。其幻想也許是，

當被選為代表的店員是不懷好意的,而勞方本身則不是,且勞方若不是受了那些身為麻煩製造者或者「煽動者」（agitators）的代表影響,是不至於和管理者產生衝突的。在這樣的脈絡裡,資方與工會的談判可以有一種功能,就是對勞雇關係中固有的敵意因素加以控制,將一些焦慮和迫害的負擔從工作場所當中除去。如同賈克自己說的,比昂將勞動團體與基本假設團體做出區別,影響了這種職能分工。

賈克論文所宣稱的這個重大發現,是指潛意識的防衛機制,包括分裂,在組織行為中扮演著重要角色。且確實如此,工會與管理代表關係中勞資衝突的制度化,可以作為一種涵容衝突的手段,讓雙方在日常工作裡都減少被焦慮拖累。這使勞資關係領域中一個被廣為承認的現象添增了精神分析面向,亦即工會在工業組織裡通常具有調節作用,而非擾亂作用。賈克對克萊恩理論的社會應用的最重要貢獻,是辨識出潛意識焦慮的面向,以及組織對潛意識焦慮的防衛,像是分裂和投射。[2]

孟席斯・賴斯:醫療照護中抵禦焦慮的防衛

繼賈克之後,發展這些連結的重要論文是伊莎貝爾・孟席斯・賴斯首發於 1960 年的〈社會系統作為對抗焦慮的防衛功能之個案研究:一所綜合醫院醫療照護的研究報告〉（A Case-study in the Functioning of Social Systems as a Defence Against Anxiety: a report on a

---

2　賈克稍後否定了自己對勞動關係的精神分析式思考,轉而採用一個組織模型,在獎勵與責任公平關係的層面上進行理性的計算,他認為這是組織設計最有效的模式。

study of the nursing service of a general hospital）。孟席斯‧賴斯曾應邀擔任顧問，調查護士訓練中遭遇的問題。她的報告對學習護理的學生經驗，以及照護系統的組織有極為詳盡的描述。在提出的問題中，有一個是有高比例的護理學生無法完成訓練課程，或者之後很快地就離開了這項行業。受訓生罹病的比例高。她在報告說，有種士氣低落與不滿的氣氛存在，許多護士受訓生說，她們現在被要求去做的事，並不符合當初把她們帶進護理這行的抱負，她們原本有志提供照護。病人對這些護士們的照護，可想而知，經驗並不如預期，雖然這並非此研究的主要焦點。資深照護員邀請孟席斯‧賴斯對此系統的運作為何如此不佳進行調查研究。

就她的理解，病人的痛苦、看見損傷的身體與功能、噁心的感覺，以及有性慾感覺需要處理的親密情境，會引發強力的潛意識焦慮。根據這個理解，她對她所發現的狀況提出一個解釋。她發展出一個對社會組織的分析，認為社會組織被一種被抵抗焦慮的社會防衛系統所主宰，這個分析至今仍是史上最出色的分析。孟席斯‧賴斯所奠定的基礎至今仍是抵禦焦慮的潛意識社會防衛理論的重要基礎。

她的分析奠基於對護士生經驗，以及架構和限制他們工作的組織形式的細緻描述。她觀察到護士被要求在沒有人性的環境中工作，並且不鼓勵和個別病人建立關係。這個環境否定對病人的感覺，且視之為不專業。護士的工作被定義做一連串不連接的以及有些機械性的任務，讓護士很難去去辨識出它們的目的和意義。孟席斯‧賴斯把它們稱作是「儀式性的任務表現」（ritual task performance），在潛意識裡要模糊化做決定的責任。焦慮由日常的反覆來回檢查，以及無從釐清誰該為什麼事負責而加以進一步對狀

況做控制。團隊工作很少，對護士生的督導也很少，不管是個督或者團督。事實上，她們是自生自滅，各憑本事求生路。醫護這件事被理想化，但這些護士真正的發展能力是被低估的。組織系統的概念看來是認為一個好護士是天生的，而非被塑造的。有些個別的資深人員看來清楚某些問題，對他們的學生也並非毫無同情，但系統僵化且抗拒改變。有跡象顯示退訓的都是最有能力的護理生，而資深的成員都是那些學習到如何在這個系統裡生存的人員，這個系統雖然起初為潛意識的機制，但現今已經成為其成員的既成外在現實。

　　孟席斯‧賴斯認為這個醫院系統是一種潛意識防衛，用來抵禦備照護工作所引發的焦慮。她直接引用梅蘭妮‧克萊恩嬰兒期情緒發展的理論，來形成她的概念。以下是她將照護經驗所引發的焦慮與嬰兒的原始焦慮連結的說明：

　　　　醫院接受和照顧無法居家照護的病人。這是醫院建來要完成的任務，其「最重要的目標」（primary task）。實踐最重要目標的主要責任有賴於照護服務，必須持續對病患提供照料，不分日夜，全年無休。因此，護理服務擔負著來自照顧病人的密集、直接，以及全然的壓力衝擊。

　　　　可能會在護士身上引發壓力的情境是熟悉的情境。護士經常與身罹疾患與受傷的人接觸，他們的病與傷常常很嚴重。病患的復原難以預期，且不總會是完全的。照顧罹患不治之症的病患是護士最沉重的任務之一。護士們所面對的受苦與死亡的威脅與現實，是常人少有的。他們的工作內容通常而言，是不愉快、噁心與恐怖的。與病人密切的身體接觸，可能昇起難以

控制的強烈原慾和情慾渴望和衝動。工作的狀況讓護士生出非常強烈與複雜的感覺：憐憫、同情，以及愛；罪咎與焦慮；對於引發這些強烈情感的病人的憤恨與瞋怒；對病患所接受照顧的嫉妒。

護士面臨的客觀狀況，與存在於每個人心中最深度與最原始的層面的幻想狀態有極其明顯的相似之處。護士焦慮的強度以及複雜度，主要歸因於其工作情況客觀特性刺激早年狀態及其伴隨而來的情緒再現能力。我將簡單地評述這些幻想狀態的主要相關特性。

這些幻想的元素可以追溯到早年嬰兒期。嬰兒經驗了兩組相反的感覺與衝動，原慾的和攻擊性的。這些是源自於本能，而以生的本能和死的本能的結構來描述。嬰兒感到全能自大，且將外在不斷變動的現實歸因於那些感覺和衝動。他相信，原慾衝動是真實地在賦予生命，而攻擊衝動則是致命的。嬰兒認為類似的感覺、衝動以及力量都來自他人和他人的重要部位。嬰兒感覺原慾衝動和侵略性衝動的客體與工具都屬於自己以及其他人身體和身體的產物所有。身體的和心理經驗在此時是緊密交織的。嬰兒對客觀現實的心理經驗受到他自己的感覺與幻想、情緒和願望很大地影響。

透過他的心理經驗，嬰兒建立一個住著他自己，以及他的感覺和衝動的客體的內在世界。在這個內在世界裡，它們以一種絕大部分是由他的幻想所決定的形式和狀況存在。因為侵略性力量的運作，內在世界包含著許多受損、受創，或者死亡的客體。充滿死亡和崩解的氛圍。這引發了極大的焦慮。嬰兒害怕侵略性力量對他所愛的人以及自身的影響。他對他們的痛

苦感到悲傷與哀悼,且經驗到自己對撥亂反正無能為力的憂鬱與絕望。他害怕自己必須要對此補償,且會引來懲罰和報復。他害怕他自己以及其他人的原慾衝動無法有效控制侵略性的衝動,會避免不了徹底的混亂和崩解。由於愛和渴望本身與侵略如此相近,增大了這種情況的痛苦。貪婪、挫敗以及嫉妒是如此容易取代愛的關係。這個幻想世界的特色在於狂暴和強烈的感覺,對一般成人的情緒生活而言十分陌生……

……護士無意識地將病人和家屬的悲苦與在她幻想世界中的人所經驗過的悲苦連結在一起,因此她自己的焦慮增加了,處理這個焦慮的困難度也增加了。

(Menzies, 1960; p.97-99)

描述照護系統組織之後,孟席斯・賴斯總結狀況如下:

社會防衛系統的特色,如我們所描述的,是定位於幫助個人避免焦慮、罪疚、疑慮以及不確定的經驗……這是要藉由消除造成焦慮的狀態、事件、工作、活動以及關係等而達成的,或者更精確地說,這些狀態等不僅是造成焦慮,而是喚起人格中與焦慮有關的原始心理殘餘。組織沒有積極地試圖幫助個人對抗引發焦慮的經驗,並藉此以發展其忍受及更有效地面對焦慮的能力。基本上,大家感到照護狀況潛在的焦慮太過深沉與危險,無法全面對抗,且可能會造成個人的崩潰以及社會的混亂。

(p.109)

孟席斯・賴斯承認賈克和比昂對群體和組織中對抗焦慮的社會防衛角色的洞察，以及克萊恩原始焦慮和防衛概念對她的研究的重要性。

　　人們可以從她豐富的描述中推論出來，憂鬱和偏執－類分裂焦慮在護士訓練生中普遍存在。憂鬱焦慮因病人的痛苦而起，無時無刻不存在的對於犯錯和有負病患期待的恐懼造成被迫害焦慮。這個系統一直充滿著一種轉移自主要護理工作的廣泛性被迫害性焦慮，嚴重到護士們被期待要時時高度服從規定，且害怕因為違規而被羞辱或者懲罰。瀰漫偏執－類分裂焦慮的影響是抑制了象徵的能力（就克萊恩的理論而言，是憂鬱位置的運作功能），且因此照護系統與個別護士雙方從經驗學習的能力也被限制了。雖然孟席斯・賴斯的描述中，偏執－類分裂與憂鬱兩種焦慮在醫院系統中都強有力地存在，但在她的論文裡，比較沒有像賈克那樣將其特別概念化，只有明確地提及偏執－類分裂焦慮。

　　在最近一篇深具價值的論文當中，威廉・哈爾頓（William Halton, 2015）[3] 對孟席斯・賴斯對其發現的分析提出再修正。他主張，這個防衛系統中壓抑的是一種未獲承認的對病人的恨意，他們所遭受的苦楚造成了護士以及他人的痛苦，他們因此憎恨病人，孟席斯・賴斯筆下描述的其實是一種強迫性的防衛，護士的注意力已經不在於病人作為一個完整的人的身體和情緒上的現實，而代之以個別的細節和常規。醫療照護中，當然有許多狀況絕對需要注意細節（例如，出現了什麼症狀、要給什麼藥、何時給）。但是病人有

3　哈爾頓的論文被收錄於一部回顧這些概念從它們開始成形的 60 年間發展，以及持續茁壯的文集（Armstrong and Rustin, 2015）當中。

超越生理照護的需求，也就是，被認知、理解和照料，而這些需求卻是孟席斯‧賴斯研究所描述，被照護系統所忽略和否定的。

依循廣泛的精神分析原則，孟席斯‧賴斯建議，如果她所察覺出的焦慮可以在照護狀況中被公開承認，且提供護士訓練生和督導可以分享和思考這些焦慮的環境，對他們傷害性的衝擊可能可以減輕。但是她研究的意涵遠不止於此，因為這些意涵暗示著，權威模式、任務編組及訓練若是能改變，對病人和照護人員都會產生更好的結果。她依循賈克與比昂的想法，認為對社會改變抗拒可能最大的機構是被偏執－類分裂防衛主宰的機構，因為偏執－類分裂防衛的本質就在於抑制理解。

如同艾略特‧賈克對格拉西爾金屬公司的研究，孟席斯‧賴斯的照護研究為開路先鋒之作。這些研究都對一種組織研究與諮詢類型的發展有所貢獻，這種類型便是將採用精神分析原則的研究和介入應用在制度性的環境中。克萊恩相信，在對病患的詮釋工作中，可以達到理解潛意識心理狀態的重要治療價值，她的概念被賈克、孟席斯‧賴斯以及這個領域的當代研究者與後繼者，轉用到多種組織中。她的潛意識焦慮以及被調動來對其加以對抗的防衛概念，已經顯示出是理解組織與社會動力的重要資源。孟席斯‧賴斯將這個首先在照護研究中闡述的洞見加以發展，將其運用到其他環境裡，像是小孩的日間托育，這些洞見在辨識功能不彰的組織模式時一樣的有力。在日間托育的例子裡，焦慮來自於小孩必須長時間與其父母分離的痛苦，這是照護人員主要的壓力來源。孟席斯‧賴斯發現照護員用以抵禦這些焦慮所採用的防衛方法與照護系統所使用的那些方式是相似的〔「多元無差別照護」（multiple indiscriminate care）是她對此的公式化表述〕（Menzies Lyth et al., 1971; Menzies

Lyth, 1989）。

　　克萊恩學派偏執―類分裂與憂鬱焦慮概念稍後的發展也證明
了對廣泛的制度與社會現象具有實用性。後克萊恩學派「邊緣性
狀態」（borderline states）以及原慾的自戀與破壞性的自戀理論，
不僅對理解個別病患，對於理解組織行為也提供了診斷上以及概念
上進一步的資源。組織與網絡對於無可忍受的焦慮可能會採用一種
「不知道」（not knowing）〔用約翰・史丹納（John Steiner, 1985）
的話來說，就是「睜一隻眼，閉一隻眼」（turning a blind eye）〕
的潛意識防衛，這種想法說明了許多不同類型的失敗和失衡。比如
說，近年來所揭發的許多發生在家庭和機構中性侵與其他形式的虐
待，當中當然要考慮到真正加害者的責任，但就理論上對他們行為
的理解，看來是落在心理病態的領域當中。但是裡頭還是有組織權
威、工作人員與管理者等總體上的失敗，他們沒有注意到應該提醒
他們有嚴重風險存在的危險訊號，沒能採取緊急預防措施（Rustin,
2005）。克萊恩學派與後克萊恩學派的潛意識焦慮與防衛模型，使
得這個分裂與否認的機制以及以空洞的例行程序與規則取代對整體
狀況的主動認知以及情感投入，得到了解釋。

比昂的群體理論

　　在《新方向》選集中另一篇高度重要的文章是威爾弗雷德・比
昂 1955 年的〈團體動力：綜述〉（Group dynamics: a re-view）。
比昂基於他與為研究潛意識團體現象而組成的工作的經驗，概述了
他所提出的團體行為模型。與克萊恩概念主要的聯繫，是在於潛意
識焦慮在團體對於其所置身的情境如何反應的重要性。比昂描述團

體的三種「原子價」（valency）或者潛意識性格。這些分別是「戰鬥—逃跑」（fight-flight）、「依賴」（dependency）與「配對」（pairing）。第一種是，團體的共同幻想是一個具威脅性的敵人，團體要不就得面對它，要不就得逃走。（這種理解看來是比昂在戰鬥前線的經驗之談。）第二個是團體採取了完全消極的導向，幻想團體領導者、或者某人或某事等，將會擔下所有問題。第三種「配對」，則將希望完全投注在一個幻想，幻想內容是由一對對偶或單一一個人所從事的創造行動，這個創造行動會創造出一個神奇的「客體」（object）、救世主或點子，這客體、救世主或點子可以回應潛意識所有的需要。此外還有第四種導向，對比昂的模型很重要，叫做「工作團體」（work group），這是一種心理狀態，團體可以在這種心理狀態中理性運作，並且專心致志地完成其所負責的工作。這三種「基本假設」（basic assumptions），每個都描述避免或者逃離朝向理性和工作方向的手段。

以下是比昂自己對他這些團體接觸的經驗描述：

參與基本假設活動不需要訓練、經驗，或者心智發展。它是即時的、必然的，以及直覺的：我不覺得需要假定有群集本能的存在，去解釋像我在團體中看到的那種現象。與工作團體的功能相較，基本假設活動不需要個人有能力去合作，而是有賴於個人擁有我所謂的原子價——這是我從物理學家那裡借用而來，以表達一個個體與另一個個體在分享基本假設及根據基本假設行事方面進行即時不由自主結合的能力。工作團體的功能總是明顯有一個，且只有一個，基本假設。雖然工作團體的功能可能保持不變，當時瀰漫於其活動的基本假設卻可能時時

改變；也許一小時內會有兩個到三個改變，或者同樣的基本假設最後會持續主導數個月。

（Bion, 1955; p.449）

　　總結：任何個人為了工作相聚一堂而形成的團體，都會展現出工作團體活動，那是設計來推進當前任務的心理機能。研究調查顯示，這些目標有時候會被來源不明的情緒趨力所阻礙，也偶爾會被更推進。如果假定團體對於目標有個基本假定，並且情緒上依據這個假定行事，這些異常的心理活動就會獲得某種凝聚力。這些基本假設，看來可以用三個表述方式充分地表述，依賴、配對，以及戰鬥或者逃跑，再進一步加以研究，它們可被看做可以互相置換，如同在回應某些未能解釋的衝動。更進一步地，它們看來有某些共同的連結，或者，也許，甚至是互相間的不同面向。更深入的研究顯示，每個基本假設所包含的特徵與極端原始的部分客體極度相符，因此早晚會出現與這些原始關係相關的精神病性焦慮。這些焦慮，以及特屬於它們的機制，梅蘭妮・克萊恩已經在精神分析中演示過了，而她的描述與在團體的大眾行動中找到出口的情感狀態完全吻合，如果把它想成是一個基本假設所產生的結果，這些行為看起來就有一貫性。從複雜的工作團體活動的角度來看，基本假設看來是情緒驅力的來源，與團體公開的任務，甚至與看來符合佛洛伊德基於家庭團體而來的團體觀點等相較，它們所要達成的目標皆遠遠不同。但若從與梅蘭妮・克萊恩及其同僚所描述的原始部分客體關係幻想相關的精神病性焦慮的角度來看，基本假設現象看來更具有對抗精神病性焦慮的防衛反應的

特質，且與佛洛伊德觀點差距沒那麼大，反而對它們有所補充。就我的觀點而言，這必須同時修通與家庭模式相關的壓力，以及比那更原始的部分客體關係的焦慮。事實上，我認為後者是涵括所有團體行為的終極來源。

（p.476）

　　建構這些研究團體[4]像是建構一個實驗，或者是建構團體歷程研究的半實驗室。比昂作為這些團體的帶領者，嚴格地把自己限制在分析的功能當中，也就是，當提出洞見似乎具有啟迪作用時，就對這個團體的心智狀態提出洞見灌注。因為團體成員必須從他們的經驗中得知團體的工作為何，所以團體沒有明確的外在任務需要達成，也沒有外在問題需要解決——維持「工作團體」運作模式對他們而言並非易事。團體的環境設置因此要誘發潛意識焦慮，這個團體要的工作就是要研究這些潛意識焦慮。如同將諮商室與一座實驗室相比擬（Rustin, 2001），在對分析師的移情關係中，將要探索的心靈狀態召喚出來並且將之可見視覺化，比昂的環境設置的功用也如同是一座研究團體潛意識心智狀態的實驗室。

　　比昂抱持的概念是，團體努力自我保護所要抵禦的焦慮是屬精神病之類者。這意味著，它們是類似於早年嬰兒期所經驗過的焦慮，當中核心的問題是嬰兒的生存，以及母親或者主要照顧者的角色。根據比昂的說法，母親在早期生命所擔任的，是在情感上與

4　他於其中大篇幅描寫這個研究工作的書名為《團體中的經驗》（*Experiences in Groups*, Bion, 1961）。這些「研究團體」（study groups）是與心理分析團體治療不同的實務操練，其發展得力於比昂的工作甚多。有關於其發展，參見加蘭（Garland, 2010）。

心理上處理嬰兒的焦慮並加以涵容的角色。嬰兒是透過母親心理功能的內攝，而發展出屬於自己的精神結構，也就是一種思考的能力，我們也許可以說是一個會運作的自我。團體經驗的影響是使團體成員面臨可能將落入得不到涵容的情境的危險。依照佛洛伊德的想法，比昂抱持著心智狀態在團體中可能會以流動和揮發的方式潛意識地傳遞。因此在團體中觀察到的心智狀態，往往不會與個別成員以及他們帶進團體的特定焦慮全然相符，但可能，透過投射與內攝認同的機制，反而在特殊的片刻落實到任何人身上。佛洛伊德（例如，1921, 1930）曾經提到，團體會有削弱其個別成員自我的影響，讓他們開始認同於一個幻想的客體（例如，領導人、國家、神）：比昂發展這個觀點。群眾忽然陷入焦慮且竄逃，或者暴民因為幻想或者毫無理由地選上一個受害者加以攻擊。莎士比亞的《凱薩大帝》（*Julius Caesar*）誇張地描寫了這種暴民角色[5]，就是比昂這種基本假設之一，「戰鬥─逃跑」在世界裡運作的一個為人所熟知的例子。

　　比昂完全不試圖將自己作為抵禦焦慮的防衛的基本假設模式與克萊恩偏執─類分裂與憂鬱焦慮的理論完整整合，然而「戰鬥

5　鄉民 3：叫什麼名字，先生，老老實實地說。
　　詩人西那：真的，我叫西那。
　　鄉民 1：把他碎屍萬段；他是個叛徒。
　　詩人西那：我是詩人西那，我是詩人西那。
　　鄉民 4：把他碎了，因為他的詩太爛，撕爛他，因為他的爛詩。
　　詩人西那：我不是結黨作亂的西那呀。
　　鄉民 4：不管，他叫西那；把他的名字從心裡挖出來，再放他走。
　　鄉民 3：把他碎屍萬段，把他碎屍萬段！
　　──《凱薩大帝》，第三幕，第三場

一逃跑」看來與偏執一類分裂位置十分吻合，而且「工作團體」導向有種強烈的「憂鬱」特質，以致於可以領會其「客體」的真正性質，且具有象徵的能力。理論性整合未能完成的原因之一，也許是因為比昂最感興趣的精神病型的心智狀態（這是他後期寫作的主題）發生在發展的早期，比偏執一類分裂位置，與伴隨於此的確切分裂形式的形成更早。也就是說，那是個克萊恩在她自己工作中未完整探討的階段，比昂則在作品中更完整地加以探究。我們知道患有精神病狀態的兒童病患，其分裂的能力以及將其所憎恨與恐懼的客體推出自體之外的能力是其發展階段的重要步驟，也是進一步整合的先決條件。[6]討論自閉狀態的精神分析取向作者們，像法蘭西斯‧圖斯汀（Frances Tustin）以及湯瑪斯‧奧頓（Thomas Ogden），都描寫過這種心智分化無法成形的狀態，在這種狀況下，自體與其客體的分割是無法容忍的。也許「依賴」的基本假設可以理解為一種依賴全能母親人物的幻想狀態，讓團體以及其成員感到可以免除責任或者任何思考或行動的需要。

　　與佛洛伊德相反的，克萊恩所理解的伊底帕斯焦慮是在生命的前幾個月中出現的，且與潛意識裡懼怕和痛恨未來可能出生的「新嬰兒」（new babies）有關，其存在會威脅到這個嬰兒的健康與生存。「配對」的基本假設，是生出一個可以解決所有問題的神奇小孩或者產物的美好幻想，但這或者主要可以想成是潛意識裡否認對

6　克萊恩寫道，「好、壞客體以及愛、恨之間的區隔，在最早的嬰孩時期就應該發生，這對正常發展而言是非常重要的。當這樣的區隔不過於嚴重，只是維持在足以分辨好與壞，以我的觀點而言，這形成了穩定和心智健康的基本要素。」〔《嫉羨和感恩》第十一章〈論心智功能的發展〉，1958; p. 311（英文版 p.242）〕

於可能對手的恐懼與忌妒。「我們的孩子必然是如此美麗與不可思議，它將拯救我們遠離被驅逐的命運」，也許就是原始的伊底帕斯幻想。要注意的是，克萊恩學派早期伊底帕斯焦慮模型，既與恐懼被透過父母性活動而來的新嬰兒取代有關，也與對父母的原慾慾望有關。比昂強調，基本假設是潛意識的幻想，且這些是不可能在現實中實現的，而配對的基本假設看來確實就是屬於這類的。這些無論如何是推測，因為比昂基本假設所建立的概念架構，與克萊恩的偏執─類分裂與憂鬱心理位置，彼此並未完全吻合。

比昂早期與團體的工作已經出現非常繁茂的成果，對團體治療以及團體關係訓練帶來極大的發展，後者且成為精神分析式的組織諮商實務的要素。克萊恩的概念在許多較寬廣的實務領域中證實具有開創性，這是其中的兩個領域。

【第十三章】
後記

　　身為本書作者，重讀梅蘭妮‧克萊恩所有出版著作是相當深刻動人的經驗。四冊全集紀錄了她多產的精神分析生涯，這些作品豐富照見了晤談室內的景象，也呈現出克萊恩是多麼重視與她的同僚、學生以及對精神分析思維感興趣的人進行溝通，她盡力分享自己的發現與其對人類心智的意義，並引人理解精神分析治療的潛力。

　　本書主要目標是為讀者引介克萊恩的作品，並呈現出她長年專業生涯中的思維演變。礙於篇幅，也忠於我們的初衷，對於她的作品對後代精神分析師、兒童心理治療師以及心理衛生從業人員的影響，我們並未多加著墨。即便我們在文中略有交代幾個重要發展，但這無疑是一大遺缺。雖然克萊恩本人從專業生涯早年起就屬於一群樂於彼此激盪創造的精神分析師一員[1]，她過世後，其著作仍大幅影響了之後精神分析理論與技術的發展，但她的影響力大多未受到詳細的探討。克萊恩其人與其作深深啟發後一代的精神分析師，他們又對日後整體精神分析產生深遠影響。雖然「克萊恩學派」精

1　比方說，可以注意到在 1941-1945 的「論戰」期間（（King and Steiner, 1991）），捍衛克萊恩觀點的有：寶拉‧海曼、蘇珊‧艾薩克（（Susan Issacs））、瓊安‧黎偉業 (Joan Riviere) 和克萊恩本人。

神分析的發展伴隨著不少精神分析派系爭端與緊繃張力，甚至在克萊恩所屬的圈子中亦是紛擾不斷，不過，更重要的是，克萊恩與同僚間那股能夠創造許多精彩觀點的潛力。

以下我們會簡要地介紹某些克萊恩有所貢獻的重要發展，並說明它們帶來的影響。

首先是她對幼兒與其家庭的影響。她發展出精神分析遊戲治療的技術，這為兒童精神分析塑造雛形，也影響了繼之而起的精神分析式兒童心理治療。此外，她深信嬰兒從出生起就與母親或主要照顧者有一種緊密的情緒關係，這幅早年母嬰緊密相連的圖像，促進了精神分析式的母嬰處遇介入的出現，此外，精神分析式的嬰兒觀察亦受其啟發，目前已是擴及全球的精神分析訓練模式。

其次，她對我們認識的心智生活有理論方面的貢獻。克萊恩提出的偏執──類分裂與憂鬱焦慮理論，證實是極具影響力的人格發展演變概念，不論是對於正常或異常人格。這刺激了許多更進一步的闡釋與發現，包括晤談室中還會出現形形色色的人格結構（如邊緣型、自戀型和自閉型人格），幾位克萊恩的後繼者，如賀伯‧羅森費爾德（Herbert Rosenfeld）、法蘭西斯‧圖斯汀（Frances Tustin）、約翰‧史坦納與羅納德‧布列頓等人，各自為不同的人格結構提出理論。至於克萊恩提出投射性認同的潛意識溝通功能，則由寶拉‧海曼繼續發展為反移情在臨床上的貢獻，比昂也由此發展出他的「容器與涵容」（container and contained）之說，認為此乃母嬰間最核心的動力關係。比昂理解到投射性認同之功能既在排出心智無法忍受的部分，也是為了尋求被理解的一種溝通，這些都深化了對「原始」（也就是嬰兒）和精神病狀態的認識，拓展了精神分析治療師在精神疾患中能夠提供服務的範圍。克萊恩始終不斷

將自己的論點與佛洛伊德的生死本能論結合，使她與後世對精神分析理論的一些修正有所隔閡；但值得注意的是，許多當代精神分析師一直對死亡本能與臨床上的強迫性重複（repetition compulsion）之關聯深感興趣，如麥克・費德曼（Michael Feldman）與約翰・史坦納。最後，克萊恩描繪的細緻內在世界圖像的重要性，以及她強調精神分析需以精神現實為中心的觀點，至今仍持續發光，唐納德・梅爾策（Donald Meltzer）的作品即清楚闡述這點。

就分析技術而言，克萊恩最重視的移情關係也成為後續研究的焦點，甚至擴及至反移情的面向，這讓貝蒂・喬瑟芙（Betty Joseph）繼而更完整提出「整體移情關係」（total transference relationship）之說，此亦成為「後克萊恩學派」（post-Kleinian）分析師的重要參考依據。

本書最末幾章中，我們透過漢娜・西希格爾與其他人的文章，勾勒出克萊恩的觀點如何影響精神分析理解象徵化與文化。我們藉由艾略特・賈克和伊莎貝爾・孟席斯・賴斯的作品，描述克萊恩的偏執——類分裂與憂鬱焦慮論點對於將精神分析理念運用在理解集體組織與社會上的影響。我們甚至更廣泛地指出，克萊恩理論中人類「天生與客體相連」，讓精神分析從佛洛伊德的個人論走向更「社會化」與道德複雜的面向。雖然並非全面，但就這一方面而言，克萊恩的觀點乃成為精神分析中「客體關係」趨勢的重要一部分。

以上這些及更多克萊恩思維的日後發酵，在如伊莉莎白・史碧莉爾斯（Elizabeth Spillius）和勞勃・辛旭伍德（Robert Hinshelwood）的優秀學術著作中有精采論述。克萊恩帶來許多值得進一步思索的精彩作品，讓她的影響如此深遠，並激發一套獨特

的精神分析思維發展。我們相信這是極為傑出的成就，克萊恩絕對是二十世紀最重要的女性科學家之一。

名詞對照

人名與機構

1-5 畫

厄尼斯特・瓊斯　Ernest Jones

卡柏　Caper

史都華・漢普夏　Stuart Hampshire

史碧莉爾斯　Spillius

布萊克　Blake

6-10 畫

伊莎貝爾・孟席斯・賴斯　Isobel Menzies Lyth

休謨　Hume

吉姆・霍普金斯　Jim Hopkins

朱利安・格林　Julian Green

米爾頓　Milton

艾拉・佛利曼・夏普　Ella Freeman Sharpe

艾倫・沙特渥斯　Alan Shuttleworth

艾略特・賈克　Elliot Jacques

艾瑞斯・梅鐸　Iris Murdoch

李克爾曼　Likierman

沃爾特・佩特　Walter Pater

貝蒂・喬瑟芙　Betty Joseph

里爾克　Rilke

亞伯拉罕　Karl Abraham

亞瑟・海耶・威廉斯　Arthur Hyatt William

亞瑟・克萊恩　Arthur Klein

亞當・斯密　Adam Smith

拉威爾　Ravel

法蘭西斯・圖斯汀　Frances Tustin

阿拉斯代爾・麥金泰爾　Alasdair MacIntyre

阿德里安・史托克斯　Adrian Stokes

哈羅德・布魯姆　Harold Bloom

威廉・哈爾頓　William Halton

威廉・燕卜蓀　William Empson

威爾弗雷德・比昂　Wilfred Bion

威爾康信託基金會　Wellcome Trust

威爾康圖書館　Wellcome Library

柯勒律　Coleridge

珍妮特・榭爾絲　Janet Sayers

科萊特　Colette

約翰・多恩　John Donne

約翰・洛克　John Locke

約翰・斯圖亞特・彌爾　John Stuart Mill

約翰・瑞克曼　John Rickman

胡賀慕斯　Hug-Hellmuth

倫敦的教育學院　Institution of Education

唐納德·梅爾策　Donald Meltzer

唐納德·戴維森　Donald Davidson

庫羅斯　Aeschylus

茱迪絲·費　Judith Fay

馬內　Manet

馬塞爾·普魯斯特　Marcel Proust

11-15 畫

梅格·哈里斯·威廉斯　Meg Harris Williams

梅蘭妮·克萊恩　Melanie Klein

理察·沃爾海姆　Richard Wollheim

畢克　Bick

莉布莎·道區　Libussa Deutsch

莫里斯·瑞齊茲　Moriz Reizes

喬叟　Chaucer

喬納森·里爾　Jonathan Lear

湯瑪斯·奧頓　Thomas Ogden

琳妮·雷德·班克斯　Lynne Reid Banks

華茲渥斯　Wordsworth

菲力帕·芙特　Philippa Foot

萊昂內爾·特里林　Lionel Trilling

費倫奇　Sándor Ferenczi

費爾貝恩　Fairbarin

費德曼　Feldman

塔維斯托克人際關係研究所 Tavistock Institute of Human Relations

塔維斯托克診所　Tavistock Clinic

溫尼考特　Winnicott

聖奧古斯丁　St Augustine

詹姆士·史崔齊　James Strachey

詹姆斯·穆勒　James Mill

路易斯·卡洛爾　Lewis Carroll

達芬奇　Leonardo da Vinci

漢娜·希格爾　Hanna Segal

維特根斯坦　Wittgenstein

赫爾伯特·羅森費爾德　Herbert Rosenfeld

歐湘娜希　O'Shaughnessy

16 畫以上

霍布斯　Hobbs

彌爾頓　Milton

薩巴斯丁·加納　Sebastian Gardner

瓊恩·黎偉業　Joan Riviere

羅納德·布列頓　Ronald Briton

羅傑·孟尼克爾　Roger Money-Kyrle

羅森費爾德　Rosenfeld

邊沁　Bentham

寶拉·海曼　Paula Heimann

蘇珊·伊薩克斯　Susan Issacs

蘿拉·布魯克　Lola Brook

文獻與著作

《小孩與魔咒》　*L'Enfant et les Sortilèges*

《失樂園》　*Paradise Lost*

《生命線》　*The Thread of Life*

《伊底帕斯情結新解》　*The Oedipus Complex Today*

《如果我是你》　*If I were You*

《佛洛伊德—克萊恩論戰 1941-1945》　*The Freud-Klein Controversies 1941-45*

《投射性認同：一個概念的命運》　*Projective Identification: The Fate of a Concept*

　《兒童分析的故事》　*Narrative of a Child Analysis*

《兒童精神分析》　*The Psycho-analysis of Children*

《性學三論》　*Three essays*

《思想與行動》　*Thought and Action*

《哥林多前書》　*the First Letter to the Corinthians*

《凱薩大帝》　*Julius Caesar*

《評論集》　*Critical Writings*

《新方向》　*New Directions*

《道林・格雷的畫像》　*Wilde, The Picture of Dorian Gray*

《夢的解析》　*The Interpretation of Dreams*

《精神分析新方向：嬰兒衝突對成人行為模式的意義》　*New Directions in Psycho-Analysis: The Significance of Infant Conflict in the Pattern of Adult Behavior*

《精神分析與政治》　*Psychoanalysis and Politics*

《論文集》　*Collected Papers*

《論兒童養育》　*On Bringing-Up of Children*

《繪畫這門藝術》　*Painting As an Art*

《藝術、精神分析、與阿德里安・史托克斯：一部傳記》　*Art, Psychoanalysis, and Adrian Stokes: A Biography*

《藝術與分析：阿德里安・史托克斯讀本》　*Art and Analysis: An Adrian Stokes Reader*

《魔櫃小奇兵》　*The Indian in the Cupboard*

〈分析中的建構〉　Construction in Analysis

〈反映在藝術作品與創作衝動中的嬰兒期焦慮〉　Infantile Anxiety Situations
　Reflected in a Work of Art and in the Creative Impulse

〈文明及其不滿〉　Civilization and its Discontents

〈以文學為例的內在潛意識幻想〉　The Unconscious Phantasy of an Inner World
　reflected in examples from literature

〈正常兒童的犯罪傾向〉　Criminal Tendencies in Normal Children

〈伊底帕斯情結：於內在世界及治療情境之展現〉　The Oedipus Complex:
　manifestations in the inner world and the therapeutic situation

〈伊底帕斯衝突的早期階段〉　Early Stages of the Oedipus Conflict

〈早期分析〉　Early Analysis

〈早期分析的心理學原則〉　The Psychological Principles of Early Analysis

〈米開朗基羅的摩西〉　The Moses of Michelangelo

〈我們成人的世界及其嬰孩期的根源〉　Our adult World and Its Roots in Infancy

〈兒童的發展〉　The Development of a Child

〈抽搐的心理起因探討〉　A Contribution to the Psychogenesis of Tics

〈易卜生《大建築師》中的內在世界〉　The Inner World in Ibsen's Master-Builder

〈社會系統作為對抗焦慮的防衛功能之個案研究：一所綜合醫院醫療照護的研究
　報告〉　A Case-study in the Functioning of Social Systems as a Defence Against
　Anxiety: a report on a study of the nursing service of a general hospital

〈非理性的悖論〉　Paradoxes of Irrationality

〈哀悼及其與躁鬱狀態的關係〉　Mourning and Its Relation to Manic-
　depressivestates

〈美學研究的精神分析途徑〉　A Psycho-analytical Approach to Aesthetics

〈消失的鏈結：伊底帕斯情結中的雙親性特質〉　The Missing Link: parental
　sexuality in the Oedipus complex

〈從早期焦慮討論伊底帕斯情結〉　The Oedipus Complex in the Light of Early

其他名詞

1-5 畫

一體感　unity

人生現實（通常指性知識）　the facts of life

人格解組　depersonalization

女性被動　passive feminine

小廝　underlabourer

道德情感　moral sentiments

內在心靈現實　internal psychic reality

內在幫派　internal gang

內攝　introjection、外攝／投射 extrajection / projection

分析情境　analytic situation

心靈的間歇　intermittences du coeur

他者概念　otherness

功利性　utility

去性化　desexualized

本能能量　instinctual energy

本能衝動　instinctual impulse

生存資源　survival resources

生物—心理—會模式　bio-psychosocial model

6-10 畫

共通感　common sense

多元無差別照護　multiple indiscriminate care

好客體　good object

自我　ego

自我理想　ego-ideal

自體的部分　parts of the self

克萊恩學派發展　the Kleinian development

克萊恩學派傳統　the Kleinian tradition

吸吮原慾　sucking libido

妥瑞氏症　Tourette's syndrome

投射性認同　projective identification

求知本能　epistemophilic instinct

求知衝動　epistemophilic impulse

沉思　reverie

男性成分　masculine components、女性成分　feminine component

乳房母親　breast mother

定量的　quantitative

性能力　potency、性器感官　genital sensation

性能力　sexual potency

性能力受損　impaired potency

性衝動　sexual impulses

注意力不足／過動症　ADHD

客體化了的　objectified

客體侵入性認同　intrusive identification

客體碎裂　fracturing of objects

恢復　restoration

施虐武器　sadistic armoury

相應的痛苦　a just measure of pain

穿刺　penetrate　、探索　explore

修通　working through

修復　reparation、補償　restitution

剝奪　deprivation

原子價　valency

原生狀態　statu nascendi

原初母愛貫注　primary maternal
　　preoccupation

原初自戀　primary narcissism

原型　prototype

原發焦慮　primary anxiety

原慾本能的能量　libidinal instinctual
　　energies

原慾依附　libidinal attachment

原慾慾望　libidinal desires

時間老人　Father Time

消解　dissolution

神入　empathy

退行　regression

針戲與吟詩同樂　push-pin is as good
　　as poetry

11-15 畫

偏執一類分裂心理位置　paranoid-
　　schizoid position、憂鬱心理位置
　　depressive position

動作宣洩　motor discharge

涵容　contain、contained、containment

現實感　sense of reality

部分客體　part-object

欽羨　admiration

渴慕　pining

無以名狀的恐懼　nameless dread

無性　asexuality、無憂的童年
　　paradise of childhood

無差別認同　indiscriminate
　　identification

象徵式表徵　symbolic representations

象徵等同　symbolic equation、
　　symbolic equivalent

嫉羨　envy　、嫉妒　jealousy、貪婪
　　greed

感覺式記憶　memories in feelings

新嬰兒　new babies

碰觸潛意識的最佳方法　royal road to
　　the unconscious

置換　displacement

解離　dissociation

遊戲分析　play analysis

遊戲治療　play theray

運動定律　laws of motion

種系　phylogenetically

精神現實　psychic reality

潛抑　repression

16 畫以上

戰鬥一逃跑　fight-flight、依賴

dependency、配對　pairing

整合傾向　tendency towards integration

整體移情　total transference

閹割情結　castration complex

聯合雙親　united parents

雙性特質　bisexuality

雙性論　bisexuality

壞的性器母親　genital mother

類分裂心理位置　schizoid position

躁症／狂躁　mania

躁鬱疾患　manic-depressive illness

聽覺印象　auditory impressions

延伸閱讀

梅蘭妮‧克萊恩原著

- 《兒童精神分析》（2005），林玉華譯，心靈工坊。
- 《嫉羨和感恩》（2005），呂煦宗、劉慧卿譯，心靈工坊。
- 《兒童分析的故事》（2006），丘羽先譯，心靈工坊。
- 《愛、罪疚與修復》（2009），呂煦宗、李淑珺、陳維峰、甄家明、龔卓軍譯，心靈工坊。

其他參考閱讀

- 《當代精神分析導論：理論與實務》（2017），安東尼‧貝特曼（Anthony Bateman）、傑瑞米‧霍姆斯（Jeremy Holmes），心靈工坊。
- 《正常人被鎮壓的瘋狂：精神分析，四十四年的探索》（2016），梅莉恩‧麋爾納（Marion Milner），聯經。
- 《受傷的醫者：心理治療開拓者的生命故事》（2014），林克明，心靈工坊。
- 《等待思想者的思想：後現代精神分析大師比昂》（2014），納維爾‧希明頓（Neville Symington）、瓊安‧希明頓（Joan Symington），心靈工坊。
- 《幸福童年的祕密》（2014），愛麗絲‧米勒（Alice Miller），心靈工坊。
- 《佛洛伊德也會說錯話：精神分析英倫隨筆》（2013），樊雪梅，心靈工坊。

- 《0-2 歲寶寶想表達什麼？》（2012），蘇菲・波斯威爾（Sophie Boswell）等，心靈工坊。
- 《3-5 歲幼兒為什麼問不停？》（2012），露薏絲・艾曼紐（Louise Emanuel）等，心靈工坊。
- 《6-9 歲孩子，為何喜歡裝大人？》（2012），柯琳・艾維斯（Corinne Aves）等，心靈工坊。
- 《10-14 歲青少年，你在想什麼？》（2012），芮貝佳・伯格斯（Rebecca Bergese）等，心靈工坊。
- 《性與親密：從精神分析看伴侶治療》（2011），大衛・夏夫（David Scharff）、吉兒・夏夫（Jill Savege Scharff），心靈工坊。
- 《給媽媽的貼心書：孩子、家庭和外面的世界》（2009），唐諾・溫尼考特（Donald Winnicott），心靈工坊。
- 《遊戲與現實》（2009），唐諾・溫尼考特（Donald W. Winnico），心靈工坊。
- 《塗鴉與夢境》（2007），唐諾・溫尼考特（Donald W. Winnicott），心靈工坊。
- 《小漢斯：畏懼症案例的分析》（2006），佛洛伊德（Sigmund Freud），心靈工坊。
- 《克萊恩：兒童精神分析之母》（2001），茱麗亞．希格爾（Julia Segal），生命潛能。
- 《母性精神分析：女性精神分析大師的生命故事》（2001），珍妮特・榭爾絲（Janet Sayers），心靈工坊。

Psychotherapy 044

閱讀克萊恩
Reading Klein

瑪格麗特・羅斯汀（Margaret Rustin）、麥克・羅斯汀（Michael Rustin）──著
連芯、魏宏晉──譯　王浩威、洪素珍──審閱　彭玲嫻──校訂

出版者─心靈工坊文化事業股份有限公司
發行人─王浩威　總編輯─王桂花
責任編輯─趙士尊　封面設計─黃昭文
內頁排版─龍虎電腦排版股份有限公司
通訊地址─10684台北市大安區信義路四段53巷8號2樓
郵政劃撥─19546215　戶名─心靈工坊文化事業股份有限公司
電話─02）2702-9186　傳真─02）2702-9286
Email─service@psygarden.com.tw　網址─www.psygarden.com.tw

製版・印刷─彩峰造藝印像股份有限公司
總經銷─大和書報圖書股份有限公司
電話─02）8990-2588　傳真─02）2290-1658
通訊地址─248新北市新莊區五工五路二號
初版一刷─2017年11月　ISBN─978-986-357-106-3　定價─600元

Reading Klein (1st edition)
by Margaret Rustin & Michael Rustin

Copyright © 2017 Margaret Rustin and Michael Rustin
This edition arranged with British Psychoanalytical Society (incorporating The Institute of
Psychoanalysis) c/o The Marsh Agency
through Big Apple Agency, Inc., Labuan, Malaysia.
Complex Chinese edition Copyright © 2017 by PsyGarden Publishing Company.

國家圖書館出版品預行編目資料

閱讀克萊恩 / 瑪格麗特.羅斯汀(Margaret Rustin), 麥克.羅斯汀(Michael Rustin)著 ;
連芯, 魏宏晉譯. -- 初版. -- 臺北市 : 心靈工坊文化, 2017.11
　面 ；　公分
譯自 : Reading klien
ISBN 978-986-357-106-3(平裝)

1.克萊恩(Klein, Melanie) 2.學術思想 3.精神分析 4.兒童心理學

175.7　　　　　　　　　　　　　　　　　　　　　　　　106019656